L'ÉCONOMIE RURALE
ET LA VIE DES CAMPAGNES
DANS L'OCCIDENT MÉDIÉVAL

II

Œuvres de Georges Duby
dans la collection Champs

L'Économie rurale et la vie des campagnes dans l'Occident médiéval (2 vol.)

L'Europe au Moyen Âge

Mâle Moyen Âge. De l'amour et autres essais

La Société chevaleresque (Hommes et structures du Moyen Âge, I)

Seigneurs et paysans (Hommes et structures du Moyen Âge, II)

La Méditerranée. Les hommes et l'héritage (en collaboration avec F. Braudel et *alii*)

GEORGES DUBY

L'ÉCONOMIE RURALE ET LA VIE DES CAMPAGNES DANS L'OCCIDENT MÉDIÉVAL

(France, Angleterre, Empire, IXe-XVe siècle)

Essai de synthèse et perspectives de recherches

II

FLAMMARION

Collection historique sous la direction de Paul Lemerle

LIVRE III

XIe-XIIIe SIÈCLE

La Seigneurie et l'Économie rurale

Dans les documents du haut Moyen Age, c'est à peine si l'on peut deviner l'existence des petits alleux, ces terres qu'exploitaient librement des familles paysannes. Mais, passé l'an mil, elles apparaissent beaucoup plus fréquemment. L'Angleterre mise à part, où le système juridique de la possession foncière se trouvait tout entier construit en fonction de la notion de tenure, on sent les alleux paysans partout présents. Les recherches récemment menées dans les pays français ont mis en particulière évidence leur très large extension pendant toute l'époque féodale. J'en donnerai deux exemples. Aux alentours de 1100, on connaît par chance tous les possesseurs fonciers d'un petit terroir du Mâconnais, parce qu'ils cédèrent leur bien, l'un après l'autre, à l'abbaye de Cluny : parmi eux, se trouvaient quinze paysans ; six tenaient d'un seigneur une partie de leur exploitation ; mais les terres de tous les autres étaient entièrement libres, dégagées de toute sujétion. Et lorsqu'on examine la condition de soixante-cinq paysans possessionnés, une cinquantaine d'années plus tard, dans tel quartier d'un autre village bourguignon, on n'en aperçoit pas plus de deux qui fussent de purs tenanciers ; tous les autres possédaient certes quelques champs qui relevaient d'un ou de plusieurs seigneurs, mais la manse où vivait leur famille, les parcelles récemment gagnées sur la forêt leur appartenaient en propre [1]. Ajoutons que, fréquemment, les textes montrent

1. DUBY, 247, p. 296, 374.

des dépendants très humbles, des serfs, des hommes qui n'avaient pas même la disposition de leur corps, en possession d'une terre libre.

Ils révèlent aussi que ces petits alleux se trouvaient très menacés. Le jeu des aumônes d'abord les désagrégeait : presque toujours, lorsque l'une de ces propriétés paysannes apparaît dans un acte écrit, c'est qu'elle vient de pénétrer, par donation, dans le patrimoine d'un grand établissement religieux. Les partages successoraux, d'autre part, les morcelaient. Ils subissaient cette dégradation générale et continue qui affectait alors toutes les fortunes laïques, et contre laquelle les tenures étaient bien mieux protégées que les terres contrôlées par la famille seule. Ces alleux supportaient enfin la forte pression de la seigneurie. Dans le terroir mâconnais que j'évoquais à l'instant, les six paysans qui n'apparaissent plus qu'à demi alleutiers avaient perdu tout récemment la complète indépendance de leur bien et venaient d'abandonner la propriété éminente de quelques-unes de leurs terres à l'un des gros possesseurs de l'endroit. Avaient-ils agi de leur propre gré, pour s'assurer une protection? Avaient-ils fléchi sous le poids d'un pouvoir envahissant, s'étaient-ils soumis malgré eux? En tout cas, partout et toujours, les grandes fortunes gagnaient alors sur les petites ; elles les investissaient, les accablaient et finalement les absorbaient.

Mais partout aussi, sur le continent, l'alleu paysan se reconstituait. De cent façons. Il progressait par les contrats de complant, qui, au XIe et au XIIe siècle, firent croître le vignoble des petites gens en même temps que celui des maîtres [1]. Il progressait aussi, et plus souvent sans doute, par la fraude, par l'appropriation subreptice de terres mal surveillées, par la négligence du seigneur à exiger les redevances, qui bientôt sortaient de la mémoire collective, donc de la coutume, et perdaient leur légitimité. Pour n'avoir rien payé pendant des années, tel champ ou tel pré était réputé ne plus rien devoir, chacun le tenait pour libre. Ainsi les défrichements créèrent-ils de longues franges de terre indépendante en lisière des friches seigneuriales. Lorsqu'en 1309, on se soucia de faire reconnaître les droits du duc de Guyenne sur les terres incultes des bords de la Garonne, longtemps laissées sans surveillance, les

1. Voir T. I, p. 244.

enquêteurs découvrirent partout de petites exploitations allodiales ; ils se heurtèrent à leurs possesseurs, souvent pourtant de condition très humble, mais qui refusaient énergiquement d'admettre que leur terre fût soumise à autrui [1].

Toujours renaissante, la terre sans seigneur foisonnait donc, et non seulement dans certains pays, comme la Frise, où la seigneurie ne s'était jamais beaucoup développée. Partout, en réalité, les possessions seigneuriales étaient fort loin de recouvrir l'ensemble des terroirs. Elles laissaient de larges espaces où s'étendaient les alleux modestes [2]. Les petits propriétaires se groupaient pour défendre en justice l'indépendance de leur bien, et pour mieux résister aux empiétements des maîtres. Ils formaient l'élément le plus actif de la communauté de village, et celle-ci, face à la maisonnée du seigneur, constituait partout au XIIIe siècle la cellule maîtresse de la société rurale. En Angleterre même, les historiens se sont depuis longtemps avisés qu'ils ne pouvaient considérer le « manoir » comme le cadre exclusif de la vie paysanne ; si les coutumes de ce pays n'admettaient pas l'allodialité, on y trouvait en très grand nombre des tenures si libres, qu'elles échappaient pratiquement à toute sujétion foncière véritable.

***

Toutefois, la seigneurie des temps féodaux se présente comme une institution fort complexe. Elle ne se réduit point à des droits sur des terres, et le terme même qui la désigne, est ambigu et de sens mouvant. Celui que le paysan d'alors nommait son seigneur, celui que les textes contemporains désignaient comme le *dominus*, le « sire », le *Herr*, n'était pas toujours le possesseur éminent du sol. Tel cultivateur pouvait fort bien se considérer comme alleutier. Il n'en demeurait pas moins soumis à un maître, dont il subissait l'emprise économique. Ce pouvait être le seigneur de sa personne, auquel le liait un dévouement très strict, générateur d'obligations sévères, et qui contraindraient plus tard

1. BOUTRUCHE, 173, p. 66 et suiv.
2. Par exemple, dans le village lombard décrit dans ROMEO, 76.

ses enfants. Ce pouvait être aussi bien le chef de guerre, le détenteur privé de la justice et du ban, chargé de la police dans toute la contrée, qui assurait la défense et qui levait en contrepartie des exactions sur les habitants. A défaut d'un autre, le paysan avait enfin le roi pour seigneur et subissait alors directement ses exigences et ses réquisitions. Réputé libre, le petit alleu supportait donc toujours une domination économique, qui, de quelque façon et en quelque mesure, absorbait une part de sa production. En outre, les conditions de la petite exploitation se trouvaient modifiées par la seule présence d'une grosse maison seigneuriale dans le voisinage. Par ses achats et ses ventes, celle-ci gouvernait tout le marché local ; elle commandait aussi le calendrier agricole dans tout le terroir par les rythmes de culture adoptés sur ses terres partout disséminées ; parce qu'à certaines saisons, elle embauchait des journaliers, parce qu'elle offrait son entremise lorsqu'il fallait négocier avec les gros acheteurs de denrées, parce que parfois elle prêtait appui et ouvrait crédit, elle tenait dans sa subordination, sans qu'il y parût, les petits alleux du voisinage. Cette domination, que l'on devine seulement à l'époque carolignienne, se manifeste au grand jour après l'an mil. Or, aucune des possessions paysannes indépendantes ne se trouvait jamais très éloignée d'une « cour » seigneuriale. Par les réactions qu'elle déterminait au sein de toutes les exploitations environnantes, comme par l'ample circulation de richesse et de travail qu'entretenaient ses exigences et ses secours entre les maisons paysannes qui lui étaient soumises juridiquement et son chef-lieu, la seigneurie, vaste ou modeste, constituait incontestablement alors le moteur le plus actif de toute l'économie rurale. En observant dans les pages précédentes les conditions générales de l'expansion, nous l'avons partout rencontrée dans les positions maîtresses.

L'économie seigneuriale mérite donc une considération particulière, d'autant que durant toute cette période, les lumières des documents convergent encore sur elle. Son histoire reste pourtant pleine d'incertitudes. Chaque seigneurie possédait en effet sa propre destinée et sa structure originale ; il en est fort peu dont on puisse examiner la gestion de manière satisfaisante ; enfin, l'organisation de leur économie se révèle très dépendante de la personnalité des hommes qui, à tel moment, les administraient[1]. Il est fort malaisé d'éliminer ces contingences. Il existe encore trop peu d'études monographiques pour que l'on puisse sans témérité dégager des sources certains types régionaux et proposer un schéma simple de leur évolution au cours des âges. Essayons pourtant de reconnaître comment l'histoire de la seigneurie s'est insérée dans l'évolution d'ensemble du milicu économique, dont on vient, non sans tâtonnements et beaucoup d'hypothèses, de risquer l'analyse. Il est tentant pour cela d'utiliser, en dépit de son imperfection, le cadre chronologique qui termine le précédent chapitre. Conservant donc comme charnière les années qui entourent l'an 1200, je chercherai à situer d'abord pendant le XIe et le XIIe siècle les principaux problèmes de l'histoire seigneuriale.

1. Voir, par exemple, pour l'abbaye de Fécamp, MUSSET, 429 ; pour le monastère de Saint-Martin de Tournai, HAENENS, 615.

CHAPITRE PREMIER

AUX XIe ET XIIe SIÈCLES. FORTUNES ET PUISSANCE

Cette première période est obscurcie par la sécheresse des sources. L'emploi de l'écriture se restreignait presque partout au monde très étroit de la haute Église, et dans ce milieu même, on ne se souciait guère de compter : plus de chiffres ou presque. Les textes proviennent tous de maisons religieuses. Les plus riches sont des inventaires établis dans la tradition des polyptyques carolingiens, des « censiers », des listes de redevances ; on les appelle « coutumiers » lorsque place y fut faite aux « coutumes », aux exactions nouvelles, aux taxes qui pesaient non plus sur les tenures, mais sur des « hommes », des protégés, des sujets [1]. Toutefois, ces documents précieux demeurent rares : la masse de l'information provient des cartulaires, collections des titres divers qui garantissaient l'intégrité du patrimoine seigneurial, enregistraient les acquisitions qui, progressivement, l'avaient enrichi, gardaient aussi la mémoire des procès gagnés, des victoires remportées contre les seigneuries concurrentes. Tout à fait extraordinaire, l'enquête royale de 1086, le *Domesday Book*, place les campagnes anglaises dans un éclairage exceptionnel.

Ce matériel documentaire livre relativement peu d'indications sur les phénomènes proprement économiques. Il met surtout en évidence les relations juridiques, la dépendance des terres, les rapports d'homme

1. PERRIN, 189, p. 589 et suiv.

à homme, de protection et d'obéissance. Mais en cela il reflète assez fidèlement l'un des traits majeurs de l'époque. Au XIe, au XIIe siècle, le mouvement commercial, qui commençait à s'animer, se maintenait encore dans un rôle secondaire ; il demeurait trop superficiel et périphérique (sauf en Italie qui précéda toujours d'un bon siècle, en ce domaine, l'avance de l'Occident) pour modifier en profondeur les cadres traditionnels hérités du haut Moyen Age. La nouvelle répartition des pouvoirs de commandement constitue bien, pendant cette période, le fait dominant, celui qui orienta l'évolution de l'économie seigneuriale.

1. LE PATRIMOINE FONCIER DES GRANDS ÉTABLISSEMENTS RELIGIEUX

Le principal enseignement des documents de ce temps concerne l'histoire des grandes fortunes et, bien sûr, avant tout, celle des fortunes ecclésiastiques. L'intarissable flot des aumônes ne cessait de les enrichir. Encore très fruste, le sentiment religieux faisait alors en effet considérer l'offrande de biens matériels aux serviteurs de Dieu comme le plus salutaire des gestes de piété. Tous les chrétiens donnaient, et souvent. Ils donnaient ce dont ils étaient riches et ce qu'ils jugeaient le plus précieux, c'est-à-dire de la terre. Les attitudes religieuses déterminèrent donc à cette époque un transfert de richesses d'une extraordinaire ampleur, qui fit naître et prospérer aux dépens des patrimoines laïcs d'innombrables seigneuries d'Église. Ce n'est point être aveuglé par l'origine toute ecclésiastique des sources que de tenir le mouvement des donations pieuses pour le plus puissant courant qui ait alors animé l'histoire économique.

En réalité, il se décompose en plusieurs phases d'inégale intensité et d'orientations différentes, dont il serait utile et relativement facile de préciser, région par région, la chronologie [1]. Dans toute l'Europe, la période cul-

1. La méthode statistique proposée par D. HERLIHY, 235 *a*, mérite attention. Elle consiste à établir la proportion des terres d'Église parmi les confronts des parcelles que les actes cherchent à localiser, puis à suivre les variations de cette proportion. On la voit s'élever jusqu'à 40 % du début du Xe siècle, puis retomber à 15 % vers 1200.

minante doit sans doute être placée à la fin du Xe et au début du XIe siècle. A ce moment, chaque faute grave était pour le fidèle l'occasion d'aumônes de rachat d'une importance proportionnelle aux ressources du pénitent : les rois offraient des contrées entières. En profitèrent surtout les abbayes bénédictines et, secondairement, les églises cathédrales. Tout le temporel du monastère d'Ely, en Angleterre, se constitua, par exemple, entre 970 et 1020 [1], et c'est pendant cette même période que, dans les cartulaires de Cluny, la densité des actes d'acquisition gratuite se montre la plus forte.

Il semble que, dans la deuxième moitié du XIe siècle, le zèle des donateurs ait progressivement tiédi. On peut y voir l'effet d'un affinement de la spiritualité, de la découverte par certains d'un christianisme d'abord plus héroïque, puis plus charitable. Beaucoup d'hommes attachèrent sans doute alors une valeur accrue à d'autres « œuvres », comme le pèlerinage lointain ou les soins donnés aux voyageurs ; ils les jugeaient plus salutaires, parce qu'elles exigeaient un effort plus difficile que le simple geste de donner. Mais il convient aussi de mettre la réduction des aumônes en rapport avec un certain resserrement des familles de l'aristocratie laïque ; appauvris par les générosités de leurs ancêtres, les nobles se montraient plus soucieux de protéger contre des dilapidations imprudentes leur patrimoine foncier, garant principal de leur supériorité sociale. Les dons devinrent donc plus menus et moins fréquents ; on les voit, dans les cartulaires, se restreindre peu à peu aux offrandes de funérailles et à la fondation parcimonieuse de services pour les défunts. Le jeu des aumônes demeura pourtant fort actif. Aux alentours de l'an 1100, convaincus par la prédication des clercs réformateurs, les seigneurs laïcs abandonnèrent la possession de presque toutes les églises rurales ; celles-ci furent cédées aux chapitres et aux monastères ; elles constituèrent le noyau de nouveaux domaines ecclésiastiques, que fortifièrent peu à peu de petites aumônes, celles des humbles paroissiens. Au même moment, tous les seigneurs de quelque importance fondèrent dans leur château des collégiales ; ils souhaitaient avoir auprès d'eux le petit groupe d'hommes

1. MILLER, 187, p. 23.

instruits nécessaire à la conduite de leurs affaires et à l'éducation des jeunes de leur maison.

Le XIIe siècle fut surtout, pour les établissements religieux de fondation ancienne, le temps des chicanes et des procès. Ces querelles ne parvinrent pas souvent à faire reculer les voisins laïcs, qui s'efforçaient alors d'empiéter sur le temporel. Les droits de ces églises anciennes s'effritèrent donc quelque peu à cette époque ; en outre, elles ne recevaient plus guère de terres en aumône. Toutefois, elles en achetaient de plus en plus. L'argent, en effet, parvenait plus facilement dans leurs mains que dans celles des seigneurs laïcs, en particulier par les importants dons en numéraire des premiers bourgeois enrichis. Il convient de remarquer d'ailleurs que le courant des donations en terres ne s'était pas entièrement tari ; il se détournait vers d'autres maisons religieuses qui, par un style de vie plus conforme aux nouvelles exigences de la piété, captaient désormais la faveur des fidèles. Les offrandes enrichirent alors rapidement les communautés solitaires et ascétiques de Cisterciens, de chanoines réguliers ou de Chartreux, les commanderies de Templiers, les hôpitaux. Ainsi grossirent, et surtout dans les régions où les domaines des églises anciennes s'étaient peu développés, de nouveaux patrimoines religieux. Toutefois, quel que fût le succès de ces fondations de dernière vague, leur seigneurie foncière s'établit d'ordinaire dans des sites plus ingrats ; elle resta concentrée à proximité de la maison, à portée d'une exploitation directe ; elle ne connut pas la gigantesque croissance qui, vers l'an mil, avait dispersé sur des provinces entières les possessions des grandes abbayes.

***

En vérité, celles-ci se révélaient souvent beaucoup trop vastes. Durant le XIe siècle, nombre d'établissements religieux avaient reçu des terres à ne savoir qu'en faire, beaucoup plus, en tout cas, qu'ils n'en avaient besoin pour assurer leur existence et pour pratiquer la charité, beaucoup plus enfin que leurs administrateurs ne se souciaient d'en gérer. Les relations économiques se trouvaient, en effet, beaucoup trop contractées encore pour que nul ne songeât à fonder l'exploitation d'une seigneurie sur la vente régulière des surplus. Cette idée serait-elle venue aux chefs de ces communautés, l'esprit de lucre et d'entreprise eût paru en ce temps trop condamnable à des consciences ecclésiastiques. Comme aux temps carolingiens, une seule chose importait aux administrateurs d'un monastère ou d'un chapitre : faire vivre la « famille » largement, sans gêne et sans soucis matériels.

Une forte proportion du patrimoine de ces établissements fut donc concédée à des « amis », aux membres des grandes familles auxquelles l'Église se trouvait liée et dont elle souhaitait s'assurer la protection ou les faveurs. Il s'agissait, en droit, de concessions temporaires, mais on les voyait, pour la plupart, régulièrement reconduites de génération en génération ; elles s'incorporaient ainsi à la fortune familiale des bénéficiaires. En outre, ces concessions étaient toutes à peu près gratuites. Certaines revêtaient la forme de fiefs qui n'astreignaient leurs possesseurs qu'à l'hommage et à des « services » souvent imprécis. Plus fréquemment, ces biens faisaient l'objet d'un contrat de « précaire » ou, comme on disait en Italie, de *livello* [1] ; l'Église s'en réservait seulement la propriété nominale ; elle percevait un cens annuel de quelques pièces de monnaie, simple symbole d'allégeance sans signification économique. Sous l'influence des idées grégoriennes et devant la raréfaction des aumônes, certains administrateurs ecclésiastiques commencèrent, vers la fin du XIe siècle, à condamner ces cadeaux, à les interdire, et ils s'employèrent à récupérer les « bienfaits » de leurs prédécesseurs. Toutefois, la plupart restèrent aux mains des seigneurs laïcs. Ainsi se trouvèrent, dans une large mesure, compensées les amputations que les offrandes pieuses des ancêtres avaient fait subir à leur patrimoine.

Malgré ces générosités, la fortune de bien des établissements anciens demeurait énorme. Son étendue même, et souvent sa dispersion, posaient aux administrateurs un difficile problème de gestion. Comment tirer profit de ces terres démesurément vastes et parfois fort lointaines ? Comment les surveiller, comment en recueillir les produits ?

1. DÉLÉAGE, 207, p. 599 ; FIUMI, 132 ; DIDIER, 399, p. 257.

***

Au XIe siècle, les biens fonciers des monastères et des églises cathédrales, qui n'avaient pas été concédés en précaires ou en fiefs, se répartissaient généralement entre plusieurs unités d'administration seigneuriale. Chacune d'elles était de taille assez restreinte pour faire l'objet d'une surveillance directe et efficace. La fortune de Saint-Emmeram de Ratisbonne se trouvait ainsi divisée, vers 1030, en trente-trois groupes domaniaux. Une vingtaine de « doyennés » se partageaient les terres du monastère de Cluny à la fin du XIe siècle et, dans la plupart des chapitres de chanoines, le patrimoine collectif se trouvait distribué en portions, « prébendes » ou « obéances »[1]. Autant que possible, ces unités d'administration étaient confiées chacune à l'un des membres de la communauté religieuse ; il en avait toute la charge et se trouvait détaché dans cette fonction. Dans bien des abbayes, on s'autorisait d'une interprétation large de la règle bénédictine pour installer un moine dans chaque seigneurie rurale. Ceux des chanoines qui n'étaient pas astreints strictement à la vie commune allaient, de temps à autre, séjourner sur les terres de la prébende dont ils détenaient la jouissance. Fréquemment d'ailleurs, ces seigneurs délégués géraient des terres qu'avait jadis données leur famille. Transmises d'oncle à neveu et enrichies de génération en génération par les générosités du lignage, bien des prébendes canoniales étaient devenues les satellites et presque les annexes du patrimoine des grandes familles de la région[2]. En introduisant certains de leurs fils comme oblats dans le monastère voisin, en obtenant qu'ils administrassent plus tard les larges donations de leurs ancêtres, nombre de seigneurs purent conserver un regard sur les anciens alleux de leur parenté. Ces procédés prolongeaient encore la confusion entre la terre d'Église et celle de l'aristocratie, et atténuaient pour cette dernière les effets d'une excessive prodigalité dans l'aumône.

Toutefois, les devoirs mêmes de leur état interdisaient à ces régisseurs ecclésiastiques de résider en

1. DOLLINGER, 149 ; DUBY, 406.
2. RAFTIS, 190, p. 11 ; DUBY, 247, p. 420.

permanence dans la cour qui leur était confiée ; même lorsqu'ils étaient présents, ils ne pouvaient tourner toute leur activité vers l'administration seigneuriale. Pendant leurs absences, et d'une manière générale, ils déléguaient leurs pouvoirs à des préposés laïcs, à des domestiques. Les textes appellent ceux-ci *villici*, comme à l'époque carolingienne, ou bien « prévôts », « maires ». Ces gens, parfois très humbles mais compétents, détenaient la véritable direction de ces unités de gestion. Nous atteignons ici les réalités profondes de l'économie seigneuriale. Son cadre était de dimensions restreintes : des terres, des droits divers répandus très généralement dans plusieurs villages et sur les espaces incultes environnants, mais toujours à portée de surveillance et situés de telle sorte qu'un homme à pied pût sans peine visiter les plus éloignées de ces annexes dans la journée ; tout cela se rassemblait autour d'une « cour », d'un lieu de résidence, d'une maison, d'un « manoir », celui du maître ; mais dans ce poste central agissait surtout un mandataire, un homme de métier, qui connaissait personnellement tous les tenanciers, tous les dépendants et s'en faisait craindre, qui conservait dans sa mémoire ce que devait chacun, ce qu'il fallait attendre des champs, ce que les ventes avaient rapporté au dernier marché. Au XIIe siècle, on le voit, la cellule économique de la seigneurie ecclésiastique différait bien peu, par son étendue et sa consistance, de la *villa* que décrivent les polyptyques de l'époque franque.

*
* *

La difficulté principale consistait, comme jadis, à assurer la liaison entre ces centres secondaires et la maison des maîtres dont ils devaient assurer l'entretien. Le problème se posait dans les mêmes termes qu'au IXe siècle. Il était moins ardu pour certains seigneurs d'Église. Libres de leurs mouvements, les évêques pouvaient, comme les rois et les comtes, voyager d'un domaine à l'autre. Ils disposaient dans chacun d'eux d'un « hôtel » bien construit. Ceux de France fortifièrent, au XIIe siècle, ces demeures rurales. Ils s'installaient dans chacune d'elles avec leur suite et leur cavalerie, vidaient sur place les greniers et les celliers, donnaient directement aux intendants leurs consignes.

Point de changement par rapport aux temps carolingiens. De même, les chanoines prébendiers allaient consommer sur place une part des fruits de leur dotation et se chargeaient d'acheminer le reste vers leur résidence du cloître.

Mais les moines, eux, vivaient rassemblés en communautés, astreints à la stabilité. En outre, leur régime alimentaire, toutes les nécessités de leur existence matérielle étaient déterminés par une stricte règle. Leur seigneurie devait donc être gouvernée de loin; il fallait, en outre, qu'elle procurât de quoi subvenir exactement aux besoins; ses produits enfin devaient être acheminés jusqu'au réfectoire. Pour cela, l'économie seigneuriale était rigoureusement planifiée. Nulle intention de tirer des terres tous les profits possibles. Le souci premier était au contraire d'amortir toutes les fluctuations, de s'assurer des revenus stables, aux échéances régulières et qui fussent étroitement ajustés à des consommations réputées elles-mêmes invariables. Les bons administrateurs monastiques étaient donc ceux qui savaient évaluer avec précision la consommation domestique, en fonction du nombre des frères, des serviteurs, des pauvres secourus, des hôtes de passage, de l'importance des rations, du poids des grains. La permanence des formules appliquées au IXe siècle est ici encore fort saisissante. En fait, les statuts d'Adalard de Corbie servirent de modèle aux économes dans nombre de monastères des XIe et XIIe siècles [1].

Pour couvrir les besoins ainsi exactement estimés, la tâche principale consistait à répartir les charges d'approvisionnement entre les différentes unités seigneuriales, en fonction de leurs capacités respectives. On connaît par quelques écrits la manière dont se tira de cette difficulté, au début du XIIe siècle, l'abbé de Cluny, Pierre le Vénérable; il spécialisa quelques-uns des vingt-trois doyennés dans des fournitures particulières (l'un d'eux, où les récoltes d'avoine étaient les meilleures, dut par exemple ravitailler l'écurie); il chargea les autres de pourvoir à tour de rôle à toutes les nécessités ordinaires de la maison; chacun se trouvait « de service » pendant une période plus ou moins longue; tous ensemble se partageaient entièrement l'année. Comme l'unité théorique de ce service était le mois, on désignait par le mot

1. Voir le cas de Cluny, dans DUBY, 406.

mesagium ou *mesaticum* le système de roulement lui-même. On s'aperçoit qu'il était en usage dans toute la chrétienté. Dès le xe siècle, les abbayes de la Germanie du Nord-Ouest l'employaient : leurs *villici*, chacun leur tour, devaient alimenter le réfectoire. Dans la seigneurie anglaise d'Ely, la répartition du service entre les trente-trois manoirs se faisait par semaines ; tandis que dans celle de Rochester, l'ordre de succession — « *ordo maneriorum quomodo firmas facere debent* » — divisait l'année, d'une Saint-Michel à l'autre, en périodes de vingt-huit jours [1].

La difficulté résidait évidemment dans l'ajustement de cette fonction périodique d'approvisionnement au rapport réel de chacune des seigneuries satellites ; les récoltes y variaient sensiblement d'un an à l'autre ; le jeu des aumônes, des procès, des concessions modifiait en outre constamment leur étendue et leur production. En 1148, Pierre le Vénérable, après de nombreux tâtonnements et remaniements, pensait avoir abouti à une répartition équitable ; dès 1155, il dut entreprendre une nouvelle enquête dans les doyennés, afin de mieux équilibrer les revenus et les charges de chacun d'eux [2]. De toute manière, pour éviter de devoir en mauvaise année trop restreindre les rations distribuées aux membres de la communauté, il importait de prévoir des marges étendues et de n'exiger en fait qu'une portion réduite des profits normaux de chaque unité seigneuriale. Quant au reste, on en abandonnait la disposition au régisseur. On attendait de lui, certes, qu'il transmît à la maison des maîtres le surcroît, qu'il livrât en particulier tout l'argent que pouvait rapporter la vente des surplus. En fait, une très grande liberté lui était laissée : le système faisait de lui un entrepreneur fort indépendant.

Par là, cette méthode de gestion se rapprochait beaucoup du fermage. D'ailleurs, la ferme elle-même était employée en liaison avec l'organisation du *mesaticum*, notamment en Angleterre. Dans ce pays, l'habitude d'un tel procédé était ancienne. Avant la conquête normande, les villages saxons devaient livrer aux rois et aux *earls* des quantités fixes de nourriture. L'unité de service était ici la « nuit ». Il s'agissait en fait d'un

1. DUBY, 406 ; MILLER, 187, p. 38 ; LENNARD, 253, p. 130-133.
2. DUBY, 407.

droit de gîte tarifié. On employait à son propos le mot *feorm* qui veut dire provision. Après 1066, la confusion se fit tout naturellement, dans l'esprit des clercs normands, avec le mot et la notion de *firma*, de « ferme »[1]. En tout cas, dans les documents anglais de la fin du XIe et du XIIe siècle, il est fréquent de rencontrer dans le patrimoine des églises, à la tête des unités seigneuriales, un homme nommé *firmarius*, qui n'est ni le délégué de la communauté religieuse, ni un domestique préposé. C'est un concessionnaire qui, pour un certain temps, le plus souvent pour la durée de sa vie, a reçu tous les pouvoirs du maître. La terre et les paysans qui la peuplent, les corvées dont ils sont redevables, tout le train de culture, l'*instauramentum*, le bétail, quelquefois même un stock de céréales, lui sont remis. Le contrat qui le lie est comparable à celui des précaires, à cette différence près qu'il comporte un lourd service d'approvisionnement. Le « fermier » s'engage à maintenir en état l'exploitation. En principe, si les livraisons de nourriture ne sont pas assurées, si le bien est négligé, la concession prend fin. Il s'agissait bien là d'un contrat de fermage général, et lorsque le bénéficiaire n'était pas un personnage trop puissant, le seigneur conservait le contrôle de son « manoir ». Il lui était même loisible d'accroître le montant des fournitures annuelles qu'il en attendait, si les capacités de la seigneurie se renforçaient. A cette fin, on procédait à des estimations périodiques qui permettaient d'apprécier la *valor* de l'exploitation et de mieux asseoir les prestations. En fait, sur le patrimoine de l'abbaye de Ramsey, le produit des fermes doubla entre 1086 et 1140[2].

Il ne semble pas que ce procédé, si commode pour des ecclésiastiques qui souhaitaient s'épargner les ennuis de la gestion directe, ait été alors employé seulement dans les campagnes anglaises. En Saxe et en Rhénanie, à la fin du XIIe siècle, des seigneuries d'Église étaient fréquemment concédées, à vie ou pour un temps déterminé, au *villicus*, en échange d'une *pensio*, d'une participation fixe au ravitaillement de la maison[3]. On concédait aussi des terres en « mainferme » dans l'Ile-de-France. L'usage était-il ici très répandu ? On entrevoit

1. LENNARD, 253, p. 128.
2. RAFTIS, 190, p. 76 et suiv. ; LENNARD, 253, p. 190 et suiv.
3. LATOUCHE, 216, p. 336.

que la proportion des baux à vie décrut au cours du XIIe siècle. Mais l'abbé Suger rapporte qu'il confiait la seigneurie de Beaune-la-Rolande, en Gâtinais, à des intendants par un contrat renouvelable chaque année. L'extension de la ferme générale à l'époque féodale est encore mal mesurée. Il suffirait d'un examen minutieux des chartriers pour apporter sur ce point des précisions fort nécessaires [1].

Fermiers ou intendants, les régisseurs des seigneuries d'Église, dont les maîtres n'avaient pas le moyen de venir sur place en consommer les produits, devaient, comme au haut Moyen Age, expédier ceux-ci par convois. Au milieu du XIIe siècle encore, une flotille de barques halées par les hommes du monastère et par leurs chevaux remontait le Rhin chaque année en direction des domaines que possédait, à proximité du fleuve, l'abbaye de Deutz ; elle faisait étape au voisinage de chaque cour ; les intendants nourrissaient les corvéables et leurs bêtes, chargeaient sur les nefs le grain, les poules, le petit bétail ; les porcs suivaient en troupeau le long de la berge [2]. Ce procédé, qui prolongeait les pratiques carolingiennes, gaspillait comme celles-ci beaucoup de main-d'œuvre. Il parut avantageux à certains administrateurs de commuer les livraisons en nature en transferts de monnaie. Les gérants étaient, de longue date, accoutumés à vendre une part des surplus des domaines ; l'essor des échanges, la souplesse croissante de l'instrument monétaire autorisaient l'extension des opérations commerciales. L'intervention plus fréquente du numéraire dans les liaisons entre les seigneuries annexes et la demeure des maîtres constitue la modification la plus apparente qui ait affecté, aux XIe et XIIe siècles, l'organisation économique du patrimoine de l'Église.

L'exemple de l'Angleterre montre très clairement que ce changement toutefois ne revêtit nullement l'aspect d'un progrès continu. De très bonne heure, dès l'époque où apparaissent les premiers documents écrits, un système mixte de prestations en argent et de fournitures de provende était appliqué dans certains domaines, comme ceux de l'abbaye de Ramsey : dans

1. SCHNAPPER, 438.
2. SLOET, 194, n° 302 (1155-1165).

le fermage, *censa* et *firma* se trouvaient combinées [1]. S'il y eut commutation dans les livraisons, celle-ci fut toujours commandée par les besoins particuliers de la maison, par la plus ou moins grande difficulté d'acheter ou de vendre sur place les denrées. Et l'on voit que la conversion ne s'orienta pas toujours dans le même sens, qu'elle rétrécit quelquefois la part du numéraire. Ainsi, pendant la première moitié du XIIe siècle, l'usage des fermages en nature se maintint-il et s'étendit même d'une manière générale dans les abbayes anglaises ; une renaissance du monachisme augmentait alors l'effectif des diverses communautés et accroissait de la sorte le volume de la consommation domestique et les difficultés de ravitaillement ; il fallait apporter davantage aux réfectoires. En revanche, le mouvement se renversa après 1150, mais pour des raisons diverses. Dans la seigneurie de Cantorbery, ce fut la réduction du nombre des religieux qui engagea à restreindre la proportion des denrées agricoles dans les fournitures des domaines. Mais les administrateurs de l'abbaye de Ramsey furent poussés dans la même voie par l'alourdissement des dettes et l'obligation de trouver à toute force de l'argent. Par contre, les difficultés financières, que provoqua dans le monastère de Cluny le tarissement des ressources en métaux précieux provenant d'Espagne, conduisirent à réorganiser le système du *mesaticum* et, pour réduire les dépenses, à demander à chaque seigneurie annexe des livraisons plus abondantes en produits du sol [2].

La situation propre à chaque communauté. les initiatives personnelles des supérieurs firent donc adopter des solutions fort diverses — ce qui incite l'historien à se défier des généralisations trop hâtives. L'enseignement des textes donne cependant à penser que le rôle de l'argent dans l'économie interne des grandes fortunes ecclésiastiques était moins restreint à la fin du XIIe siècle qu'en l'an mil. Je prends l'exemple de Saint-Paul de Londres, dont vingt manoirs constituaient le patrimoine. En 1181, six seulement d'entre eux livraient une « ferme » tout entière en denrées agricoles ; les six derniers n'envoyaient à la communauté que de l'ar-

1. RAFTIS, 190, p. 10 ; pour l'église d'Ely, MILLER, 187, p. 40.
2. LENNARD, 253, p. 139 ; DUBY, 406 et 407.

gent [1]. Pour ceux-ci, le lien se trouvait très relâché entre les maîtres et leurs terres. L'administrateur responsable jouissait d'une beaucoup plus large autonomie. Son attention se tournait vers le mouvement des prix et la situation des marchés ; il était entraîné à jouer sur les achats et les ventes ; l'esprit de profit commençait à le saisir. Ce changement d'attitude, l'initiative abandonnée aux agents intermédiaires, doyens, régisseurs ou fermiers, a sans doute fortement contribué à mettre en branle le progrès général que connut en ce temps l'économie des campagnes.

2. Les fortunes laiques

Fort mêlée aux destinées du patrimoine de l'Église, l'histoire des fortunes laïques fut pourtant très différemment orientée. D'autres forces, en effet, la gouvernaient, dont les plus actives étaient dissolvantes. Aux aumônes qui amenuisaient ces fortunes s'ajoutaient les partages successoraux qui les émiettaient. Dans les quelques régions où la documentation dissipe un peu l'obscurité, on peut voir, au XIe siècle, les familles de l'aristocratie expulsées peu à peu par les donations pieuses des meilleurs terroirs, où s'installait à leur place la seigneurie d'Église, tandis que certains rameaux latéraux de ces lignages prolifiques se trouvaient rabaissés en quelques générations, par le morcellement des héritages, au niveau des modestes paysans alleutiers [2]. La seigneurie laïque était alors vouée à la dégradation progressive.

Pourtant, elle se défendit. La plupart des grands lignages parvinrent à se maintenir dans une position économique très supérieure à celle de la paysannerie. Ils profitèrent beaucoup des largesses, spontanées ou contraintes, de l'Église, des concessions de précaires, de fiefs, de *livelli*, et même de la ferme des domaines, dont certains seigneurs laïcs ne dédaignaient pas de se charger. En outre, la solidarité familiale se resserra et parvint, en contrôlant plus strictement les aliénations individuelles de la terre ancestrale, à restreindre les aumônes. L'indivision prolongée dans le groupe de la

1. Lennard, 253, p. 179.
2. Duby, 247, p. 58 et suiv.

parenté, la limitation des mariages, l'institution enfin, au XIIe siècle, de la dot en numéraire qui permit en certaines régions d'exclure du partage les filles mariées, atténuèrent notablement les effets des coutumes successorales, qui partout accordaient aux héritiers de même rang un droit égal sur l'alleu. Enfin, l'expansion agricole qui remplit cette période accrut le rapport de tous les patrimoines aristocratiques. Le meilleur rendement des champs du domaine, les revenus croissants tirés des dîmes, des moulins, des taxes levées sur les usagers des bois et des pâturages fournirent aux familles nobles le moyen de vivre mieux que leurs ancêtres, d'une fortune foncière pourtant moins étendue. En outre et surtout, ces lignages s'intéressèrent de beaucoup plus près que les seigneurs ecclésiastiques aux opérations de défrichement. En Allemagne, la vitalité sans défaillance de la noblesse fut soutenue, depuis les temps carolingiens, par la conquête ininterrompue de nouvelles terres de labour. En France, les domaines aristocratiques, que les progrès du patrimoine de l'Église rongeaient inlassablement sur les portions anciennement cultivées des terroirs, se reconstituèrent peu à peu aux dépens des forêts ; par ce lent glissement, ils se détachèrent du village ; les documents de la fin du XIIe siècle les montrent établis en lisière des derniers bois et sur les collines. Dans la plupart des contrats de pariage, qui fondaient une « villeneuve » en associant un établissement religieux et un seigneur laïc, celui-ci se réservait dans l'essart les éléments d'un petit domaine, une maison, une « cour » où devaient se concentrer les revenus nouveaux qu'il attendait de l'entreprise.

Tous ces facteurs de restauration expliquent que l'aristocratie apparaisse, au XIe et XIIe siècles, dans une position économique aussi éminente et aussi sûre qu'à l'époque franque. Maîtresse en très grande partie de la terre qui n'appartenait pas à Dieu, aux saints et aux églises, elle dominait d'aussi haut le peuple des paysans. Ces nobles possédaient le privilège héréditaire de la richesse et de l'oisiveté ; ils étaient alors séparés de ceux qui devaient travailler pour vivre par un fossé abrupt et qui paraissait à tous absolument infranchissable. La réflexion des hommes d'Église avait construit, au Xe siècle, des représentations très schématiques du corps social ; elles divisaient le peuple chrétien en trois « ordres » voués chacun à une fonction sociale particulière ; elles plaçaient d'un côté les non-producteurs, moines, clercs et gens de guerre, de l'autre, les *laboratores*, les « travailleurs », les *rustici*, les « paysans [1] ». Or, de toute évidence, les réalités économiques qui avaient naguère inspiré cette conception apparaissaient à tous inchangées dans les dernières années du XIIe siècle, au temps où Étienne de Fougères, dans son livre des *Manières*, montrait les « laboureurs » chargés par Dieu de peiner pour entretenir tous les autres hommes, et réduits à se nourrir de ce que les seigneurs dédaignent :

> ne mangera ja de bon pain,
> nous en avons le meilleur grain
> et le plus bel et le plus sain...

***

Toutefois, entre les membres de cette aristocratie vigoureuse, la fortune foncière n'était pas également partagée, et pour peu que l'on observe la répartition des terres laïques, on repère deux niveaux économiques, deux échelons bien distincts. Un petit groupe de « grands » — ces *principes*, *optimates*, *proceres* dont les textes du XIe siècle célèbrent la particulière distinction et qui sont nommés « barons » ou « sires » dans les sources postérieures — s'élevait très au-dessus des autres nobles. Leur famille détenait généralement une fonction de commandement, une part du pouvoir public, un titre de comte, la garde d'une forteresse. Cet office de direction échappait aux partages successoraux qui morcelaient les biens fonciers. Il revenait à l'un seulement des fils ou des frères et, par conséquent, maintenait de génération en génération dans une situation solide et très supérieure la branche maîtresse du lignage. Cette supériorité même la plaçait en bonne posture pour recevoir encore les cadeaux des rois, des évêques ou des abbayes, soucieux, les uns comme les autres, de s'attacher l'amitié du « puissant », chef de la parenté. Ajoutons que ces « princes », du fait même de l'autorité publique qu'ils accaparaient, dominaient les grands espaces incultes, disposaient ainsi d'un énorme capital foncier encore improductif, mais que l'effort des pionniers paysans mettait peu à peu en valeur.

1. DAVID, 206.

Leur richesse en terres peut donc être comparée à celle des cathédrales ou des monastères les plus favorisés par les offrandes. Elle présentait la même structure : immense, dispersée, divisée en multiples unités seigneuriales. Aussi, tout comme les évêques — tout comme les grands de l'époque carolingienne — ces « sires » se déplaçaient-ils d'une « cour » à l'autre. Les mentions contenues dans les diplômes qu'ils ont délivrés permettent de suivre les rois seuls dans leur continuel vagabondage. Mais les comtes, les grands châtelains n'étaient pas plus sédentaires, même s'ils s'établissaient pour de plus fréquents séjours dans une demeure de prédilection. Des six grands barons laïcs qui possédaient des seigneuries dans le comté d'Oxford à la fin du XIe siècle, un seul y résidait de manière presque permanente, mais les autres ne paraissaient que de loin en loin [1]. Dans ces seigneuries, des intendants, les *villici*, les « maires », établis dans la maison du maître qui leur était entièrement confiée en son absence, jouaient donc un rôle de tout premier plan, celui même que remplissaient les mandataires de la communauté sur les terres des grands monastères. Faute d'archives, leur activité nous échappe. Il semble bien, cependant, que l'usage du fermage ait été fort répandu, parce qu'il soulageait le seigneur des besognes de surveillance, importunes et indignes de son rang. A l'exception d'un seul, tous les manoirs qui constituaient le domaine d'Eudes de Bayeux, dans le Kent, étaient affermés au temps du *Domesday Book* [2]. Comme dans les domaines ecclésiastiques, le fermier livrait de l'argent ou des denrées selon les besoins de la maisonnée. Au temps du roi Henri Ier, la conversion en numéraire fit de rapides progrès dans les domaines de la couronne d'Angleterre concédés en fermage, parce que la cour du souverain passait beaucoup de temps en Normandie : il n'était plus autant nécessaire de pourvoir outre-Manche à son ravitaillement ; il importait, en revanche, d'envoyer sur le continent des deniers [3]. Il semble que la plupart des prévôtés du domaine capétien au XIIe siècle étaient également mises à ferme contre des versements en mon-

1. LENNARD, 253, p. 43.
2. LENNARD, 253, p. 113-117 (bien que, par hasard, Eudes fût titulaire d'un évêché normand, ses possessions d'Angleterre doivent être considérées comme une seigneurie laïque).
3. LENNARD, 253, p. 140.

naie. Sur la terre des grands comme sur celle de l'Église, les régisseurs conquirent donc peu à peu leur indépendance économique.

Toutefois, une large part de cette terre — et l'analogie avec les grandes seigneuries ecclésiastiques se révèle encore une fois très frappante — se trouvait concédée en « bienfait », en fief. Par fragments, elle s'incorporait de la sorte au patrimoine des « amis » du maître, de ses vassaux, de ceux dont il attendait le dévouement. Ces hommes occupaient d'ordinaire une situation économique plus modeste ; ils formaient l'échelon inférieur de l'aristocratie. De certains, cette concession constituait toute la fortune. C'était le cas, après la conquête normande, de beaucoup de hobereaux d'Angleterre, aventuriers chanceux, qui se partageaient une portion, souvent importante, de la fortune foncière des barons. Dans le comté d'Oxford, si bien étudié par R. Lennard, le tiers au moins, les deux tiers parfois du patrimoine des grands seigneurs se trouvaient entre les mains de leurs vassaux [1]. En Mâconnais, au contraire, les fiefs des chevaliers étaient généralement minuscules. Ils ne représentaient jamais qu'un appoint modeste à leurs possessions, constituées essentiellement d'alleux qui leur venaient des ancêtres [2]. Mais quelle que fût leur taille, ces tenures nobles, inaliénables et indivisibles, n'étaient point désagrégées par les aumônes et par les partages de succession. Exemptes presque toujours de redevances matérielles, dégagées, par conséquent, de tout lien de subordination économique à l'égard du propriétaire éminent qui les avaient concédées, elles procuraient des revenus importants et solides au lignage qui en détenait la jouissance.

Formée d'alleux ou de fiefs, la terre de ces vassaux, que les textes désignent alors dans toutes les régions de la chrétienté latine par le mot « chevalier » et ses équivalents, était suffisamment vaste et productive pour leur permettre de vivre largement sans mettre eux-mêmes la main à la charrue. Ils en tiraient assez de ressources pour participer, en tout loisir et avec le harnois convenable à leur rang, à l'activité politique et militaire digne de l'homme bien né, dans l'entourage des grands, leurs bienfaiteurs. Il existait certainement parmi ces

1. LENNARD, 253, p. 27.
2. DUBY, 247, p. 291 et suiv.

guerriers des différences de fortune. Tous du moins vivaient en seigneurs, et les biens fonciers dont ils avaient la disposition excédaient largement l'étendue d'une simple exploitation de paysan. Le *thegn* anglais, au début du XIe siècle, était censé posséder un *hall*, une cuisine, une église et une terre de cinq *hides*, c'est-à-dire cinq fois plus vaste que celle des plus grosses familles paysannes. A ces dimensions, à cette valeur correspondait, après la conquête normande le « manoir » qu'Audoin de Scalers tenait à Whaddon, dans le comté de Cambridge, de son seigneur l'évêque d'Ely. C'était aussi sensiblement l'importance du bien attribué, en 1159, par l'évêque de Magdebourg au *locator* de tel village nouvellement fondé près de la Havel. En Mâconnais, une quinzaine, une trentaine de manses paysans relevaient d'ordinaire de chaque maison chevaleresque et lui portaient des redevances [1]. Plus vastes, semble-t-il, les fiefs de certains chevaliers normands s'étendaient sur des centaines d'hectares et équivalaient à plusieurs prébendes de chanoines.

Il est fort rare que les textes de cette époque décrivent dans le détail la fortune foncière de ces seigneurs de seconde zone. Lorsqu'on peut l'entrevoir, la structure de ces patrimoines se montre partout semblable. Ils s'organisaient tous autour d'une « maison », le point d'attache de la famille : à partir du XIe siècle, le nom de cette demeure a servi de surnom commun à tous les membres du lignage. Ce n'était pas une forteresse, mais un centre d'exploitation agricole, plein de valets et de bestiaux. L'église paroissiale se dressait d'ordinaire à côté de cette maison. Construite par les ancêtres, elle demeura possession de la famille jusqu'au moment où les objurgations des clercs réformateurs obligèrent à s'en séparer. On la donna à tel ou tel établissement religieux, mais en conservant d'ordinaire les meilleures dîmes. A la maison se trouvait directement attaché un beau domaine. Des exploitations paysannes enfin en dépendaient, dispersées ici et là, mais rarement très loin. Cette structure paraît au fond très semblable à celle de ces portions de très grandes seigneuries, qui étaient confiées à des domestiques préposés ou à des fermiers. Elle ressemble également fort à celle des domaines qui se formèrent, au XIIe siècle, autour des établissements

1. STENTON, 219, p. 482 ; MILLER, 187, p. 72 ; DUBY, 247, p. 422.

religieux de fondation récente, maisons de Templiers ou granges cisterciennes. Ces gens de la basse aristocratie vivaient en contact étroit avec la terre ; ils géraient eux-mêmes leur bien et se faisaient suppléer pendant leur absence par leur frère ou leur femme ; leurs biens-fonds produisaient largement de quoi satisfaire leurs besoins domestiques, mais laissaient peu d'excédents négociables ; ils commandaient sans intermédiaire aux travailleurs des champs ; ils étaient les voisins des paysans et partageaient leurs soucis en temps de mauvaise récolte [1].

On parle toujours de seigneurs, mais sans beaucoup distinguer entre eux, ce qui apparaît pourtant très nécessaire. Car ils se rangeaient en réalité dans deux catégories économiques bien distinctes. Plaçons donc d'un côté les « grands », les abbés, les évêques, les comtes, les « princes ». Ceux-ci n'entretenaient pas de relations directes avec leurs biens fonciers ; ils s'en trouvaient séparés par leur entourage qui les isolait, et surtout par des mandataires s'interposant entre eux et les rustres qui travaillaient leurs champs ; enfin, ils ne voyaient parvenir jusqu'à eux qu'une faible part du rapport de leur fortune. Toute différente était la situation des hobereaux de village, des chanoines ou des moines responsables d'un prieuré rural, dont la position économique, en revanche, différait peu de celle des ministériaux et des fermiers des grands seigneurs. Les uns comme les autres, en effet, géraient un fonds assez limité et assez compact pour être administré par un seul homme. Les uns comme les autres en recueillaient immédiatment les profits. Entre les paysans et les hauts seigneurs, ils constituaient ce groupe d'entrepreneurs, qui fut à cette époque le moteur principal de la vie économique des campagnes.

3. La puissance sur les paysans

Si les maîtres des petites seigneuries et les régisseurs domestiques des grandes paraissent, au regard de l'histoire économique, occuper une situation comparable, leurs contemporains du XIe siècle établissaient une pro-

1. Duby, 247, p. 425.

fonde distinction juridique entre les uns, clercs, moines ou chevaliers, qui échappaient aux contraintes et aux réquisitions exigées du vulgaire, et les autres, qui les supportaient. En effet, dans les années qui encadrent l'an mil, les textes font apparaître dans tout l'Occident une répartition de l'autorité qui s'imposait alors à la conscience collective, mais qui différait apparemment de celle qu'avait connu le haut Moyen Age. Elle soumettait l'ensemble des travailleurs paysans, alleutiers ou tenanciers, à la domination privée de quelques chefs. Elle réservait à une petite élite d'hommes de bonne naissance, à ceux précisément qui possédaient un domaine suffisamment vaste pour vivre dans l'oisiveté, la liberté véritable, le droit de porter les armes, l'immunité de la maison. Elle les soustrayait à toute obligation, hormis celles de l'honneur et de la foi jurée. Cette transformation politique, et la soumission économique des masses paysannes qu'elle entraîna, pesa de tout son poids sur l'évolution de l'économie rurale. Elle commandait, en effet, l'organisation de la fiscalité, et par là l'orientation des transferts de richesse les plus actifs qui parcouraient à cette époque le monde des campagnes. Elle gouvernait aussi en grande partie les rapports de main-d'œuvre. Il convient donc de l'examiner de près [1].

***

La mutation revêtit peut-être sa plus grande ampleur dans le royaume de France. Le relâchement de l'autorité royale dans la première moitié du Xe siècle, suivi cinquante ans plus tard dans les provinces méridionales par un semblable fléchissement de la puissance du comte, la mise en marche enfin, compensatrice, du mouvement de la paix de Dieu, placèrent le château au centre d'une organisation politique nouvelle. La forteresse, presque toujours fort ancienne, avait été érigée jadis sur l'ordre royal, mais son gardien la tint désormais pour un bien personnel ; autour d'elle, il s'appropria le « ban », c'est-à-dire le pouvoir même dont disposaient les souverains du Moyen Age et qu'ils déléguaient à leurs agents. Dans tout le territoire environnant, le maître du château se chargea de main-

1. On en trouvera un bon exposé pour l'Italie, l'Allemagne et la France dans TABACCO, 195.

tenir la paix et la justice, s'arrogea le pouvoir de poursuivre et de punir les criminels, de rassembler les guerriers en cas d'alerte, d'édicter les règlements. Les tribunaux de basse justice, qui jadis, dans les gros villages, réunissaient en assemblées publiques les paysans de condition libre, passèrent dans sa main. Lui-même jugea ou chargea ses domestiques de juger. Il perçut donc les amendes. En outre, en rétribution de la fonction de protection qu'il remplissait, il réclama une « aide », il leva ces taxes que les documents du temps nomment des « coutumes ». Voilà ce qui importe à l'histoire de l'économie rurale : le châtelain prétendit dorénavant exploiter à sa guise toute la population du canton.

Sa puissance et son pouvoir d'extorquer de l'argent ne s'appesantirent pas, à vrai dire, sur les seigneurs petits ou grands, ses parents, ses amis ou ses feudataires, dont il attendait seulement une libre fidélité et des services d'armes. Mais toute la paysannerie lui fut soumise. Jadis, les esclaves échappaient au contrôle de l'autorité régalienne, ils ne relevaient que de leur maître. Avide d'accroître ses perceptions, le châtelain voulut ignorer l'antique limite, d'ailleurs en voie de rapide effacement, qui séparait dans la foule des rustres les esclaves et les libres. Devant les exigences du châtelain, s'estompèrent donc les nuances juridiques qui excluaient jadis les hommes de naissance servile de la fréquentation des assemblées de justice publique ou de la jouissance des communaux. On savait encore, vers 1050, quelle famille dans tel village était esclave, quelle autre jouissait de la liberté. Mais dans la seconde moitié du XIe siècle, les mots *servus* et *francus*, ainsi que leurs équivalents, tombèrent peu à peu en désuétude dans la plupart des provinces françaises [1]. On voit disparaître ces vocables des inventaires seigneuriaux ou des actes de donation, parce que l'appropriation des pouvoirs régaliens par les seigneurs privés avait désormais dépouillé les qualités que ces mots exprimaient de toute signification économique perceptible. Pour le maître du ban, et pour ses sergents, seule comptait la qualité de « travailleur », qui soumettait tous les paysans résidant

1. Sauf au nord de la Seine et du plateau de Langres, où ces termes se maintinrent en usage mais en changeant sensiblement de signification juridique.

sur le territoire du château au pouvoir du « sire » et à sa fiscalité.

Certains rustres cependant continuèrent de leur échapper. En effet, face aux prétentions des châtelains, s'était renforcée, développée, tendue, l'autorité toute privée exercée par les chefs des familles nobles et les établissements religieux sur leurs propres dépendants, sur les hommes de leur « maison ». Puissance domestique, celle-ci, qui, de toute ancienneté, avait soustrait au contrôle royal l'enclos de la demeure et placé sous la protection, la justice, le commandement du chef de « maisonnée » ou de « manse » (*caput mansi*, disent certains textes de la fin du XIe siècle) sa parenté, ses serviteurs, sa « famille » au sens large. Cette dernière englobait tous les esclaves, mais aussi quelques hommes de naissance libre qui, se confiant au maître avec leur descendance, se donnant à lui, étaient ainsi venus s'incorporer à sa maisonnée. Tous ces dépendants, esclaves ou protégés, n'échappaient pas, lorsqu'ils quittaient la maison du patron pour s'établir sur une tenure et vivre dans leur propre manse, à cette autorité familiale. Petits nobles et seigneurs d'Église revendiquèrent donc le droit exclusif de diriger, de juger et d'exploiter tous « leurs » hommes. Ils les défendirent âprement contre les exigences des châtelains, ils les empêchèrent autant qu'ils purent d'y répondre. En effet, ils tenaient les possessions individuelles de leurs dépendants pour une annexe de leur patrimoine ; ils considéraient donc les taxes que pouvaient payer ces hommes à autrui comme un prélèvement abusif sur les ressources de leur propre maison.

La résistance des seigneuries religieuses fut peut-être plus ardente, car elles possédaient des groupes de dépendants plus nombreux et plus dispersés (beaucoup d'hommes et de femmes, dont certains nobles et appartenant à des lignages de grande fortune, étaient entrés naguère et entraient encore à cette époque dans la *familia* du saint patron du sanctuaire par piété et pour gagner leur salut). En outre, la plupart des grands établissements ecclésiastiques pouvaient exhiber un de ces diplômes d'immunité, concédés jadis par les souverains, et qui interdisaient aux puissances locales d'exploiter les dépendants de l'Église. Ajoutons enfin que, dans le cours du XIe siècle, les idées grégoriennes vinrent aviver le sentiment que les biens ecclésiastiques ne devaient pas être soumis aux autorités temporelles. En tout cas, la documentation éclaire uniquement les conflits qui, pour la domination et la taxation de leurs hommes, opposèrent les seigneurs d'Église aux châtelains. Ces rivalités entre la seigneurie que l'on peut dire banale, puisqu'elle se fonde sur le « ban », sur la puissance territoriale d'origine régalienne, et la seigneurie que l'on peut dire domestique, puisqu'elle émane du pouvoir détenu par les chefs de famille sur leur maison, aboutirent à des résultats fort divers.

Le plus souvent l'autorité banale l'emporta. Bien des maîtres perdirent la domination de quelques-uns de leurs anciens esclaves, établis trop loin de leur demeure, et la protection de certains hommes libres. Les chefs de forteresse disposaient en effet d'ordinaire de forces beaucoup plus imposantes. L'appui qu'ils promettaient à ceux qui se plaçaient sous leur garde apparaissait plus efficace. On recherchait donc leur patronage. Ainsi vit-on, au XIIe siècle, les hommes des « sauvetés » fondées par les Templiers dans la région toulousaine, et que les croix de la paix de Dieu mettaient pourtant à l'abri des sévices et des exactions, entrer de leur propre gré dans la clientèle des châtelains du voisinage [1]. Les seigneuries domestiques perdirent ainsi, au profit des seigneurs territoriaux, leurs éléments les moins solides et les plus périphériques. Fréquemment aussi, entre le seigneur domestique et le seigneur banal s'établit un partage de pouvoir, le châtelain s'arrogeant une autorité supérieure de contrôle, la puissance militaire, la punition des crimes graves. Le paysan subissait alors deux maîtres, dont sur lui les exigences se superposaient. Cependant, nulle châtellenie ne devint jamais un territoire compact ; chacune demeura toujours parsemée d'enclaves. Toutes les seigneuries domestiques en effet, et jusqu'aux plus modestes, celles que dominaient les moins fortunés des hobereaux, gardèrent sous leur autorité, à l'intérieur même de la demeure du maître et alentour, un groupe de sujets entièrement soustraits à l'exploitation du seigneur banal. Ce résidu gagna rapidement en cohésion. Parmi les « gens de la maison », on cessa de distinguer les esclaves et les libres. Au début du XIIe siècle, lorsqu'un seigneur parlait de quelqu'un de sa « fa-

1. OURLIAC, 303.

mille », il disait : « C'est mon homme. » Expression vague, mais qui insistait fortement sur la possession.

***

Hors de France, l'évolution se laisse moins clairement entrevoir. Elle accuse parfois de sensibles décalages chronologiques. Elle s'oriente cependant dans le même sens. En Italie, la ville, précocement puissante, comptait autant au moins, vers l'an mil, que le château rural ; les communes urbaines s'approprièrent donc fréquemment le pouvoir banal dans les campagnes environnantes. Mais, dans la première moitié du XIe siècle, les mêmes rivalités se discernent au-delà des Alpes pour l'exploitation des paysans par le ban territorial ou par la protection personnelle. Là aussi, les humbles se trouvèrent tiraillés entre l'autorité de celui qui se disait *dominus loci*, seigneur du lieu, et qui à ce titre prétendait commander tout le monde, et celle du patron à qui certains paysans s'étaient « commendés », confiés pour, selon les formules du XIe siècle, être « nourris, vêtus, chaussés » par lui comme tous les gens de sa maison [1]. Ce domaine italien de l'histoire sociale demeure encore imparfaitement exploré. On voit cependant dans les campagnes lombardes, piémontaises ou toscanes, les documents seigneuriaux de l'âge féodal marquer nettement la distinction entre les serviteurs domestiques, encore pris dans la gaine de l'esclavage, soumis entièrement au droit de correction du maître de leur corps et à ses ordres (ces « hommes d'autrui » que les communautés urbaines du XIIe siècle se refusaient d'accueillir dans leur sein sans que fût tranchée au préalable l'attache qui les liait), et d'autre part, les « manants » que leur résidence en tel lieu astreignait à certains services [2].

L'émiettement de la puissance régalienne paraît beaucoup moins poussée dans la part septentrionale de la chrétienté, en Germanie, en Angleterre et dans les principautés du nord-ouest de la France, la Normandie et la Flandre. Les châteaux demeurèrent ici dans la main des princes, des rois ou des comtes. Le pouvoir banal ne fut pas morcelé et partagé entre des territoires restreints, autonomes et concurrents. La vitalité des

1. MURATORI, I, 837.
2. JONES, 180 ; FIUMI, 132 ; LUZZATTO, 156 ; GABATTO, 99. p. CXLI.

assemblées rurales d'hommes libres où l'on continuait de rendre la justice en vertu de la « loi du pays » *(Landrecht)*, de la « loi commune », maintint vivante la notion d'une autorité publique. Chargés dans toute leur principauté du châtiment des crimes et du maintien de la paix, les chefs du peuple conservèrent seuls le privilège de lever certaines exactions, les plus lourdes. Les paysans n'échappèrent point aux taxes. Mais celles-ci profitèrent surtout à des maîtres moins nombreux, plus illustres et plus lointains. La concentration de la fiscalité ne fut pourtant pas totale. Dans ces contrées subsistèrent et se développèrent aussi sur certains hommes des pouvoirs privés de protection et de domination, qui permirent à beaucoup de seigneurs d'accroître singulièrement leurs ressources. L'évolution toutefois revêtit des formes particulières dans les pays germaniques d'une part, et d'autre part dans ceux de la Manche et de la mer du Nord.

* * *

En Allemagne et sur ses franges occidentales, néerlandaises et lotharingiennes, la frontière entre liberté et servitude conserva la même netteté qu'aux temps carolingiens. Les coutumes régionales rédigées au milieu du XIIIe siècle mettaient encore à part les paysans libres. On ne les confondait pas avec les « nobles », qui échappaient aux exactions, ni avec les « chevaliers », qui possédaient seuls depuis le milieu du XIIe siècle le droit de porter les armes. Toutefois ils continuaient de relever exclusivement des tribunaux comtaux. Ils ne pouvaient donc passer pour *servi*, pour esclaves. Comme les « francs » des temps carolingiens, ils devaient assister aux assemblées publiques de justice. Les plus riches d'entre eux étaient astreints d'y siéger régulièrement comme échevins. En cas de danger militaire, on les mobilisait, et ces services d'armes furent exigés très longtemps dans la Germanie du Nord et aux lisières du monde slave. Dans les contrées moins exposées, où l'activité guerrière devint, comme en France, affaire de spécialistes, les paysans libres coopérèrent à la défense commune par des fournitures d'avoine. Nette différence cependant : c'était le comte, au nom du roi, et non point un seigneur privé, qui percevait cette taxe de protection, ce *Grafenschatz*. Et ce fut également au comte, au margrave ou à l'évêque investi des pouvoirs comtaux, que les défricheurs, en Thuringe, dans les polders flamands ou sur les bords de l'Elbe, acquittèrent le cens, signe de leur liberté [1].

La vigueur prolongée des institutions publiques n'empêcha pas cependant chaque établissement religieux, et, de toute évidence, chaque maison noble, de revendiquer sur les hommes de sa « famille » des droits que la dégradation insensible, très lente mais continue, de l'autorité royale commençait à renforcer singulièrement au XIIe siècle. Ces protégés, soumis au maître et souvent fort étroitement, dans ce vaste royaume forestier où les agents du roi ne visitaient les clairières que de loin en loin, qui étaient-ils ? Des esclaves d'abord, puisque la notion primitive d'esclavage survivait encore. Beaucoup portent dans les textes le nom « d'esclaves de la maison », de *servi salici*, d' « esclaves en service perpétuel ». « Nourris », « prébendés », logés dans la demeure du maître, ou installés à proximité dans une case, mais continuant de prendre au réfectoire ou dans les greniers de la cour leur nourriture, ces hommes et ces femmes ne possédaient rien en propre. Leur maître pouvait les corriger et les commander à sa guise. D'autres cependant sont désignés comme des « esclaves mangeant leur propre pain ». Ils vivaient sur un manse qu'ils exploitaient et qui entretenait leur famille. Eux aussi servaient de leur corps et devaient exécuter tous les ordres. Toutefois, moins proches de la main du maître, ils subissaient une dépendance plus relâchée. Pour les plus éloignés d'entre eux, elle se confondait presque avec celle des gens de la *familia* qui étaient de condition libre.

Ces derniers se trouvaient surtout nombreux dans la seigneurie de l'Église. En Allemagne du Sud et de l'Ouest, en Lorraine, en Flandre et jusqu'en Picardie, des personnages de tout rang, des gens âgés, des veuves, des hommes pieux et soucieux de leur salut, d'autres en quête d'une simple protection temporelle ou d'un secours matériel, entrèrent en effet en grand nombre au Xe et au XIe siècle dans la commendise d'un sanctuaire. Ces « hommes de l'autel » — les grandes abbayes bavaroises en possédaient chacune plusieurs milliers — s'étaient voués, eux et leur postérité, au saint patron.

1. BOSL, 452 et 456 *b* ; VAN DER LINDEN, 310.

Comme les esclaves affranchis, dépendants mais libres, ils n'étaient pas astreints à un service de leur corps. Ils n'en appartenaient pas moins à la « famille » d'un maître, et leurs biens se trouvaient intégrés d'une certaine façon dans le patrimoine de ce dernier.

Dans les pays allemands, d'âpres concurrences s'élevèrent entre l'autorité publique et les patrons privés pour l'exploitation de ces dépendants de statuts divers. Bien étudiées, les destinées de l' « avouerie », cette délégation du pouvoir royal à l'intérieur des immunités ecclésiastiques, révèlent des attitudes et des conflits très comparables à ceux dont on trouve les traces en France dans les chartriers monastiques. Dès la fin du xe siècle, les avoués germaniques considéraient leur fonction comme un élément de leur fortune héréditaire. Ils prétendaient en disposer à leur gré, en distribuer des fragments en fiefs à leurs amis. Ils l'utilisaient surtout comme prétexte pour tirer profit des paysans établis sur le domaine de l'Église, pour leur extorquer des cadeaux et, les jugeant, leur infliger des amendes. Les administrateurs des monastères luttèrent contre ces prétentions : dans le cours du XIe siècle, des règlements écrits limitèrent le champ d'action des avoués. On permit à ceux-ci de présider trois fois l'an les « plaids généraux », assemblées judiciaires solennelles ; ils reçurent mission de police et d'exécution militaire ; ils purent aussi lever certaines coutumes sur les tenanciers, les punir pour les fautes graves, percevoir une portion des profits de justice. Mais les abbés défendirent vigoureusement leur seigneurie domestique ; ils parvinrent à faire respecter l'exemption totale des « esclaves de la maison » et souvent de la *familia* tout entière [1].

***

Les phénomènes anglo-normands semblent plus complexes. L'influence politique et économique des protecteurs privés s'épanouit dans ces pays sans doute plus tardivement, après l'an mil. Le roi concéda à certains grands la *feorm* de tel village ; beaucoup d'hommes libres de fortune modeste, harcelés par les obligations de guerre, tenaillés par la faim en année de mauvaises récoltes, cherchaient aussi un *lord*, à qui se confier et se

1. PERRIN, 189, p. 675 ; DOLLINGER, 149.

soumettre. On voit de cette manière se former et s'étendre des clientèles, et ce pouvoir de *sake and soke* (le terme apparaît en 956) qui astreignait les protégés à se rendre à la cour du patron, à plaider devant lui leurs causes, à l'aider de leur service. Les liens de dépendance, qui attachaient non seulement les hommes mais leurs terres, apparaissent plus ou moins serrés, et l'on reconnaissait à l'époque de nombreuses nuances entre le libre dévouement du *thegn*, homme d'armes lui-même seigneur, et la dure astreinte des humbles paysans. Ces derniers, nourris dans la maison, plaçaient leurs bras à l'entière disposition du patron [1].

En 1086, après la conquête, le *hall*, la maison du chef, où l'on se réunissait pour juger et pour servir, avait acquis déjà une telle importance dans les relations sociales que les clercs normands qui rédigèrent le *Domesday Book* organisèrent leur description du royaume non point dans le cadre du village, mais en fonction de ce qu'ils appelèrent le « manoir ». Ce terme dans leur pays désignait la maison de l'homme puissant. En liquidant l'élite saxonne, en étendant sur la population indigène la lourde contrainte des envahisseurs campés sur place et établis dans les maisons des anciens chefs, la conquête venait d'ailleurs de renforcer singulièrement l'autorité des maîtres de « maisons ». On rencontrait alors encore de nombreux esclaves domestiques, surtout dans l'ouest du pays. En 1086, on en dénombra vingt-cinq mille, autant que de *sokemen*, d'hommes libres soumis au *sake and soke*. On peut estimer qu'ils formaient presque le dixième de la population mâle. Trois cents d'entre eux travaillaient sur le domaine de l'église d'Ely, répartis dans presque tous ses manoirs [2]. Toutefois, l'ancienne notion de servitude commençait à s'estomper dans le cercle des hommes attachés au manoir. Les conciles, les prédicateurs dénonçaient l'activité des trafiquants d'esclaves. Les rédacteurs du *Domesday Book* répugnaient déjà à employer le mot *servus* pour désigner ces serviteurs domestiques. Pour classer les hommes en fonction de leur plus ou moins étroite dépendance, les clercs du roi adoptèrent un autre critère, la nature des services dus au *lord* par ses hommes, et plus encore par leurs terres.

1. STENTON, 219, p. 463 et suiv.
2. MILLER, 187, p. 44.

Ils qualifièrent de « libres tenanciers » les *sokemen*, ceux qui n'étaient pas astreints à travailler les champs du manoir, ou qui du moins n'y peinaient que de temps à autre. Les paysans qui participaient par des corvées régulières à la mise en valeur du domaine et qui chaque semaine devaient, un ou plusieurs matins, se présenter au manoir pour y recevoir les ordres du seigneur, furent rangés en deux groupes, selon l'étendue de leur exploitation. On désigna comme « vilains » ceux qui possédaient une terre assez vaste pour nourrir leur famille. Les autres, dont la tenure, simple case flanquée d'un jardin, ne suffisait pas à les faire vivre, et qui devaient en s'embauchant dans la maison du maître ou ailleurs trouver un supplément de ressources furent nommés « bordiers » ou « cottiers [1] ». La conquête, les révoltes qui la suivirent, les exigences des nouveaux seigneurs, réduisirent d'ailleurs le nombre des libres tenanciers. Dans un petit manoir, vassal de l'église d'Ely, un quart de la terre arable constituait le domaine en 1066, et quinze *sokemen* se partageaient le reste ; vingt ans plus tard, le domaine avait doublé de superficie ; on ne trouvait plus de *sokemen*, mais neuf « vilains » et vingt « bordiers ». Des neuf cents *sokemen* établis avant la conquête dans le comté de Cambridge, deux cent treize seulement avaient conservé leur relative indépendance lors de la rédaction du *Domesday Book* [2].

En tout cas, dans l'Angleterre de la fin du XIe siècle, tenure et attache personnelle tendaient à se confondre. A l'intérieur du « manoir », pouvoir sur les hommes et pouvoir sur la terre, seigneurie domestique et seigneurie foncière coïncidèrent. En revanche, il n'existait pas à proprement parler de seigneurie banale autonome, de principauté territoriale indépendante. Guillaume le Conquérant tenait les châteaux. Il avait distribué à ses compagnons d'aventure de vastes domaines, mais éparpillés ici et là. On voit par exemple que, dans les douze villages d'une vallée du comté d'Oxford, onze « barons », onze très grands seigneurs, possédaient des terres disséminées et entremêlées [3]. La possession seigneuriale se trouvait même si morcelée qu'il était

1. C'était reprendre des distinctions établies déjà entre les diverses catégories de dépendants libres avant la conquête, et décrites en particulier dans le texte intitulé *Rectitudines singularum personarum*.
2. MILLER, 187, p. 73 ; MAITLAND, 158, p. 62.
3. LENNARD, 253, p. 59.

exceptionnel de voir un seul « manoir » recouvrir entièrement le terroir d'un village. Pour cette raison, la plupart des paysans coudoyaient des hommes qui, tenanciers d'un seigneur qui n'était pas le leur, relevaient d'un autre manoir, donc d'une autre protection. Si quelque procès naissait entre eux, ils étaient enclins à porter leur querelle, non point devant leur *lord*, mais devant l'assemblée du village, ou bien à la cour de justice publique qui tenait des assises régulières dans le comté et dans ses subdivisions, les « centaines ». En effet, comme en Germanie, la tradition des réunions locales, qui rassemblaient périodiquement les hommes libres pour juger au nom du roi, demeurait très vivante. Les rois normands n'avaient eu garde de l'affaiblir. Et, comme en Germanie, dans chaque comté, un représentant du roi, le *sheriff*, percevait en son nom les amendes, mobilisait les hommes pour la guerre et exigeait d'eux des taxes pour collaborer à la défense. Les plus grands seigneurs tentèrent pourtant, dans la première moitié du XIIe siècle, de s'approprier les prérogatives royales. Ils y parvinrent et les conservèrent aux frontières des pays sauvages d'Écosse et de Galles, où l'alerte était permanente, où les chefs de guerre détenaient tout le pouvoir et tout le prestige sur des populations clairsemées et constamment menacées d'invasion. Mais ces lisières mises à part, le souverain parvint après 1155 à reprendre solidement en main les pouvoirs supérieurs de justice et de paix sur l'étendue de son petit royaume. Presque toutes les fourches et les potences que les *lords* avaient dressées sur leur domaine furent abattues, et le droit de punir les crimes, de juger les hommes libres revint de nouveau aux seules cours de comté et de centaine, et aux juges royaux itinérants.

Toutefois le roi reconnut l'autorité personnelle de tous les seigneurs de manoir, ce qui consolida la seigneurie domestique. Parmi les tenanciers du manoir une distinction s'établit. On tint les « libres », ceux qui échappaient aux corvées régulières, pour justiciables des tribunaux publics (ainsi dans les inventaires de la seigneurie d'Ely, les libres tenanciers sont-ils appelés *hundredarii*, les « hommes de la centaine »[1]). En revanche, tous les autres, les « vilains », les « bordiers », ne relevèrent plus de la « loi commune ». Ils se virent

1. MILLER, 187, p. 117.

abandonnés au jugement et à la correction de leur maître, à la coutume du manoir. Ils devinrent aux yeux de tous des « hommes coutumiers ». Autrement dit, ils passèrent entièrement sous un pouvoir privé.

Dans la salle du manoir, des cours régulières continuèrent de se tenir pour apaiser les querelles des dépendants. Des hommes libres du village portaient parfois leur procès devant cette assemblée de conciliation, plus proche que la cour de centaine, où ils se sentaient moins étrangers, et dont les décisions s'avéraient souvent plus efficaces. En outre, le tribunal manorial collaborait à la paix publique. Il poursuivait les petits délits commis par les gens de la « famille » et par les voisins contre la paix du roi. Dans certaines seigneuries plus puissantes, c'était même devant lui qu'avait lieu la « vue de franc-pleige », c'est-à-dire la vérification des petits groupes de solidarité pénale, entre lesquels se trouvaient répartis tous les adultes mâles du royaume. Ainsi tout maître de manoir tenait-il une justice. A ce titre, il encaissait le produit des amendes. En outre, la réflexion des juristes, qui redécouvraient le droit romain, identifia à cette époque même la condition du « vilain », exclu des assemblées publiques, à celle de l'esclave antique. On le déclara donc *servus*, et comme tel héréditairement attaché à la glèbe, réputé l'objet d'une exploitation illimitée, livré à l'arbitraire du maître au point de « ne savoir le soir ce qu'il devrait faire le lendemain ». Ainsi une large portion de la paysannerie anglaise glissa dans la servitude complète à la fin du XIIe siècle. De ce fait, elle subit désormais une domination économique très lourde, beaucoup plus pesante que celle supportée par les hommes libres de la part des agents royaux [1].

***

Dans l'ensemble de l'Occident, par l'exercice du ban territorial ou par la dépendance personnelle, une autorité de protection, privée ou publique, vint donc s'appesantir au XIe et au XIIe siècle sur les humbles, sur les paysans, sur ceux que leur état condamnait à travailler pour nourrir les grands. Elle ne cessa de s'alourdir, et les profits que procuraient l'exercice de

1. A. L. POOLE, *From Domesday Book...*, p. 39 et suiv.

la justice, les réquisitions, l'aide réclamée des sujets s'ajoutèrent aux ressources qui venaient de la possession de la terre. Ils se confondirent avec elles dans le patrimoine des princes, des grands établissements religieux et des familles les plus riches. Ils accrurent les revenus de tous les seigneurs.

Cependant, si l'on entend par « seigneurie » (et c'est bien dans ce sens que ce mot doit être pris par les historiens de l'économie) un pouvoir d'exploitation économique, il existait au XIe, au XIIe siècle, plusieurs natures de seigneurie. Le langage du temps ne les distinguait pas, et les contemporains non plus, qui se montraient d'abord attentifs au montant de ce qu'ils devaient recevoir ou donner, et fort peu soucieux d'analyser la source juridique de ces revenus ou de ces charges. Les inventaires seigneuriaux du XIIe siècle étaient devenus des « coutumiers », parce que à côté des cens qui pesaient sur les champs, et confondues avec eux, ils enregistraient maintenant les « coutumes », les taxes exigées des hommes en raison de leur dépendance. Toutefois, si l'on veut pénétrer plus profondément dans la compréhension des mécanismes économiques, il n'est pas mauvais de considérer à part ces divers profits. Séparons donc l'étude de la seigneurie foncière, dont la terre domaniale et les tenures qui lui étaient attachées constituaient l'assise, et celle des seigneuries banales et domestiques, qui l'une et l'autre s'étendaient sur des hommes et liaient par un réseau de service et de prestations un groupe de familles paysannes à la maison de celui qui sur elles exerçaient le pouvoir.

CHAPITRE II

AUX XIe ET XIIe SIÈCLES. SEIGNEURS ET PAYSANS

I. La seigneurie foncière

Devant qui cherche à suivre l'histoire de la seigneurie foncière, la raréfaction des sources écrites aux xe et xiie siècles dresse un obstacle d'une particulière gravité. Dans les rares provinces d'Occident où quelques terres seigneuriales avaient fait l'objet d'inventaires à l'époque carolingienne, il est tout à fait exceptionnel que ces mêmes biens apparaissent de nouveau dans des textes explicites aux siècles suivants. La continuité de l'évolution échappe donc très généralement à l'observation. Pourtant, sur quelques-uns des parchemins qui supportent le texte des polyptyques, on parvient parfois à repérer des retouches ultérieures, des ratures, des interpolations. Ces corrections visaient à adapter peu à peu les documents administratifs à l'incessante modification des rapports économiques et sociaux. Il n'est pas toujours impossible de dater ces strates successives. Elles méritent en tout cas la plus grande attention. C'est en concentrant sur de tels vestiges ses patientes recherches que Ch.-Ed. Perrin est parvenu à mettre en lumière les transformations progressives de la seigneurie lorraine. Ajoutons que la pratique des enquêtes et des inventaires, le souci de dresser de loin en loin une liste des tenanciers et un état de leurs services, restèrent vivants sur le continent dans les établissements religieux ; ils pénétrèrent en Angleterre. On possède ainsi parfois pour certains domaines du xiie siècle des suites de censiers grâce auxquelles on peut discerner les tendances de l'économie seigneuriale [1]. L'évolution de celle-ci pose de nombreuses et graves questions, mais toutes ne restent pas complètement sans réponse.

a) *L'étendue du domaine.*

Les médiévistes considèrent généralement que l'étendue du domaine se restreignit beaucoup entre le IXe et le XIIe siècle, et ils opposent volontiers aux immenses champs dominicaux que bêchaient les esclaves des grandes abbayes carolingiennes, la réserve limitée et toute proche de la maison dont les seigneurs, trois siècles plus tard, tiraient l'approvisionnement de leur table. En fait, on trouve sans peine dans les documents de cette période des indices certains d'une dissolution, d'un lotissement du domaine. Nombre de maîtres agirent alors comme les moines de Tournus en Bourgogne qui, en 974, partagèrent les vastes coûtures qu'un comte venait de leur offrir en aumône ; les parcelles ainsi constituées furent rattachées à de nouveaux manses, où les seigneurs établirent sept familles de tenanciers [2]. Mais plus fréquemment sans doute, les pièces labourables du domaine s'amenuisèrent peu à peu par des amputations légères et successives. De petits lots s'en détachaient que l'on remettait à des exploitants, en concessions d'abord temporaires, bientôt définitives. Ainsi en 1147, un prêtre reçut de l'abbé de Waulsort, une *possessioncula* prélevée sur l'une des coûtures du monastère ; il devait la tenir « selon le droit des tenanciers de manses » et payer une redevance proportionnelle à l'étendue de la terre concédée [3]. Si l'hypothèse d'un lent progrès des techniques agricoles pendant cette période se révèle fondée, elle pourrait suffire à expliquer cette réduction progressive des réserves seigneuriales. Les rendements s'élevaient sur les champs du maître ; le ravitaillement de la cour n'exigeait donc plus des cultures aussi étendues. Pourquoi poursuivre alors l'exploitation directe des terres superflues ? On trouvait en effet sans peine des

1. PERRIN, 189 ; DIDIER, 399.
2. DUBY, 247, p. 73.
3. *Les chartes de l'abbaye de Waulsort* (éd. DESPY), n° 25 : « ... ex indominica cultura in villa Pondrem nobis jure mansionarii cessit, et secundum quantitatem terre censum solvere precepit... »

hommes qui, pour prendre les champs, acceptaient de payer loyer.

Toutefois, ni en France, ni en Angleterre, ni en Allemagne, les documents n'autorisent à penser qu'une portion très considérable des labours du maître ait été alors délibérément distribuée par lots à des tenanciers. Jusqu'à la fin du XIIe siècle, le procédé paraît au contraire d'usage exceptionnel. Dans les textes, il fait généralement figure d'expédient ; lorsque les seigneurs se résolvent à l'appliquer, on les devine contraints soit par une pénurie temporaire de main-d'œuvre, soit par la difficulté de mettre directement en valeur une terre nouvellement acquise ou trop éloignée de la maison. Mais ils répugnent à se séparer durablement des terres domaniales. Il faut donc tenir la plupart du temps le lotissement de l'*indominicatum* pour un phénomène accidentel, provoqué souvent par la croissance même du patrimoine.

Les donations pieuses jouèrent ici leur rôle. Les aumônes en effet introduisaient souvent des terres nouvelles dans la fortune foncière des églises, mais sans l'appoint de main-d'œuvre nécessaire à leur mise en valeur. Faute de domestiques ou de corvéables, il fallait bien adjoindre ces champs aux anciens manses, les concéder à des « hôtes », ou bien, comme les moines de Tournus, créer de nouvelles exploitations. Les partages successoraux provoquèrent également la dégradation de bien des « condemines » et des « coûtures » et leur éparpillement en parcelles. Pour être sûrs de posséder chacun des parts égales, les héritiers divisaient en effet entre eux les champs de chaque *villa*, et ces « portions » finissaient par se fragmenter au cours des générations en lopins disséminés dans plusieurs villages, et dont les plus éloignés devenaient des tenures. Intervint enfin la constitution de fiefs ou de précaires. La dotation des chevaliers vassaux et des ministériaux, toutes les faveurs consenties aux « amis », morcelèrent les domaines des grands, et notamment les énormes réserves que possédaient les établissements religieux du haut Moyen Age [1]. Ces terres se divisèrent en lots d'étendue

1. Ce fut au Xe siècle, semble-t-il, que les usurpations des grands et le trouble consécutif aux invasions morcelèrent les domaines des grands monastères du royaume franc. Pour l'abbaye de Saint-Wandrille, F. LOT, *Études critiques sur l'abbaye de Saint-Wandrille*,

beaucoup plus restreinte. Remarquons bien cependant que, pour la plus grande part, elles demeurèrent en exploitation directe. En définitive, on peut douter que beaucoup de champs seigneuriaux soient devenus à cette époque champs paysans. Il est sans doute plus juste de penser que les labours domaniaux, sans perdre notablement de leur étendue, se répartirent alors en exploitations de plus en plus menues par le jeu des héritages et des « bienfaits ». Ce fractionnement résulta, pour une bonne part, de la croissance démographique, de la prolifération des lignages aristocratiques et de la multiplication des seigneurs.

Lorsqu'on examine attentivement les textes, on s'aperçoit d'ailleurs que les traces d'une extension du domaine n'y sont guère moins nombreuses que celles de son amenuisement. Elles attestent clairement que certains seigneurs se soucièrent de pousser davantage le faire-valoir direct. Ce fut le cas, très généralement, de toutes les communautés religieuses qui se formèrent depuis la fin du XIe siècle en réaction contre le monachisme de type seigneurial en faveur à Cluny. Elles s'imposèrent de travailler elles-mêmes leur terre. Ainsi les cisterciens s'interdirent-ils d'acquérir des dîmes, des moulins, des cens (c'est-à-dire des rentes) et des « colons » (c'est-à-dire des tenanciers). Tant que ces dispositions furent respectées — jusqu'au milieu du XIIe siècle au moins — la fortune de ces établissements, très nombreux et que les aumônes enrichirent vite, fut donc tout entière exploitée en domaine et divisée en d'innombrables « granges », confiées chacune à une équipe de travailleurs domestiques. Le fait est bien connu. On sait moins que les ordres religieux anciens se préoccupèrent également au XIIe siècle d'étendre l'exploitation directe de leur terre. L'exemple du monastère de Cluny me paraît fort significatif. Vers 1090, le chambrier de l'abbaye, c'est-à-dire le dignitaire chargé du maniement des deniers, s'efforça d'acquérir tout le terroir d'un village, que les possesseurs fonciers nobles et paysans lui vendirent très cher ; en ayant expulsé les habitants, comme les cisterciens le firent très souvent ailleurs, les religieux créèrent là une

p. LXV et 59 ; pour Saint-Germain-des-Prés, M. DE LA MOTTE-COLAS, dans *Mémorial du XIVe centenaire de l'abbaye de Saint-Germain-des-Prés*, Paris, 1959.

« grange ». Une trentaine d'années plus tard, c'était encore dans la remise en état du domaine, et dans l'intensification de sa production, que l'abbé Pierre le Vénérable cherchait le remède aux graves embarras que subissait l'économie du monastère ; pour parvenir à réduire notablement les achats des denrées alimentaires, pour assurer le ravitaillement direct des greniers et du cellier, il n'hésitait pas à consacrer de fortes sommes à l'accroissement du nombre des charrues, à la plantation de nouvelles vignes [1]. On découvre à la même époque de semblables intentions chez Suger. L'abbé de Saint-Denis affecta vingt livres à créer un clos à Saint-Lucien ; ce qui devait permettre de ne plus mettre en gage chaque année, aux foires de Lagny, les ornements précieux des autels pour payer les achats de vin. A Rouvray, il fit rebâtir la « cour » et « établir là trois charrues », et d'un coup les profits du domaine quintuplèrent [2]. Nous avons déjà vu que les entreprises de défrichements furent souvent conduites par les seigneurs dans le même souci de hausser le rendement de l'exploitation domestique. Sur les terres gagnées par l'essart naquirent certes beaucoup de tenures nouvelles. Mais très souvent aussi, une notable portion des nouveaux champs fut conservée en domaine. En lisière des forêts bourguignonnes, foisonnaient aux XIe et XIIe siècles les « essarts domaniaux », les condemines « avec les essarts qui leur sont adjoints », et dans bien des villeneuves, les seigneurs se réservaient une maison, son pourpris, un lot de terre arable, de quoi occuper une ou deux charrues [3].

Qu'expriment de tels investissements, sinon le très vif attachement des maîtres de ce temps à la mise en valeur directe de leurs terres, et la persistance des types de gestion que révélaient les documents carolingiens ? En fait, il est impossible d'apercevoir une seigneurie aux XIe et XIIe siècles qui fût dépourvue de domaine, ni de seigneur qui tirât uniquement des rentes de sa terre. Pas de manoir sans domaine par exemple dans le *Domesday Book*, et les précieuses évaluations de l'enquête montrent que ce domaine couvrait toujours une pro-

1. DUBY, 406.
2. *Liber de rebus in administratione sua gestis* (éd. LECOY DE LA MARCHE), I, p. 158, 169, 170.
3. DUBY, 247, p. 304.

portion considérable des terres labourées : 22 % sur les possessions de l'évêché de Winchester, et cinquante-huit au moins des quatre-vingt-cinq charruées de terre qui relevaient d'Eudes le Sénéchal ; dans six des vingt manoirs que possédait l'abbaye de Burton, le domaine occupait une surface égale à celle des tenures ; et dans deux autres, il était plus étendu qu'elles [1]. Les cartulaires ecclésiastiques du sud de la Bourgogne fournissent des témoignages concordants. Tout chevalier de cette région dont on parvient à connaître un peu la fortune, faisait cultiver des champs cinq à six fois plus vastes qu'une exploitation paysanne moyenne ; on rencontre même des seigneuries dont apparemment ne dépendait aucune tenure, mais qui étaient tout entières constituées par un domaine [2]. De celui-ci, les labours formaient la pièce maîtresse. Ou bien ils se concentraient en larges parcelles, ou bien ils se disséminaient par lopins dans les différents quartiers du terroir. Au milieu du XIIe siècle, tel petit noble du comté de Chalon possédait, outre des bois, cinq charretées de pré et douze ouvrées de vigne, quatorze champs dispersés, mêlés à ceux des paysans du village [3].

Évidemment, de telles exploitations paraissent singulièrement plus modestes que les immenses espaces labourés au IXe siècle par la valetaille de certains grands monastères francs. Mais il ne faut pas oublier que la description des polyptyques avait toujours concerné des domaines d'étendue exceptionnelle. Et pour être de dimensions beaucoup plus restreintes, les réserves domaniales d'après l'an mil n'en possédaient pas moins de vigueur. On doit en tout cas se représenter toutes les maisons seigneuriales de ce temps comme des centres de travail agricole.

b) *La main-d'œuvre domestique.*

Les méthodes d'exploitation domaniale ne paraissent pas très différentes de celles que l'on suivait au IXe siècle. Les tâches principales, et en particulier le labour, incombaient en premier lieu à des serviteurs domestiques. La « charrue », c'est-à-dire le groupe de travail

1. LENNARD, 253, p. 74 et suiv.
2. DUBY, 247, p. 78.
3. DUBY, 247, p. 424.

constitué par l'outil lui-même, les bêtes de trait et les valets qui les menaient, formait l'équipement de base de toutes les « cours ». C'est en « charrues » que l'on évaluait généralement leur puissance économique. En fait, dans toutes les régions d'Occident, chaque maison, religieuse ou noble, abritait une petite bande de domestiques employés à plein temps, et parmi eux, quelques « bouviers », c'est-à-dire de ces hommes qui, deux par deux, l'un conduisant l'attelage, l'autre tenant les mancherons, actionnaient l'instrument de labour. A la fin du XIe siècle, douze familles vivaient dans le domaine de tel chevalier bourguignon, attachées à son exploitation. Cinquante ans plus tard, on comptait vingt de ces *famuli* dans l'un des doyennés de l'abbaye de Cluny. Ils étaient trente, vers 1180, dans un manoir anglais dépendant de l'abbaye du Bec [1]. Toutes les mentions qui concernent ce groupe social méritent d'être soigneusement relevées, celles surtout qui permettent de saisir la véritable condition de ces travailleurs.

Leur maître se chargeait entièrement d'entretenir un bon nombre d'entre eux. Beaucoup, en effet, apparaissent dans les textes sous le nom de « prébendiers ». « Des bouviers, et de la *familia* des bouviers, et des autres qui vivent du pain des frères », lit-on sur un document rédigé en 1122 pour le chapitre de Notre-Dame de Paris. En 1195, une charte de la même région parle du *famulus* d'un chevalier « vivant du pain de son maître [2] ». Sur le domaine de Cluny, c'était le grain que rapportaient les moulins et les fours qui servait à les nourrir. En Italie, les textes présentent ces hommes comme « vivant régulièrement des distributions du maître [3] ». Juridiquement, on les voit désignés comme des *servi*, dans toutes les régions où la notion d'esclavage ne s'était pas encore effacée. Ils constituaient le noyau le plus compact de la *familia*, le plus étroitement soumis à l'autorité domestique. Tous échappaient entièrement à tout autre pouvoir et n'obéissaient qu'au chef de la maison. Dans les communautés religieuses nouvelles, qui remirent en honneur le travail manuel, une semblable fonction de service permanent fut rem-

1. DUBY, 407 ; MORGAN, 374.
2. *Cartulaire de Notre-Dame de Paris*, I, p. 406 ; *Recueil des Actes de Philippe Auguste*, II, n° 512.
3. MURATORI, I, 589 (1034).

plie par des religieux de recrutement paysan, les « convers ». On les traitait comme les frères des moines de chœur, ils formaient avec eux une même fraternité. Mais, sans instruction, vivant à part, astreints à des exercices liturgiques très simplifiés qui leur laissaient tout leur temps, ils accomplissaient les gros travaux des « granges ». Formule heureuse : au XIIe siècle, les bénédictins d'ancienne observance l'adoptèrent aussi.

A cette époque cependant, les textes font apparaître une autre catégorie de serviteurs, dont le nombre semble en croissance. Il s'agit encore de domestiques permanents, mêlés pendant le jour à l'équipe des prébendiers. Mais à la différence de ceux-ci, ils possédaient leur propre maison. Ils logeaient sur une petite tenure (une cabane avec son jardin et parfois un petit champ) toute proche de la cour où ils travaillaient. Ils menaient une existence familiale et vivaient de distributions de nourritures qu'ils consommaient chez eux, c'est-à-dire d'un gage. Cette condition un peu moins dépendante était vraisemblablement celle des *servi quotidiani*, des « valets de journée » dont les censiers allemands décrivent les services. Celle aussi des « sergents », des *servientes*, de tel domaine de Bresse qui, nantis chacun d'une hutte familiale, assuraient tous ensemble la mise en valeur des terres du domaine, l'entretien des bâtiments de la cour, l'expédition des convois de nourriture vers la demeure de leur seigneur, l'évêque de Mâcon [1].

Les « bouviers » d'Angleterre (dans les inventaires anglais de la fin du XIe et du XIIe siècle, les mentions de ces travailleurs se multiplient et se substituent à celles des esclaves, alors en voie de disparition rapide) semblent avoir partagé une condition économique fort comparable. Eux non plus ne vivaient pas dans le *hall*, bien que leur activité quotidienne s'exerçât tout entière sur le domaine. On les voit en possession d'une tenure, exempte de charges matérielles. Ce fief même (fief de « sergenterie », comme le désignait la coutume) les astreignait à leur « métier », c'est-à-dire à remplir auprès du maître l'office auquel les vouait leur capacité professionnelle. Considérons, par conséquent, ces *bovarii* comme des « ministériaux », des domestiques spécialistes, casés hors de la maison du seigneur. Tou-

1. DOLLINGER, 149.

tefois, le lot de terre dont ils avaient reçu la jouissance était manifestement trop petit pour qu'ils pussent en tirer leur subsistance, et pour qu'il soit possible de voir en lui un véritable salaire. Ce qu'il pouvait produire — quelques gerbes, les herbes et les racines du jardin — ne constituait qu'un appoint de nourriture. La fonction majeure de cette tenure réduite, semblable à celle des *quotidiani* germaniques, était donc plutôt de fixer ces travailleurs, de les attacher plus solidement au service de la cour, en un temps de population clairsemée, où les bras manquaient encore, et où les paysans changeaient volontiers de résidence. Cette tenure leur permettait aussi de vivre en ménage, donc d'élever des enfants. Mais la vraie rétribution des « bouviers » anglais consistait en d'autres avantages, le droit par exemple d'utiliser certains jours la charrue seigneuriale, de semer leur champ avec le grain du maître ; elle était constituée surtout par des gages, en nourriture et en monnaie [1]. Les « bouviers » de la région mâconnaise recevaient aussi à la même époque, des rations de céréales qu'ils allaient consommer chez eux. Certaines remarques des documents d'administration seigneuriale incitent à faire aussi une place assez large à ce que ces serviteurs pouvaient emporter en cachette. En somme, la présence de ces cabanes satellites, groupées autour de la cour, manifeste comme un éclatement de la maison du maître. Réfectoires et dortoirs s'étaient déjà partiellement vidés, et le salariat commençait à s'insinuer au cœur de l'économie domestique.

D'ailleurs, à ces serviteurs permanents, liés au domaine par leur tenure, venaient se joindre, de temps à autre, des auxiliaires temporaires, des « mercenaires » engagés pour l'accomplissement de certains travaux, pour la moisson, la façon des vignes, le soin des bestiaux. Ainsi, dans le manoir anglais de l'abbaye du Bec que j'évoquais plus haut, huit salariés prêtaient mainforte au moment de la moisson aux trente valets domestiques. En 1134, le chapitre général de l'Ordre de Cîteaux régla l'emploi des serviteurs gagés, que l'on embauchait dans les granges pour aider les convers. Les chartreux et leurs voisins les moines de Chalais rétribuaient aussi les bergers qui menaient leurs trou-

1. POSTAN, 380.

peaux dans l'alpage [1]. On peut tenir enfin pour des salariés partiels, et situés dans une position économique peu différente de celle des « bouviers », tous les « bordiers » des manoirs d'Angleterre, les « cottiers », ceux que les textes de l'époque saxonne nommaient *kotsetla*. La tenure dont on les voit pourvus ne couvrait, en effet, pas plus de quelques acres ; sa surface équivalait tout au plus au sixième de celle des exploitations que l'on jugeait alors capable d'assurer l'entretien d'une famille de paysans. A cause d'elle, ces travailleurs devaient chaque semaine au maître un ou deux jours de travail gratuit. Mais le reste du temps, ils louaient leurs services soit à d'autres cultivateurs, soit, plus souvent sans doute, à leur propre seigneur. Dans certaines cours, les *lundinarii* se présentaient chaque lundi pour travailler gratuitement. Revenaient-ils les autres jours, on leur donnait alors un gage. A peine corvéables, on les devine plus qu'à demi journaliers.

c) *Les corvées.*

La corvée demeurait cependant aux XIe et XIIe siècles, et dans toute l'Europe, le principal moyen de procurer à l'équipe des serviteurs installés dans la maison ou alentour, un renfort en main-d'œuvre pour les grosses tâches saisonnières. Dans tous les dépôts d'archives, les textes de ce temps mentionnent des services en travail imposés aux tenanciers et aux dépendants. Souvent même on voit s'établir des corvées nouvelles dès qu'un nouveau champ seigneurial est créé, comme dans telle paroisse de basse Auvergne, où, pour labourer une condemine récemment aménagée, une corvée de bœufs venait d'être imposée vers 1050 à chacune des douze familles de tenanciers. Ce fut en partie pour attirer de nouveaux corvéables, qui pussent les aider à mettre en valeur un domaine arable étendu par le défrichement que les seigneurs de Normandie ou du Maine fondèrent au XIe siècle tant de « bourgs » dans les campagnes [2]. Pourtant ces services de charrue ou de main-d'œuvre paraissent partout moins lourds, et souvent de beaucoup, que ceux énu-

1. *Recueil des plus anciennes chartes de la Grande-Chartreuse*, p. 80, 124.
2. FOURNIER, 416 ; BOUSSARD, 264.

mérés par les inventaires de l'époque carolingienne. Et si l'on regarde de plus près, on entrevoit une organisation sensiblement différente du travail forcé, dans les diverses provinces de l'Occident. Il importerait de mieux connaître cette géographie de la corvée. Tentons de l'esquisser à très grands traits, en attendant qu'un examen plus approfondi des sources permette d'en préciser les frontières et d'en saisir plus finement les nuances.

***

Sur tout le flanc méridional de notre aire d'observation, en Italie et dans les pays français situés au sud de la Bourgogne et de la Loire, les corvées se révèlent légères, et d'une valeur économique fort restreinte. La plupart des tenures mentionnées dans les cartulaires s'en trouvaient totalement exemptes. On ne rencontre ici aucun lot-corvée confié à telle famille de dépendants pour être mis par elle en valeur au profit du maître : la plus méridionale des « ansanges » dont j'ai retrouvé la trace en France se trouvait à la hauteur de Chalon-sur-Saône. Enfin, lorsque les textes font état de services en travail, on peut voir que ceux-ci n'accablaient guère la famille qui devait les accomplir. A la fin du XIIe siècle par exemple, les moines de Vallombreuse en Toscane exigeaient seulement d'un tenancier trois corvées de bœufs par an et trois d'ânes, d'un autre deux corvées de bœufs et des travaux manuels. Tout le censier de la seigneurie auvergnate de Sauxillanges n'enregistre pas plus de quelques jours de labour. Dans une seigneurie de l'évêché de Mâcon, qui fut inventoriée après 1100, treize des manses dépendants coopéraient assez activement à l'exploitation du domaine : chacun devait tous les ans fournir un attelage pour huit journées de labourage, deux hommes pour le travail des vignes, un faucheur et un faneur ; il lui fallait encore mener deux chars de foin, faire deux corvées de bois, participer enfin à la moisson et au battage. Mais quatorze autres manses n'étaient astreints qu'au service de labour, et les huit derniers ne participaient aux travaux domaniaux que par deux ou trois journées d'hommes. En tout, dans l'année, les trente-cinq exploitations paysannes sujettes mettaient à la disposition du maître deux cent vingt jours de travail : au IXe siècle, un seul manse dépendant des grandes abbayes d'entre Loire et Rhin en fournissait souvent davantage. L'enquête menée vers 1150 dans les doyennés proches de l'abbaye de Cluny fait état de contributions encore plus faibles. Pas de corvées du tout dans trois unités seigneuriales. Dans les autres, on réquisitionnait des « ouvriers » pour la fauchaison, et les « charrues » du village pour le labour, mais pour un seul jour parfois, et jamais plus de quatre dans toute l'année [1].

Il paraît donc évident que, dans ces régions, les seigneurs négligeaient souvent de réclamer une aide en travail des exploitations paysannes placées en leur pouvoir. Sinon, ils attendaient d'elles avant tout un coup de main au moment des labours, ce labeur de fond de l'entreprise agricole, dont les progrès techniques haussaient alors la valeur, et qui demandait un renfort d'équipement plus que de main-d'œuvre. Les attelages les intéressaient visiblement plus que les corvées de bras. Ainsi, sur les domaines clunisiens, l'appoint exigé des corvéables était-il évalué en « charrues » : les enquêteurs se représentaient les paysans réquisitionnés formant des équipes de travail, dans lesquelles sans doute ils associaient leurs bêtes de trait. Ajoutons que dans les textes du XIIe siècle, ces services d'attelage paraissent souvent supportés non point comme à l'époque carolingienne par les tenures, mais par les « habitants », par les « voisins », comme disaient les enquêteurs de Cluny, par tous les hommes du village. Procédaient-ils vraiment dans ce cas de la seigneurie foncière ? Ne faut-il pas plutôt les considérer comme l'une de ces « aides » que le seigneur du territoire, en vertu de son pouvoir de ban, demandait maintenant à tous ceux qu'il protégeait ? Tout porte à voir, dans beaucoup de ces corvées de labourage, des « exactions » banales, affectées au cours du XIe siècle à la mise en valeur du domaine des « sires », et par conséquent des adjonctions récentes au système de l'exploitation domaniale.

En revanche, les corvées de mains semblent bien au milieu du XIIe siècle en voie d'amenuisement. Le fait apparaît nettement sur les terres de l'abbaye de Cluny. Dans l'un des doyennés, cent cinquante faucheurs

1. LUZZATTO, 155 ; FOURNIER, 415 ; DUBY, 247, p. 314 et suiv., et 407.

venaient effectivement travailler sur les prés seigneuriaux ; mais cent autres se trouvaient dispensés de leur tâche, et payaient en échange une redevance de deux deniers par tête. Même commutation pour les services de charroi et pour les travaux du vignoble : pour en être exemptés, les dépendants versaient ensemble tous les ans soixante sous. Dans cette seule seigneurie, la conversion des services procurait chaque année au régisseur plus de cinq mille deniers. L'argent ainsi perçu servait à rétribuer les salariés, qui accomplissaient les mêmes besognes. Mais ces journaliers gagés n'absorbaient qu'en partie les deniers versés par les corvéables. De la commutation, le seigneur tirait ainsi bénéfice. La moitié de la taxe qu'acquittaient les paysans pour ne pas travailler aux vignes suffisait, par exemple, à rémunérer les mercenaires qui les remplaçaient. Autrement dit, converti en valeur monétaire, le rendement du travailleur rétribué était double. Dans ces seigneuries, que rien n'autorise à juger particulièrement évoluées, le recours à la monnaie et à l'embauche avait fait très sensiblement reculer le travail forcé dès le milieu du XIIe siècle [1].

Doit-on pour autant supposer que c'étaient des commutations semblables mais plus précoces qui, dans l'obscurité du Xe et du premier XIe siècle, avaient peu à peu démoli dans toutes ces régions le « régime domanial » ? Faut-il considérer la rareté des corvées en 1150, et leur faiblesse, comme l'effet d'une évolution récente qui aurait réduit à presque rien une combinaison de services, comparable autrefois par son ampleur à celle qui absorbait, dans les seigneuries carolingiennes du nord de la Gaule, une part si considérable de la force des tenanciers ? Répondre trop vivement serait téméraire : les sources du haut Moyen Age s'avèrent dans cette région trop laconiques pour que l'on puisse fonder solidement sur elles une hypothèse. Mais quelques sondages dans les documents d'Italie incitent à penser que les provinces du Midi, où les paysans les plus chargés ne peinaient plus, au XIIe siècle, que quelques jours dans l'année sur les champs du seigneur, n'avaient jamais connu un régime de travail obligatoire aussi strict que les campagnes situées au nord des Alpes et de la Loire. On discerne ici, dans les grandes exploitations

1. DUBY, 407.

du haut Moyen Age, une séparation fort nette entre, d'une part, de grosses « familles » d'esclaves domestiques entièrement chargées des besognes domaniales, de l'autre, des ménages paysans qui portaient au maître une part de leur récolte ; sans doute dès cette époque existait-il peu d'échanges de main-d'œuvre entre la terre du maître et celle des tenures [1]. On est ainsi amené à se demander plutôt si quelques-unes au moins des légères corvées de labour qu'ont enregistrées certains documents rédigés après 1100 ne résultaient pas en réalité d'innovations. Le perfectionnement des techniques agricoles, le souci de mieux retourner la terre avait peut-être récemment incité les seigneurs à les imposer ; certains y étaient parvenus en utilisant des pouvoirs nouveaux que mettait entre leurs mains l'extension du droit de ban. Il n'est pas impossible que, dans ces régions, le système de corvées réduites que connut le XIIe siècle soit non point le résidu d'un édifice dégradé, mais, en partie au moins, une construction récente.

***

Dans la moitié septentrionale du continent, c'est-à-dire dans la zone dont les grands polyptiques carolingiens éclairent beaucoup mieux pour le haut Moyen Age les structures agraires, les services en travail demeuraient au XIIe siècle nettement plus lourds. Les tenanciers du domaine de Manise, dans le pays Mosan, devaient alors travailler gratuitement deux ou trois jours par mois, avec leurs bêtes s'ils en possédaient ; des corvées supplémentaires s'ajoutaient encore à cette coopération régulière lors des labours de printemps et d'automne, au moment des foins et de la moisson ; chaque manse fournissait de la sorte cinquante-sept journées de travail par an ; en outre, chaque tenure accomplissait un travail à la tâche, le labour en mai d'un lot prélevé sur les champs domaniaux. Les abbayes lorraines exigeaient des exploitations paysannes qui flanquaient leur domaine des services de même type que ceux du IXe siècle : des fournitures de bois façonné ; la culture d'une « ansange » constituée par deux parcelles prélevées sur la réserve, l'une semée en blé d'hiver, l'autre en blé

1. Voir T. I, p. 128.

de printemps ; des corvées saisonnières enfin. Chaque manse devait construire en mars une clôture sur une longueur déterminée ; puis faucher, faner et rentrer le foin en juillet ; en août, il participait à la moisson, au charroi des récoltes, au nettoyage du grenier ; enfin et surtout, il lui fallait prêter sa charrue aux trois saisons des labours [1].

Ces obligations cependant paraissent toutes sensiblement moins astreignantes que celles supportées par les manses carolingiens, même les moins chargés d'entre eux. Les services en travail se réduisirent donc entre le IXe et le XIIe siècle ; impossible ici d'en douter. On peut d'ailleurs saisir dans certains documents seigneuriaux les modalités de cette réduction. Sur les domaines du monastère de Marmoutier en Alsace, les manses devaient encore au XIe siècle le *servitium triduanum*, le service gratuit des trois jours hebdomadaires qui caractérisait jadis dans la Germanie carolingienne les tenures serviles. Un acte écrit apprend que l'abbé le supprima en 1117. Il le convertit en une redevance en argent assez lourde, puisqu'elle valait autant que toutes les autres prestations en numéraire attendues du tenancier. Les administrateurs de la seigneurie avaient pris cette décision en considérant « l'incurie, l'inutilité, la mollesse et la paresse de ceux qui servaient [2] ». Inutilité : cette main-d'œuvre ne trouvait plus un emploi suffisant ; paresse : les corvéables traînaient dans la cour, désœuvrés. La corvée ne servait plus à rien ; mieux valait, bien sûr, profiter des ressources en monnaie dont disposaient maintenant les ménages paysans. Ceux-ci acceptaient de racheter cher le temps qu'ils perdaient hors de chez eux, et l'on pouvait avantageusement engager les quelques mercenaires qui suffiraient à la tâche.

Cet exemple est éclairant. Dans la portion septentrionale de l'ancien Empire carolingien, il se peut que certaines corvées aient çà et là disparu par suite d'une réduction de la surface exploitée par les seigneurs en faire-valoir direct. On voit, en particulier, que certains lots-corvées se détachèrent du domaine ; ils vinrent s'ajouter aux appartenances du manse qui, jadis, en avait le soin, et qui reçut l'entière disposition de ces

1. F. L. Ganshof, « Note sur une charte de saint Gérard pour l'église de Brogne », dans *Mélanges F. Courtoy*, Gembloux, 1952.
2. Perrin, 433, p. 102.

parcelles arables en échange de redevances supplémentaires. On entrevoit aussi que la dissolution des rapports de main-d'œuvre entre réserve et tenure fut précipité par les démembrements de la seigneurie, par les partages ou les aumônes qui séparaient certaines tenures des champs seigneuriaux qu'elles avaient pendant des générations contribué à exploiter. Le fractionnement des manses joua également son rôle : il n'était pas toujours aisé en effet de diviser les services en travail entre les tenanciers, maintenant autonomes, de chacun des fragments de la tenure démantelée ; on préféra souvent convertir ces services en une livraison de numéraire qui se prêtait plus facilement à la répartition. Nombre de corvées se perdirent sans doute de la sorte. Toutefois, il semble bien que deux raisons économiques principales déterminèrent l'amenuisement des labeurs forcés entre le IXe et XIe siècles. D'abord la main-d'œuvre proposée par les corvéables devint superflue, « inutile » pour reprendre les termes du texte alsacien. Le perfectionnement de l'outillage aratoire et l'amélioration de la productivité qu'il provoquait rendirent sans beaucoup d'intérêt les services purement manuels. L'utilisation de meilleures charrues, de bêtes plus robustes, de procédés d'attelage plus efficaces dispensaient de rassembler des équipes de manœuvres aussi nombreuses que jadis pour retourner les champs à la houe, ou pour transporter sur leur dos les denrées. Or, à ce moment même, la poussée démographique, la création de nouvelles tenures, le fractionnement des anciennes, l'installation de la seigneurie banale enfin accroissaient le nombre des corvéables. Beaucoup de seigneurs ne surent plus que faire de ces bandes trop nombreuses. Alors intervint une seconde incitation. C'était l'époque où l'essor des échanges introduisait davantage de monnaie dans les petites exploitations sujettes, en même temps qu'il facilitait l'embauche des salariés. Les maîtres furent engagés par là, tout comme dans les régions méridionales, à commuer les services. En définitive, on peut considérer que la désagrégation du système carolingien des corvées fut progressive et s'étala largement sans doute de part et d'autre de l'an 1100. Mais selon toute vraisemblance, le progrès technique, puis l'accélération de la circulation monétaire la hâtèrent dans le cours du XIIe siècle, au moment même où, nous l'avons dit, les maîtres renonçaient également, et pour les mêmes motifs, à exiger des livraisons de produits fabriqués [1].

***

Il convient de considérer, à part l'Angleterre. Dans certaines seigneuries ecclésiastiques au moins, les seules dont on devine l'agencement économique, l'association de travail entre tenures et domaines y demeurait au XIIe siècle beaucoup plus étroite que partout ailleurs, et aussi stricte que celle dont les polyptyques révèlent le fonctionnement sur le continent au IXe siècle. De telles liaisons se trouvaient déjà en place à l'époque saxonne, comme en témoigne le texte, rédigé peu après l'an mil, qui décrit les services du *gebura*, du « paysan ». Elles n'étaient pas sensiblement dérangées dans la deuxième moitié du XIIe siècle, lorsque se multiplièrent les inventaires des grandes seigneuries monastiques. Les manoirs possédaient alors tous leurs propres charrues, et les bouviers qui les conduisaient. Toutefois ces équipes ne suffisaient pas à travailler entièrement la terre du domaine, et les tenanciers devaient effectuer le tiers, parfois la moitié du labourage. Tous ne supportaient pas les mêmes charges, et selon le poids et la nature de leurs obligations, les documents de ce temps les rangeaient dans deux catégories distinctes. Les uns accomplissaient seulement quelques corvées saisonnières d'appoint. *Boonworks, precariae*, ces services consistaient en des tâches définies, qui mettaient en œuvre généralement des bêtes de trait, pour les charrois et, spécialement encore, pour le labour. Les tenanciers du manoir dont la coopération se trouvait ainsi limitée étaient considérés comme « libres », en fonction des critères juridiques que reconnaissait alors la coutume. A l'égard de l'exploitation domaniale, leur position économique différait peu de celle des paysans d'Allemagne ou du nord de la France. Main-d'œuvre occasionnelle, ces travailleurs de renfort venaient, le jour

1. Voir T. I, p. 264. Il faudrait aussi rechercher si ce phénomène ne peut pas de quelque manière être mis en relation avec une modification des rapports économiques et sociaux au sein de la paysannerie. A l'époque carolingienne, certains tenanciers disposaient d'esclaves domestiques qui les aidaient à s'acquitter des services en travail dus par leur manse. Or, cette main-d'œuvre auxiliaire paraît bien s'être résorbée après l'an mil, PERRIN, 242.

de leur service, s'asseoir au réfectoire et partager la pitance des domestiques. D'autres tenures en revanche s'associaient beaucoup plus étroitement à la mise en valeur des terres seigneuriales. Laissons celles des « bordiers » et des « cottiers » : le travail de ces hommes dans la cour du maître, gratuit un ou deux jours par semaine et rétribué les autres, ressemblait fort, on l'a vu, à celui des bouviers et des valets domestiques. L'apport principal de main-d'œuvre corvéable était fourni par ceux que les textes anglais, depuis le *Domesday Book*, nomment les « vilains », les « paysans » par excellence.

Tout comme les manses carolingiens, les tenures « en vilainage » des seigneuries monastiques du XIIe siècle contenaient des surfaces arables fort inégales. En moyenne, cependant, ce lot de terre (une charrue pouvait le retourner en trente jours) suffisait à peu près à nourrir la famille paysanne ; mais il ne requérait que la moitié environ de la capacité de travail du vilain et de son attelage. Disponible, l'autre moitié revenait au maître, de plusieurs façons. La tenure en vilainage était d'abord astreinte, comme les autres, aux *boonworks*. Remarquons que ces tâches prenaient souvent pour elle une allure plus domestique. Le vilain, par exemple, lavait et tondait les moutons ; à Noël et à Pâques, il préparait le malt pour la brasserie du manoir. Elles constituaient toujours un notable apport de main-d'œuvre : sur les domaines de l'abbaye de Peterborough, au premier quart du XIIe siècle, le vilain devait prêter sa charrue pour le labour trois jours en automne, trois jours au printemps, un en été ; en outre, il recevait un lot d'un hectare et demi pour le préparer et pour le semer en blé de mars. Toutefois, les obligations spécifiques du vilainage consistaient en un service hebdomadaire, les *weekworks*. Trois jours par semaine, chaque tenure de cette catégorie envoyait un homme le matin se présenter au manoir, pour exécuter tout ce qu'on lui commanderait de faire [1].

Cette coopération régulière se trouvait à vrai dire rythmée de telle sorte qu'elle pût répondre aux nécessités du calendrier agricole. En 1185, sur l'un des domaines qu'exploitaient les templiers dans le comté de Gloucester, les tenures de vilainage fournissaient seulement deux journées d'homme par semaine pendant

1. STENTON, 260, p. 136.

la saison creuse, depuis la Saint-Martin jusqu'à la fenaison. En revanche, elles en devaient quatre tant que durait la récolte des foins, puis de nouveau deux jusqu'au 1er août. Commençait alors le temps des moissons, c'est-à-dire l'époque de l'année où les besoins de main-d'œuvre devenaient plus pressants que jamais ; chaque semaine, six journées d'hommes étaient alors requises, deux le lundi et le mercredi, une le mardi et le jeudi. Les blés rentrés, le service retombait jusqu'au 11 novembre à quatre jours hebdomadaires [1]. Cette disposition des corvées montre bien qu'elles ne constituaient pas, comme les *boonworks* ou les services exigés dans les domaines du continent, un simple appoint ; elles instauraient réellement une collaboration très étroite qui, dans certaines seigneuries, finissait parfois par intégrer, lors des travaux d'août, toute la maisonnée du vilain dans l'équipe des serviteurs permanents du manoir, la semaine entière, sauf le dimanche. Comme l'esclave casé des domaines allemands du IXe siècle, le vilain anglais fait figure en fait de domestique à mi-temps, nourri par son maître certains jours de plein service, et gagé par le lot de champs de sa tenure : on attendait qu'il en tirât l'essentiel de sa subsistance et celle des siens. Il se situait donc dans une position intermédiaire entre les deux catégories de travailleurs employés dans toutes les seigneuries d'Europe, entre les serviteurs permanents de la *familia* et les corvéables périodiques qui, de loin en loin, se rassemblaient sur les champs du maître pour contribuer à leur exploitation.

Il faut remarquer encore que dans les manoirs anglais (dans ceux du moins, répétons-le, dont on peut observer la structure économique, c'est-à-dire qui relevaient de quelques établissements religieux, pour la plupart bénédictins d'ancienne observance) un lent mouvement de commutation se dessine pendant le XIIe siècle. Comme sur le continent, il tendait à substituer des prestations en numéraire aux services en travail. Les seigneurs à vrai dire n'abandonnèrent pas leur droit de requérir les paysans pour telle ou telle tâche. Mais ils acceptèrent de le leur « vendre » pour l'année. Je prends comme exemple le manoir de Fontmell, possession de l'abbaye de Shaftesbury, dans le Dorset, que l'on connaît par deux enquêtes succes-

1. A. GUITING, A. L. POOLE, *From Domesday Book...*, p. 42.

sives. En 1130-1135, au tenancier du vilainage incombaient, outre les trois jours hebdomadaires, le labour d'un acre et demi, le hersage d'un acre, une redevance d'une mesure de blé et de sept deniers et demi, une taxe enfin de dix deniers, levée pour le bois de clôture et que l'on peut considérer comme le premier « rachat » d'une contribution en main-d'œuvre. Quarante ans plus tard, les *weekworks* n'étaient plus exigés. Le seigneur conservait seulement la disposition des travaux saisonniers de fenaison, de moisson et de charroi. En revanche, il percevait sur chaque tenure une redevance beaucoup plus lourde, qui variait entre trente-cinq et cinquante deniers, et qui représentait le prix des services dont les vilains se trouvaient maintenant exemptés [1]. La conversion est tout à fait semblable à celle dont l'abbé de Marmoutier prit en 1117 l'initiative ; elle s'inspirait sans doute des mêmes considérations. De la même manière, les moines de Burton avaient renoncé aux services de certaines tenures en vilainage en échange d'une redevance de deux ou trois sous. N'imaginons pas que des changements analogues se soient produits dans tous les manoirs. On les repère cependant dans un grand nombre de ceux que les documents permettent d'observer. Il semble que les seigneurs s'y prêtèrent plus facilement lorsque leur résidence n'était pas toute proche, et qu'ils avaient peine à surveiller le domaine. Au seuil du XIIe siècle, à Minchinhampton, lointain manoir de l'abbaye de la Trinité de Caen, les services étaient effectivement requis dans vingt-six tenures tandis que dans neuf autres on levait seulement des redevances ; cinquante ans plus tard, il ne restait plus que vingt tenures à accomplir les corvées ; enfin, vers 1170, ces dernières avaient complètement disparu [2].

***

Le régime du travail forcé et la présence partout de fortes équipes de travailleurs domestiques confirment ce que laisse entrevoir l'observation topographique du domaine : les seigneurs des XIe et XIIe siècles ne s'étaient nullement détachés de l'exploitation directe. Qu'il fût maintenu dans la main du maître ou bien confié à un

1. STENTON, 260, p. 140.
2. A. L. POOLE, *From Domesday Book...*, p. 45.

intendant ou à un fermier, ce domaine constituait incontestablement la portion la plus productive de la seigneurie foncière. J'utiliserai pour le montrer les données numériques de l'enquête dont firent l'objet vers 1150 les doyennés de l'abbaye de Cluny. Dans six de ces unités seigneuriales, et pendant cette année médiocre, les terres du seigneur avaient produit quatre fois plus de grain et de vin que n'en avaient livré toutes les tenures. Les besoins domestiques se trouvaient ainsi très largement couverts et la récolte laissait même de gros surplus que l'on pouvait vendre : l'administrateur de l'une de ces seigneuries avait négocié le huitième du froment moissonné sur les coûtures ; celui d'un autre doyenné, toute la récolte de froment et le tiers de celle de seigle [1].

On peut entrevoir cependant que les méthodes de gestion ne demeuraient pas tout à fait identiques à celles dont on a connaissance pour le haut Moyen Age. Elles paraissent s'être modifiées surtout dans le courant du XIIe siècle, en Angleterre aussi bien qu'en France et en Allemagne (les phénomènes italiens restant encore dans l'ombre). L'importance croissante du labour dans la préparation de la terre arable, le rôle plus efficace tenu dans la production des céréales par les animaux d'attelage incitèrent alors à renforcer les équipes de charrue dans la maison seigneuriale, où les « bouviers », les valets spécialistes de l'instrument aratoire, se placèrent peu à peu au centre de toute l'économie domestique. Ils engagèrent également à ne pas laisser perdre les services de bêtes dus par les tenanciers aux différentes saisons de labourage. Ils poussèrent même à les exiger plus âprement, à les étendre, à ajouter des corvées de hersage, à utiliser le droit de ban pour attirer aussi sur les champs du domaine les animaux de trait des villageois qui n'étaient pas tenanciers. Au XIIe siècle, incontestablement, la valeur des corvées de bétail se renforça.

En revanche, il devenait beaucoup moins profitable de réunir dans la cour des manœuvres aux dents longues, prompts à la maraude et qui gaspillaient leur temps. Les seigneurs préférèrent donc souvent renvoyer les corvéables sur leur tenure et les laisser produire là un surcroît de denrées ; l'ouverture croissante du marché

1. DUBY, 407.

permettait aux paysans de vendre celles-ci plus aisément ; le maître était tenté de prélever en monnaie une part de ces profits, et de solder avec cet argent quelques salariés embauchés aux moments nécessaires. La commutation affecta spécialement les travaux du vignoble, car le soin des ceps est minutieux et mieux valait ne pas le confier à des travailleurs forcés qui auraient bâclé la besogne.

Cette évolution relâcha notablement les liens qui attachaient à l'exploitation du maître celles qu'il avait confiées à des paysans dépendants. Ceux-ci disposèrent beaucoup plus librement de leur force productive. Ils purent mieux travailler leur propre terre et en tirer davantage. Ils s'accoutumèrent à fréquenter plus souvent les marchés pour s'y procurer les deniers qu'on leur réclamait. Ils parurent moins fréquemment au manoir, et surtout pour y porter les redevances ou de l'argent. Les relations personnelles se détendirent. Quant aux seigneurs et à leurs délégués, ils virent leur position économique se modifier quelque peu. Ils agirent plus qu'autrefois en employeurs, distributeurs de prébendes ou de salaires, et ils devinrent davantage des percepteurs de rentes.

d) *Structure de la rente seigneuriale.*

Dès l'époque carolingienne, les inventaires montrent que les seigneurs fonciers parvenaient à s'approprier une part imposante des biens produits aux abords de leur « cour » par les paysans, en permettant à ceux-ci d'utiliser contre redevances certains éléments de leur domaine. Les bois et les pâtis, le moulin, le four, la brasserie, l'église paroissiale enfin par les oblations et les dîmes, produisaient des rentes. Ponction directe sur la production de toutes les exploitations paysannes environnantes, tous ces profits domaniaux s'enflèrent considérablement au cours des XIe et XIIe siècles, lorsque les habitants du village devinrent plus nombreux et la terre moins ingrate. On peut penser même que ce fut par l'exploitation des moulins et par la levée des dîmes que les seigneurs tirèrent les meilleurs avantages du défrichement et du peuplement des solitudes [1]. Accueillait-on des hôtes dans un quartier de bois, aussitôt s'élevait le

1. Voir T. I, p. 154.

montant des prémisses, des taxes funéraires, et s'emplissaient les granges dîmières. En tout cas, au milieu du XIIe siècle, toutes les enquêtes montrent la place fort large qu'occupaient parmi les profits de la seigneurie foncière les revenus provenant de ces sources. Le fait se révèle très clairement dans la description des domaines clunisiens que j'ai plusieurs fois utilisée. Dans deux doyennés le produit des moulins suffisait à nourrir l'ensemble du personnel domestique ; une seule église rapportait chaque année six cents deniers et cinquante mesures de grain, c'est-à-dire plus de blé que toutes les redevances en nature perçues dans une de ces deux seigneuries, et plus d'argent que le maître n'en tirait de tous ses tenanciers dans l'autre. Les greniers d'un troisième domaine recevaient, par l'église et par les dîmes, sept fois plus de grain que n'en livraient les tenures paysannes, et cinq fois plus par les moulins, les fours et les droits d'usage sur les bois [1]. En ce temps, les plus fortes rentes ne venaient donc pas des tenures : il s'avérait beaucoup plus profitable de posséder de bons moulins, l'église d'une grosse paroisse, ou surtout les dîmes. C'est pourquoi les familles nobles qui tenaient ces dernières ne les lâchèrent pas lorsque la propagation des idées grégoriennes les obligea, autour de 1100, à abandonner la propriété des sanctuaires. C'est pourquoi aussi tant de procès portèrent dans les régions de défrichement sur la destination des dîmes « novales ». C'est pourquoi enfin nombre des dîmes, réputées à l'époque moderne de nature religieuse et réclamées comme telle par l'Église, avaient peut-être été en fait arbitrairement instituées à l'époque féodale par les seigneurs laïcs [2].

***

Les chartes de donation et les inventaires rédigés au XIIe siècle décrivent des tenures paysannes organisées pour la plupart comme au haut Moyen Age. Partout en Allemagne et en France, il est alors question de manses,

1. DUBY, 407.
2. *Les dîmes en Forez, Chartes du Forez XV*, Mâcon, 1959 ; KUUJO, 337 ; VAN DER LINDEN, 310. En Rouergue, au XIe siècle, toutes les dîmes sont entre des mains laïques et seules quelques-unes sont ensuite données à l'Église, J. BOUSQUET, « Vie sociale et vie religieuse en Rouergue. Les plus anciennes chartes de Saint-Austremoine (XIe-XIIIe siècle) », dans *Annales du Midi*, 1961.

de demi-manses ou de quartiers, c'est-à-dire d'unités de perception seigneuriale composées comme à l'époque carolingienne d'une parcelle bâtie où vivait la famille et d'un ensemble cohérent d' « appartenances » constituant toute l'exploitation. La parcelle habitée servait d'assiette aux services, même lorsque plusieurs ménages de tenanciers y résidaient. Chacune d'elles était désignée dans les censiers par le nom de ceux qui la tenaient et qui se trouvaient solidairement responsables des charges. Même structure dans les campagnes anglaises : la « vergée », la « bovée », bien que leur superficie fût fort inégale, apparaissaient aux yeux des seigneurs de ce pays et de leurs intendants comme la cellule de base de l'organisation manoriale, établie pour nourrir une famille paysanne. « Cette terre a été comptée pour deux vergées, mais parce que deux hommes ne peuvent y vivre les deux vergées ont été réduites en une seule » [1] : des rectifications de cette sorte attestent la solidité des liaisons entre l'institution familiale et ces unités agraires. En France, on rencontre parfois dans les documents seigneuriaux de l'époque, des groupements appelés « tenures », qui semblent être de formation plus récente ; mais ils présentent une structure analogue : la maison et les terres, solidement liées ensemble, étaient confiées en bloc à une famille d'exploitants, astreinte pour le tout à un service global.

Pour les tenures ainsi constituées, le service comprenait généralement, outre ce qui subsistait (ou ce qui s'était ajouté) de corvées, un groupe complexe de prestations fixes. La composition et le montant de ces redevances pouvaient présenter, à l'intérieur d'une même seigneurie, des différences sensibles bien que les unités de perception fussent de superficie peu dissemblable. Dans tel village mâconnais, douze manses relevaient du même seigneur ; leurs charges diverses s'organisaient de sept manières distinctes, et accusaient des inégalités pouvant aller du simple au double [2]. En règle générale, des tenanciers voisins supportaient donc à l'égard du seigneur foncier des obligations de poids très divers. Au XIIe siècle, les listes de cens conservées dans les chartriers sont infiniment plus compliquées que les inventaires carolingiens ; elles s'ordonnent en

1. A. L. Poole, *From Domesday Book...*, p. 48, n. 3 (1189).
2. *Cartulaire de Saint-Vincent de Mâcon*, n° 516.

interminables énumérations, car elles doivent enregistrer d'innombrables disparités.

Ces redevances étaient fréquemment mixtes et s'acquittaient à la fois en produits de la terre ou de l'élevage et en argent. Dans les textes mâconnais du XIIe siècle qui analysent la composition des cens, la moitié environ des tenures devaient verser au moins quelques deniers ; la proportion se révèle beaucoup plus forte dans les documents d'Angleterre, où il était exceptionnel que les tenures ne fussent pas astreintes à des livraisons périodiques de numéraire. Toutefois, d'une manière générale, les redevances en nature l'emportaient, et — le fait vaut d'être mis en évidence — cette prépondérance apparaît souvent beaucoup plus nette que dans les inventaires carolingiens. Il s'agissait de fournitures de céréales surtout, exigées en froment et en avoine, les deux « blés » nécessaires à la table et à l'écurie du seigneur. Fréquemment aussi, les manses alimentaient la maison du maître en viande, livraient des « cuisses de vaches », un agneau ou un porc, de la volaille élevée dans le courtil. Dans les régions où les petites exploitations produisaient du vin, elles en fournissaient aussi quelques mesures. Elles devaient parfois porter du chanvre, et d'autres menus produits du jardinage. Ces livraisons s'échelonnaient au long de l'année. Voici par exemple comment se distribuaient les cens dus par les manses dépendants d'un prieuré dauphinois : un pain et de la viande au premier janvier ; le chapon au Carême ; à Pâques, un agneau et du pain ; quelques sacs de céréales après la moisson ; le porc ou le mouton à la Saint-Julien [1]. Au fond, peu de choses.

Il est impossible de discerner nulle part à cette époque une tendance affirmée à remplacer ces fournitures de nourriture par des apports de monnaie. Dans tel ou tel écrit, un cens en denier paraît bien le substitut d'une ancienne redevance en tête de bétail. On voit par exemple telle tenure en Comminges payer douze deniers « pour un porc [2] ». Mais les indices de cette

1. DIDIER, 399.

2. HIGOUNET, 402. Une portion de la seigneurie du chapitre de Beaujeu rapportait en 1090 vingt setiers de grain et trente-cinq sous. Soixante ans plus tard, dans un groupe domanial voisin appartenant à l'abbaye de Cluny, la perception en blé était à peu près équivalente, mais on récoltait des deniers pour une valeur de huit cent cinquante sous (DUBY, 247, p. 313). A vrai dire, comme la structure des services

nature demeurent beaucoup trop clairsemés pour attester l'existence d'un mouvement bien orienté qui aurait entraîné une commutation des redevances parallèle à celle des services en travail. Les conversions, en effet, lorsqu'on en découvre les traces, ne se dirigent pas toutes dans le même sens. Certaines tendent à accroître le volume des redevances en deniers. D'autres au contraire à le restreindre. Ainsi en Italie du Nord : depuis le milieu du XIe siècle, de nombreuses prestations en numéraire furent transformées en livraisons de produits agricoles au gré des maîtres, gens de la ville qui voulaient profiter eux-mêmes de l'élargissement du marché des céréales ou du vin. Il serait donc imprudent de supposer que la conversion des redevances ait, autant que celle, même partielle, des corvées de main, accru les rentrées d'argent dans les caisses des seigneurs fonciers.

*
* *

Dans les inventaires les plus tardifs, on voit à la fin du dénombrement des tenures familiales compactes, s'allonger la liste de tenures de structure différente, simples parcelles chargées chacune d'une redevance particulière. Certains des champs ou des prés qui avaient ainsi fait l'objet d'un accensement séparé, apparaissent comme des fragments lotis du domaine, comme d'anciennes « ansanges » maintenant concédées contre redevances. D'autres semblent des terres, jadis allodiales, que des paysans pauvres, entrés en patronage, avaient placées sous la protection du maître en même temps que leur personne, les chargeant en signe d'allégeance d'un service en deniers.

Cependant, quand on y regarde de près, on se rend compte que la plupart des petits lots de terre concédés isolément se situaient dans les quartiers du terroir les plus récemment aménagés. Ils procédaient de cet aménagement même, le seigneur ayant distribué le terrain à mettre en valeur par parcelles restreintes entre les villageois qui s'étaient chargés des travaux néces-

variait alors infiniment d'un domaine à l'autre, la comparaison entre ces deux types de perception ne peut pas prouver que la valeur des cens en argent se soit généralement gonflée dans cette région dans la première moitié du XIIe siècle.

saires. Parmi ces tenures d'un nouveau genre, beaucoup sans doute étaient des concessions temporaires, viagères ou pour deux et trois « vies ». Mais celles-ci n'ont guère laissé de traces dans les archives, qui ne conservaient point les titres à l'expiration du contrat. Presque toutes celles qu'on aperçoit ont donc été des concessions héréditaires, mais bien moins rigides que les anciennes tenures, et notamment cessibles, en tout ou en partie. Dans les pays méridionaux, elles se coulèrent dans des formes juridiques héritées de l'antiquité romaine, comme les *livelli* d'Italie, ou les « emphytéoses », ainsi baptisées au XIIe siècle par les juristes de la Gaule du Sud nourris de droit savant. Partout, leur seule charge consistait en un cens. Ni corvées, ni soumission à la justice du maître. Elles formèrent la « terre censale », les « censives », et leur nombre se multiplia avec l'extension du vignoble et les opérations de défrichement.

Sauf dans les régions où la vigne était depuis très longtemps chez elle et le vin boisson commune, les manses ne possédaient pas, dans leurs appartenances, des clos plantés de ceps. Seule la demeure du maître s'en trouvait pourvue. Mais au XIIe siècle, au XIe même, beaucoup de seigneurs, on le sait, voulurent étendre le vignoble. Ils chargèrent autant qu'ils purent les valets de leur maison de ces plantations nouvelles. Mais l'entreprise réclamait une grosse main-d'œuvre ; ils s'entendirent donc souvent avec des paysans voisins, et leur concédèrent certains champs du domaine pour les transformer en vignes. Les premiers de ces contrats, ceux dont on trouve la trace dès le Xe siècle en Mâconnais et au XIIe siècle en Saintonge [1], aboutissaient, on l'a vu, à partager le nouveau clos, dès qu'il commençait à produire, en deux moitiés, dont le paysan gardait l'une en toute propriété. Mais couramment au XIIe siècle, le maître de la terre préférait laisser la vigne tout entière entre les mains du vigneron en échange d'une participation à la récolte : il se réservait le quart, le tiers, la moitié de la vendange. Ce n'était point à proprement parler un métayage, puisque tous les frais restaient à la charge de l'exploitant, mais un moyen d'ajuster le loyer de la terre au revenu éminemment variable de la viticulture. Pendant les cinq ou six premières années,

1. DION, 95, p. 360.

les jeunes plants ne rendant rien, il n'était donc pas possible d'imposer, dès lors, une redevance fixe à l'homme qui peinait sans profit dans le clos ; plus tard, celui-ci souhaitait n'être pas seul à supporter les aléas de la production. On appliqua donc aux pièces de vigne un procédé de perception à part de fruit, très familier aux gens de la campagne, puisque c'était celui de la dîme. Il n'avait qu'un désavantage pour le seigneur : il lui fallait tenir l'œil bien ouvert, s'il voulait n'être point grugé.

Un semblable système de répartition des profits entre le seigneur du sol et l'entrepreneur paysan fut appliqué aux champs et aux prés gagnés sur les friches du domaine, que le maître n'avait pas fait essarter lui-même par ses domestiques. Les conditions d'exploitation différaient peu de celles du vignoble : long travail préparatoire improductif, incertitude des rendements futurs. Un prélèvement annuel sur la récolte, de la quatrième, de la neuvième, de la douzième gerbe — que l'on appela « champart » ou « terrage » dans la France du Nord, « tasque » ou « agrier » au Sud — devint ainsi la charge caractéristique des parcelles sur les quartiers neufs du terroir.

Toutefois, cette sorte de redevance présentait aussi des inconvénients. Pour le paysan d'abord. Elle lui paraissait souvent abusivement lourde. En un temps où le rendement moyen ne dépassait guère quatre pour un et se tenait souvent plus bas, abandonner au seigneur le quart de la moisson, c'était lui laisser au moins le tiers du fruit disponible. La rente seigneuriale s'élevait alors à un niveau nettement plus élevé que sur les anciennes terres des manses. Le champart conservait ses avantages pour l'exploitant pendant la jeunesse de l'essart, lorsque les cultures demeuraient encore vagabondes, lorsqu'on laissait les parcelles en repos plusieurs années de suite, pendant lesquelles il n'y avait rien à livrer. Mais dès que l'exploitation devenait plus régulière et plus intensive, le paysan prenait conscience de la lourdeur excessive de la charge. En outre, le maître exigeait de prélever sa part « sur le champ » ; il fallait donc attendre pour mettre les gerbes à l'abri que le terrageur ait fait sa tournée :

> son blé remaint de l'autre part
> qui est au vent et à la pluie

au vilain malement ennuie
de son blé qui gît par le champ [1].

De son côté, le seigneur souffrait de la fraude. Sur ces terres neuves, encore pleines d'arbres et de buissons, rien de plus facile que de dissimuler quelques gerbes. Les maîtres, qui souhaitaient des revenus stables, s'accommodaient plus mal encore de l'inégalité des perceptions. Or, on avait déjà l'habitude d'appliquer aux prés nouveaux, immédiatement productifs et dont le rapport d'année en année variait beaucoup moins que celui des labours, une redevance différente, fixe celle-ci : ils étaient concédés contre un cens annuel en deniers, proportionnel à leur superficie. Ainsi, au terme d'un accord rédigé en 1208, le paysan usager du bois de Favières en Parisis devait, lorsqu'il aménageait un pré, « donner au seigneur un seul denier de « novale » et, pour chaque arpent de pré, une seule obole de cens annuel. S'il arrivait qu'il transformât le pré en terre arable, il rendrait la dîme et le champart [2] ». La perception fixe paraissant à tous beaucoup plus commode, seigneurs et paysans, d'un commun accord, l'étendirent aux labours lorsque les essarts parvinrent à leur plein rapport. En fait, vers le milieu du XIIe siècle, on voit dans les textes champarts et tasques se raréfier considérablement, et se multiplier les cens. Ce fut à ce moment que la « terre de sarte », comme on l'appelait en Lotharingie, constituée en auréole autour de la « terre de mes », des quartiers anciens où les parcelles demeuraient attachées aux manses et concédées en même temps qu'eux, devint, dans le vocabulaire paysan, la terre des « censives ». Tout comme la *nova terra* qui croissait peu à peu aux dépens des *Fens*, dans le terroir des villages anglais riverains des grands marécages. Les lopins de labour supportaient une redevance en deniers, levée par unité de surface. Charge généralement minime et très inférieure à la valeur locative de la terre : les défricheurs, en effet, avaient bénéficié d'une prime [3].

Aux « hôtes » qui venaient s'établir en pleine forêt

1. *Conte des vilains de Verson*, vers 66-69, dans L. DELISLE, *Normandie*, p. 669.
2. A Bois-Rufin, un cens est levé sur les prés, un « terrage » sur les champs.
3. MILLER, 187, p. 98 ; VERHULST, 197 ; GENICOT, 178, p. 239.

dans les villages neufs, on concédait des tenures globales, de même structure que les manses : un lot de terre arpentée, lié à la maison — l' « hôtise » de l'Ile-de-France, le « casal » d'Aquitaine, la *Hufe* des colons germaniques — et à son jardin. Il arrivait que le maître de l'essart, lorsqu'il se réservait un domaine dans le nouveau finage, imposât deux ou trois jours de travail forcé au moment des labours [1]. Mais d'ordinaire, les pionniers ne subissaient aucune corvée, et la redevance imposée à leur tenure se trouvait donc de même type que celles qui pesaient sur les parcelles essartées en lisière des vieux terroirs. Pour la maison, un cens fixe, en denier et en volaille [2] ; pour les terres, la « dîme », la « none », un « champart » ou une « tasque ». Mais dans ces villeneuves aussi, on ne tarda pas à renoncer aux prélèvements sur la récolte et à étendre le cens aux champs. Aux hôtises qu'ils instituèrent en 1199 dans un de ces villages, les chanoines de Notre-Dame de Paris appliquèrent une redevance fixe, établie par mesure de superficie : six deniers par arpent [3].

***

Résumons-nous : 1° Par la multiplication des censives, l'essor continu de l'agriculture, et, dans certains pays, de la viticulture, ne cessa de fortifier la rente seigneuriale pendant les XIe et XIIe siècles. Ce qui explique la floraison de tant de maisons religieuses et la prospérité de la noblesse, l'élévation de son niveau d'existence, le vif progrès de la civilisation et de la culture. Il importe cependant de répéter que la plupart des profits nouveaux vinrent alors de l'exploitation des moulins, de la levée des dîmes ou des champarts, c'est-à-dire d'un prélèvement direct sur les récoltes. Or, la plupart des maîtres durent charger des intermédiaires de l'effectuer pour eux. Des domestiques furent postés à la porte du pressoir pour jauger la vendange, coururent les bois pour y débusquer les gerbiers ; on concéda généralement à des fermiers le moulin ou l'église paroissiale. Ces agents gardaient pour eux une part des perceptions. De

1. *Cartulaire de Saint-Père de Chartres*, II, p. 438 (1111-1129).
2. Dans les plus anciennes villeneuves, le cens de la parcelle bâtie est en nature, HIGOUNET, 288.
3. *Cartulaire de Notre-Dame de Paris*, I, n° 79.

la sorte, grossit et prospéra le groupe des petits parasites de la seigneurie qui, situés dans la société villageoise entre le maître et les paysans, s'enrichissaient aux dépens de l'un comme des autres.

2° On doit, d'autre part, remarquer que dans le cours du XIIe siècle, mais plus vivement à partir de 1150, l'accélération de la circulation monétaire commença d'inciter les seigneurs à étendre dans les perceptions la part du numéraire. Beaucoup de maîtres, en effet, par les modifications mêmes que leur nouvelle aisance et des préoccupations moins frustes introduisaient dans leur genre de vie, se détachaient peu à peu du cadre champêtre, et adoptaient un comportement moins rustique. Les petites amendes infligées dans la cour privée, où le maître tranchait les différends l'opposant à ses tenanciers à propos des services, les « nouveaux cens » remplaçant les champarts, les deniers rachetant les corvées, dirigèrent donc vers la maison seigneuriale une portion un peu plus importante des pièces de monnaie qui parvenaient entre les mains paysannes [1].

3° Toutefois, la proportion des revenus en argent demeura faible. On le voit clairement dans cet inventaire des seigneuries clunisiennes, où pourtant la commutation des services paraît déjà très avancée. Et toutes les enquêtes seigneuriales antérieures à 1180 révèlent cette même prépondérance des perceptions en nature. Elles montrent aussi l'habituelle légèreté de la rente foncière. Des soixante-douze tenures qui relevaient au début du XIIe siècle de l'une de ses unités seigneuriales, l'église cathédrale de Mâcon recevait chaque année, outre cinquante-sept mesures de vin, huit mesures d'avoine, cent sept pains (et ces quantités de denrées alimentaires correspondaient à peu près à la prébende annuelle d'une famille de serviteurs), quarante sous seulement, soit à peu près le prix d'un mauvais cheval. Un tel revenu permettait tout juste d'entretenir un ou deux ménages de train de vie modeste [2]. En fait donc, la rente ne représentait d'ordinaire qu'un appoint dans les ressources du seigneur, dont les plus gros profits provenaient de l'exploitation du domaine. Ajoutons que le régime de la seigneurie foncière se montre, à travers la plupart des textes de ce temps, très favorable à l'économie paysanne.

1. RAFTIS, 190, p. 93.
2. DUBY, 247, p. 313-314.

Il n'accablait pas les petits exploitants et n'absorbait qu'une faible proportion de leur gain. Les hommes qui ont poussé aux XIe et XIIe siècles le rendement de la culture, et qui ont conquis tant de champs sur les terres en friches, n'avaient point apparemment le sentiment de peiner pour le seul profit d'un maître. Entre les mains des paysans, la possession d'une tenure n'était guère moins profitable que celle d'un alleu. Mais il ne faut pas oublier que tous les humbles, les alleutiers comme les tenanciers, devaient encore abandonner une part de leurs profits à d'autres seigneurs, à ceux qui prétendaient dominer non point leur terre, mais leur personne.

2. L'EXPLOITATION DES HOMMES

a) *La familia*

Il existait d'innombrables seigneurs fonciers, et de tout rang. Les documents du XIIe siècle montrent en effet certains paysans qui possédaient trop de terre pour l'exploiter toute eux-mêmes, et qui concédaient quelques parcelles à d'autres villageois moins bien pourvus ; ils instituaient ainsi sur ces tenanciers un pouvoir d'exploitation économique. Dominer des hommes était certes un privilège moins commun. On peut penser cependant que toute demeure noble, tout monastère, tout chapitre, commandant et exploitant alentour une *familia*, un groupe de paysans dépendants, constituait le centre d'une seigneurie domestique. Sans doute même eût-il fallu présenter en premier lieu cette forme de domination économique, car elle possédait certainement un plus grand prix aux yeux des maîtres du XIIe siècle. Les hommes étaient alors encore relativement peu nombreux, beaucoup plus précieux que la terre, qui sans leur travail serait restée sans valeur. La puissance d'un seigneur et l'essentiel de sa fortune tenaient donc d'abord à l'importance de sa « maison », au nombre de ses serviteurs, à l'environnement de dévouements et de services qu'il pouvait attendre d'une large troupe de fidèles. Ni les champs, ni le petit trésor de bijouterie que l'on serrait dans la chambre du maître n'étaient l'objet de plus forts attachements, ni de plus âpres convoitises. La vraie richesse de ce temps, il faut la voir dans la « famille ».

Ce groupe social de nature complexe englobait d'abord des domestiques. Il rassemblait aussi des paysans établis dans leur propre demeure. Certains tenanciers du maître, mais pas tous. Des alleutiers entrés en patronage. Les tenanciers parfois d'autres seigneurs. La seigneurie domestique n'épousait nullement le contour de la seigneurie foncière. Anciens esclaves, ou descendants d'hommes libres qui s'étaient jadis placés en « commendise », tous ces êtres, avec leur progéniture et leurs possessions propres, appartenaient véritablement au maître qui pouvait les donner, les vendre, les affranchir. Il les tenait pour « ses hommes ». Qu'en attendait-il ?

***

Du travail d'abord. La « famille » du XIe et du XIIe siècle constituait, avant toute chose, une réserve de main-d'œuvre, où le maître pouvait librement puiser pour l'exploitation de son domaine. Le premier devoir du dépendant consistait dans le « service » ; entendons par là qu'il devait exécuter tous les ordres. Pour tirer meilleur parti de ce personnel entièrement disponible, le seigneur l'entretenait autant que possible chez lui. Les grosses quantités de grains procurées par la seigneurie foncière servaient d'abord à nourrir ces domestiques, pour la plupart garçons et filles, non mariés sinon sans enfants. Encore fallait-il renouveler cette main-d'œuvre, qui ne présentait d'intérêt qu'en pleine vigueur. On le fit longtemps en partie par des achats, tant que le commerce des esclaves conserva de l'activité, c'est-à-dire en Germanie et en Angleterre jusqu'au début du XIIe siècle au moins. Les maîtres prenaient aussi les bâtards nés dans la maison. Enfin, et ce devint le moyen normal de recrutement, ils choisissaient leurs serviteurs parmi les enfants de ceux de leurs « hommes » qui vivaient en ménage dans leur propre case. Un diplôme délivré en 1035 par le roi d'Allemagne Conrad II précise les pouvoirs de l'abbé de Limbourg sur « les fils non mariés (des gens de sa *familia*) ; il mettra celui qu'il voudra à la cuisine, celui qu'il voudra à la boulangerie, celui qu'il voudra fera la lessive, celui qu'il voudra prendra soin de l'écurie, et il affectera ceux qu'il voudra à chaque service. Quant à ceux qui sont mariés, l'abbé selon son gré en fera des celleriers, des grénetiers, des percepteurs de péage, des forestiers... ». Dans les manoirs de l'abbaye de Gloucester au XIIIe siècle, on passait chaque année les vilains en revue ; les plus jeunes, les plus vigoureux étaient triés ; on les retenait dans la maison du maître en service domestique. A la même époque, les vilains du manoir de Chalgrove, dans le comté d'Oxford, qui avaient des fils adultes, devaient à la Saint-Michel les présenter au maître ; celui-ci choisissait ceux qu'il voulait garder chez lui [1].

On peut penser qu'au XIe siècle, l'essentiel de la valeur économique de la *familia* se concentrait sur le groupe des domestiques. Quant à ceux des hommes que le maître avait « casés », ils demeuraient, certes, astreints à un service personnel, distinct des redevances et des corvées dues par leur tenure. Ils venaient travailler certains jours dans la maison. Leurs femmes tissaient le lin et la laine du seigneur à domicile ou dans les ateliers de la cour. Ils façonnaient chez eux quelques objets de bois pour l'équipement du domaine. Mais ces fournitures de travail demeuraient limitées. Leur maître attendait d'eux avant tout ce qu'on appela plus tard en Allemagne le *Gesindedienst* : qu'ils élevassent des enfants et les missent à sa disposition lorsqu'ils arrivaient en âge de servir. Comme les manses serviles des temps carolingiens, les cabanes habitées par les hommes de la *familia* jouaient le rôle de pépinières de jeunes domestiques.

***

Mais au cours du XIe siècle, quand les techniques se perfectionnèrent, il fallut dans la cour moins de manœuvres. Les tissus grossiers, les planches que livraient les ménages de dépendants perdirent de leur valeur. Peu à peu, les seigneurs réduisirent leur domesticité, casèrent un plus grand nombre de leurs hommes et laissèrent à ces ménages plus d'indépendance économique. Dans la seigneurie domestique comme dans la seigneurie foncière, et sans doute au même rythme, les liaisons se relâchèrent. Ce fut par des prélèvements périodiques sur la fortune de leurs hommes, que les maîtres, désormais, cherchèrent à tirer profit des droits qu'ils détenaient sur eux.

1. Diplômes de Conrad II, n° 216 ; BENNETT, 139, p. 184.

Dans les pays germaniques et le nord de la France, les maisons religieuses avaient toujours possédé dans leur « famille » des dépendants de condition trop relevée pour qu'on pût les astreindre à un service de corps. La soumission de ces « sainteurs » s'exprimait par le versement d'un cens annuel, parfois perçu en cire pour alimenter le luminaire du sanctuaire, la plupart du temps en deniers, mais d'ordinaire très faible. L'unique denier que chaque année, le jour de la solennité du saint, les *censuales* allaient déposer sur l'autel, suffisait souvent à témoigner de leur dépendance [1]. La redevance pourtant montait parfois à plusieurs sous, et prenait alors une réelle signification économique. Dans les abbayes bavaroises, on rangeait au XIIe siècle les « hommes de l'autel » en trois catégories, selon qu'ils devaient un, cinq ou trente deniers tous les ans. Signe du lien qui les attachait, exigé donc de tous les dépendants qui n'habitaient pas la maison, le versement annuel d'un petit cens personnel en argent, d'un cens par tête, par chef, d'un « chevage », fut certainement la plus précoce des perceptions qui s'instituèrent dans la seigneurie domestique.

Beaucoup plus profitable sans doute se révéla l'exercice de la justice. Les domestiques et les esclaves se trouvaient de toute ancienneté soumis à l'entière correction du maître. Celui-ci, lorsque s'affaiblirent les institutions publiques de justice, disputa au seigneur privé qui revendiquait la juridiction territoriale, le droit de punir tous ses hommes, et même de juger les étrangers à la « famille » qui causeraient préjudice à ses dépendants. Selon le coutumier d'une seigneurie berrichonne, lorsqu'un homme de la *familia* subissait un dommage, le seigneur percevait l'amende sur le coupable, et en outre, en tant que protecteur, le tiers des dommages et intérêts dus à la victime [2]. Les plus âpres contestations qui opposèrent les abbayes à leurs avoués en Allemagne et en France de l'Est, à leur « gardien » dans la France centrale, concernaient le pouvoir de justice, le droit d'infliger des amendes aux dépendants personnels. Car le moindre délit obligeait le coupable à verser cinq ou sept sous, beaucoup plus de deniers qu'il

1. Voir T. II, p. 41.
2. VAN DE KIEFT, 422, pièce justificative n° 13 (1073), n° 30, p. 244 (mon interprétation diffère légèrement de celle de l'auteur, p. 123-125).

n'en possédait d'ordinaire dans son épargne. Le seigneur justicier était libre alors de rafler tout ce qu'il y avait de bon à prendre dans sa maison.

Enfin, de ses « hommes de corps », de ses « vilains », le seigneur s'accoutuma peu à peu à exiger des cadeaux en certaines circonstances. Lors de leur mariage d'abord. Le dépendant, en effet, ne s'appartenait pas, ne pouvait disposer de lui-même, ni de ses enfants. Si son fils ou sa fille se mariait, ces jeunes gens ne pouvaient plus entrer en service domestique. S'ils quittaient la case de leur père, la force productrice que le seigneur attendait d'elle s'affaiblissait. Avant les noces, il fallait donc solliciter une autorisation qui, progressivement sans doute et dans la mesure même où les ménages paysans devenaient plus prospères, cessa d'être accordée gratuitement. Au mariage de sa fille, le vilain anglais acquittait le *merchet*, somme égale à celle qui lui était réclamée lorsqu'il vendait son bœuf. Généralement d'ailleurs le seigneur exigeait que le mariage eût lieu au sein même de sa *familia*. En effet, si le conjoint choisi était de condition libre ou appartenait à un autre maître, une part du service du ménage risquait de lui échapper. Peut-être perdrait-il même la possession des enfants à naître. « Les hommes de la terre de Saint-Pierre ne prendront pas de femmes étrangères, tant qu'ils pourront trouver dans la cour des femmes qu'ils puissent épouser. Qu'il en soit de même pour les femmes [1]... » L'endogamie, en vérité, s'avérait fréquemment impossible, car l'idée que l'époque se faisait de l'inceste interdisait de s'unir à des parents pourtant fort éloignés. Bientôt devenus tous cousins, les gens de la *familia*, surtout lorsque celle-ci était de dimension restreinte, devaient donc, comme on disait alors, se « formarier ». Pour en obtenir le droit, il leur fallait offrir une compensation au seigneur. Dès le XIe siècle, un esclave de Cluny abandonnait la possession de ses propres serfs pour pouvoir épouser une femme de condition libre, qui dépendait d'un autre maître. Aux alentours de 1120, de telles perceptions sont mentionnées dans le serment prêté par les maires de Notre-Dame de Chartres [2].

1. *Cartulaire de Beaulieu*, n° 101.
2. *Recueil des chartes de Cluny*, IV, n° 3649 ; *Cartulaire de Notre-Dame de Chartres*, I, n° 58.

La mort du dépendant offrait une autre occasion de prendre. On considérait, en effet, que les biens meubles acquis pendant sa vie par l'homme de corps appartenaient en premier lieu à son seigneur, qui se prétendait donc son premier héritier. Le maître, en fait, s'arrogea le droit de « mainmorte ». C'est-à-dire qu'il ne prenait pas tout, mais se réservait une portion de la succession mobilière. Il prélevait un tiers ou la moitié des meubles (tel était le *Buteil* exigé en Allemagne de certains dépendants) ou bien encore il choisissait le premier une tête de bétail à la mort de l'homme, une pièce de vêtement à la mort de la femme ; il prenait le « meilleur catel » selon l'expression en usage dans la France septentrionale. Cette prérogative fournissait au seigneur de corps un excellent moyen de s'approprier périodiquement les biens accumulés dans les maisons de ses dépendants casés. Ajoutons que, probablement, lorsqu'il était pressé par le besoin, le protecteur réclamait encore à ses hommes une « aide ».

A vrai dire, l'histoire de toutes ces perceptions demeure encore assez mal connue. On ne discerne pas avec précision le moment où elles pénétrèrent dans la coutume. Le chevage existait certainement au Xe siècle, et paraît de pratique plus ancienne encore. Contemporains, les premiers indices d'une ponction seigneuriale sur la succession du dépendant et les premières mentions du formariage datent des dernières années du XIe siècle dans le sud de la Bourgogne. Tout porte à croire cependant que les exigences des maîtres se renforcèrent pendant le XIIe siècle, au moment même où les services en travail perdaient de l'intérêt, au moment même où croissait la prospérité paysanne. Ce fut alors qu'en Bavière, les « hommes de l'autel », dépendants de condition libre attachés aux grands monastères, se virent réclamer mainmorte et taxe de mariage, glissèrent ainsi dans une servitude inférieure et perdirent ce que leur sujétion conservait encore d'honorable [1]. Il est permis de penser que les perceptions de la seigneurie domestique ont suivi du même pas, depuis le XIe siècle, les progrès que marquait la fiscalité dans la seigneurie banale, sa concurrente.

1. DOLLINGER, 149.

b) *Le ban*

Très rares étaient les seigneurs qui pouvaient exploiter le droit de ban. Dans une bonne moitié de l'Europe occidentale, en Angleterre et en Normandie, en France du Nord, en Germanie, les rois, les ducs et les comtes en détenaient le monopole sur de larges territoires. Même dans les régions où, comme en Aquitaine ou dans l'ancien royaume de Bourgogne, le pouvoir régalien s'était le plus morcelé, une vingtaine au moins de villages reconnaissaient alors le même protecteur. « Seigneurs » par excellence, les princes, les châtelains, les avoués des grandes abbayes infligeaient les sanctions judiciaires les plus lourdes et aussi les plus lucratives. Ils levaient dans des centaines de foyers ruraux les « exactions », les « coutumes », prix de la paix qu'ils faisaient régner. Des archives trop pauvres ne permettent pas d'apercevoir clairement l'allure que revêtait aux XIe et XIIe siècles l'exploitation économique du droit de ban. On connaît seulement un peu les droits que conservaient les églises immunistes (et ces prérogatives n'étaient pas généralement les plus hautes), parfois aussi certains de ceux que leurs concurrents laïcs leur avaient arrachés.

En France, où l'histoire des « coutumes » a fait l'objet d'études plus approfondies, la chronologie de la fiscalité banale peut être, dans ses grandes phases, rythmée de cette manière :

1° Le système se mit en place dans la première moitié du XIe siècle. Les premiers profits vinrent de l'exploitation de la justice. Les seigneurs s'approprièrent le droit de *vicaria*, c'est-à-dire qu'ils dominèrents le tribunaux ruraux et encaissèrent les amendes. Simultanément sans doute (ces taxes apparaissent vers 1020 dans les documents du Mâconnais) les châtelains responsables de la police étendirent les réquisitions qui servaient à entretenir la cavalerie de leurs gens d'armes. Ils perçurent les taxes de « maréchaussée » ou de « gîte des chevaux », réquisition de foin et d'avoine dont le taux était doublé pour les « laboureurs ». Les sergents du sire levaient aussi le « moissonnage » et prenaient dans les champs une part des gerbes dont, jusqu'à la récolte, ils avaient assuré la protection. Toutes ces « coutumes » portaient souvent le nom de

« cadeau ». Elles étaient censées, en effet, manifester la reconnaissance des protégés.

2° Vers le milieu du XIe siècle, on voit se multiplier les allusions au droit de gîte, en vertu duquel le châtelain plaçait pour une journée à la charge des ménages paysans, l'entretien de ses agents, de leurs chevaux, des chiens de sa meute. Apparaissent à ce moment aussi les mentions de taxes annuelles de protection, de « sauvement », de « garde », imposées aux communautés villageoises.

3° Il semble que, dans le dernier quart du XIe siècle, de nouvelles exactions s'installèrent. Des corvées de charroi ou de labour, d'abord affectées à l'entretien et à l'approvisionnement de la forteresse, furent transférées sur le domaine du seigneur pour aider à sa mise en valeur. Pour tirer profit du trafic routier qui se ranimait, les « sires » instituèrent de nouveaux péages, s'arrogèrent des privilèges commerciaux, en particulier le *banvin*, qui leur réservait le monopole de la vente du vin en fin de saison, pendant l'été, quand le breuvage commençait à s'aigrir et quand il fallait vider les tonneaux en prévision des prochaines vendanges. A la même époque, les textes commencent à faire état d'autres monopoles qui obligeaient, par droit de ban, les habitants des villages à utiliser les instruments du seigneur, son pressoir, son four, ou bien à acheter une certaine quantité de vin à la taverne qu'il exploitait. De ce temps datent aussi les premières mentions de la « taille », de la *tolta*, du droit de « tollir », de prendre, qui permit au maître du pouvoir, lorsqu'il se sentait pressé par le besoin, d'exiger un secours matériel des habitants du territoire et de le répartir entre eux. L'acte par lequel, en 1090, le roi Philippe Ier concéda aux chanoines d'Orléans sur une vigne d'Ile-de-France, en même temps que la *vicaria*, « toute notre justice, notre droit et la tolte que nous avons ici [1] », contient sans doute l'une des plus anciennes allusions écrites à cette levée. De montant arbitraire, elle venait s'ajouter de loin en loin, assez rarement semble-t-il, aux autres perceptions banales. Elle seule demeurait instable. Le gîte, comme les corvées ou la taxe de maréchaussée, paraissent dès la fin du XIe siècle des exactions régulières, annuelles, strictement tarifiées

1. *Recueil des actes de Philippe Ier*, n° 123.

par la coutume, et assises sur le foyer, sur la maison du manant.

4° Ce système fiscal acheva de s'aménager pendant le XIIe siècle. Des règlements vinrent fixer les droits respectifs des seigneurs du ban territorial et des seigneurs domestiques. Aux approches de 1150, les châtelains s'intéressèrent de plus près aux marchés des villages, dont l'actitivé s'étendait. Ils firent reconnaître leur droit à prélever une taxe sur les transactions. Mais deux changements surtout se produisirent à cette époque. On sent, en premier lieu chez les seigneurs, un désir plus vif de recueillir de l'argent. Les exactions qui, jadis étaient perçues en nature, le furent désormais en numéraire. Vers 1050, les villages mâconnais livraient à leur gardien une certaine quantité de vin ; en 1115, ce droit de « garde » s'acquittait en deniers. De même la taille. C'est autour de 1180, à ma connaissance, que des textes la nomment pour la première fois « quête des deniers ». La seconde modifications affecte aussi la taille. Dans la deuxième moitié du siècle, elle commença à perdre son irrégularité et son caractère arbitraire. Elle fut, comme on disait alors, « abonnée », elle prit l'allure d'une redevance annuelle fixe, d'un cens. Aux chanoines de Notre-Dame de Paris, qui en 1157 levaient les tailles à volonté, les hommes de Rozoy firent admettre qu'ils paieraient désormais tous les ans une redevance de dix-huit livres de provinois, cens qui serait réparti entre tous les manants du terroir. Aux termes de la charte de franchise octroyée en 1185 au bourg de Ferrières-en-Gâtinais, chaque maison devait pour la taille, un cens de cinq sous par an. Quelques années plus tard, la « tolte » que levait Étienne de Coucy se trouvait « tempérée » de telle sorte que « chaque homme devant la taille paie quatre deniers aux termes fixés [1] ».

Tel est le schéma chronologique que j'ai cru pouvoir établir en me fondant sur les documents de la France centrale. Je le propose comme cadre de repère pour une enquête qui s'étendrait à l'ensemble de l'Occident. Enquête fort utile, car l'établissement de la fiscalité

1. *Recueil de chartes de Cluny*, IV, n° 3115 et V, n° 3920 ; *Cartulaire de Notre-Dame de Paris*, I, p. 389 ; PERROY, 255, p. 76 ; *Recueil des Actes de Philippe Auguste*, I, n° 279 ; sur le « tallage » d'Angleterre, voir, entre autres, BENNETT, 139, p. 139 et suiv.

banale s'est accordée aux tendances de l'économie des campagnes, à la pénétration de l'instrument monétaire, à l'enrichissement progressif des ménages paysans. A travers la chronologie de la taxation, plus facile à dater dans les pièces d'archives, il est donc permis d'atteindre les rythmes plus profonds et moins apparents de l'expansion.

***

Est-il possible, à la fin du XIIe siècle, d'estimer le poids sur l'économie paysanne de ce système de réquisition, dont l'établissement progressif paraît avoir accompagné la hausse continue des ressources villageoises ? Les documents de ce temps sont malheureusement beaucoup trop laconiques, et ménagent une place beaucoup trop restreinte aux évaluations numériques, pour que l'on puisse mesurer avec précision ces charges. Rien ne permettrait enfin de les mettre en rapport avec les facultés contributives des rustres, que l'on ignore tout à fait. Il faut se contenter d'indications vagues et éparpillées parmi les chartes. Elles donnent à croire que le poids des différentes exactions était fort inégal.

Abonnés, le gîte ou le moissonnage prélevaient chaque année sur les ressources de chaque foyer sujet quelques mesures de grain ou de foin, un pain ou deux, c'est-à-dire moins encore que les redevances dues par le manse, elles-mêmes fort légères. Mais par la taille, tant qu'elle fut arbitraire, le seigneur pouvait vider les maisons paysannes de toute leur épargne : on connaît, au début du XIIe siècle, un paysan mâconnais qui dut ainsi livrer au maître du ban quarante sous, un autre cent [1]. Même régularisées, ces « quêtes » transféraient dans les coffres seigneuriaux une grande part des deniers que l'on avait pu gagner au village. Il paraît bien cependant que l'instrument de perception le plus efficace fut encore la justice. Dans les pays anglais de la fin du XIIe siècle, alors qu'un salarié recevait pour un jour de travail un gage d'un denier, alors que le cheptel des paysans de moyenne aisance ne valait pas plus d'une dizaine de sous, des juges royaux infligeaient pour des centaines de livres d'amendes à chaque session solennelle. Les

1. DUBY, 247, p. 326.

quatre cent trente sanctions pécuniaires prononcées en 1202 par l'assise de Lincoln s'élevaient ensemble à six cent trente-trois livres — une trentaine de sous en moyenne par coupable [1]. Certes, ces amendes excédaient, d'ordinaire, très largement les disponibilités des villageois. Le justicier devait donc se contenter souvent d'une part seulement de la somme qu'il réclamait, même en tenant serré le condamné et en le pressant de trouver dans sa parenté de quoi se libérer. Il suffisait cependant d'une rixe dans le village, pourvu que les délinquants fussent à demi solvables, pour faire venir d'un coup dans la main du haut seigneur beaucoup plus de deniers que n'en rapportait en un an la plus prospère des seigneuries foncières. Ceci explique que les droits de juridiction aient été si jalousement défendus, aient fait l'objet d'aussi âpres disputes. Ceci explique également que la justice seigneuriale se soit montrée si envahissante. L'une des premières « franchises » que sollicitèrent les paysans affirmait leur droit d'échapper à toute intervention du juge seigneurial, tant qu'ils n'avaient pas porté plainte.

Il est tout à fait impossible de comparer sur un même territoire les profits du ban à ceux des seigneuries foncières ou des seigneuries domestiques. Entre tous les revenus d'un maître, entre les « coutumes » et les autres perceptions, inventaires ou fragments de comptes n'établissent pas en effet de distinction. Ajoutons que la plupart des seigneuries banales, et les plus puissantes, étaient laïques, donc pratiquement sans archives. On peut tout de même avancer que les profits issus du droit de ban s'élevaient incomparablement plus haut que tous les autres. Le pouvoir banal permit en particulier à ses détenteurs de drainer plus tôt et beaucoup plus efficacement les deniers qui, de plus en plus nombreux, parvenaient dans les ménages paysans. En une seule « aide », et réclamée à ceux seulement des habitants de sa châtellenie qui étaient par ailleurs les « hommes » de l'abbaye de Cluny, le sire de Beaujeu put, en 1200, extorquer trois cents marcs d'argent, somme énorme [2]. Pour cette raison, la seigneurie banale joua un rôle de tout premier plan dans l'évolution de l'économie rurale. Il faut suivre,

1. A. L. Poole, 256, p. 84 et suiv.
2. Duby, 247.

en particulier, E. Perroy lorsqu'il invoque la disposition différente du système fiscal en France et en Angleterre, pour expliquer l'orientation divergente que suivit dans ces deux pays la mise en valeur des grands domaines à partir de la fin du XIIe siècle [1]. Si les administrateurs des seigneuries monastiques anglaises s'acharnèrent alors à pousser la production sur les champs du manoir, c'est que la puissance de l'autorité royale limitait étroitement leur pouvoir d'exaction ; c'est que la taille et même la justice étaient bien loin de leur procurer les gros profits qui permirent, en France, aux détenteurs du ban de se désintéresser peu à peu du domaine.

On trouverait sans doute dans les applications diverses du pouvoir banal la clé de bien des mécanismes économiques. Ainsi, dans la hiérarchie des fortunes, le ban haussait-il les quelques seigneurs qui pouvaient l'exercer bien au-dessus de tous les autres chefs de maisons nobles, qui ne possédaient que des tenures et un petit groupe d'hommes de corps. Inversement, le poids des exactions tendait à niveler les conditions économiques dans la paysannerie. Nettement plus lourd que celui des redevances foncières, il réduisait les alleutiers au niveau des possesseurs de tenures. Les exigences des sires stimulaient vivement la production paysanne. Mais dans la mesure même où les tailles demeuraient irrégulières et arbitraires, et vidaient périodiquement les petites exploitations de leurs réserves mobilières accumulées, elles ralentissaient le mouvement d'ascension économique des plus chanceux ou des plus entreprenants parmi les rustres.

***

Beaucoup plus riche que les autres seigneurs, le maître du ban se trouvait également beaucoup plus éloigné de la source de ses recettes. Pour remplir ses fonctions de paix et de justice et pour percevoir les exactions, il lui fallait l'aide de très nombreux « sergents », qui participaient à sa puissance et aux avantages économiques qu'elle procurait. L'évolution de la seigneurie foncière tendait, on l'a vu, à multiplier les intermédiaires. Mais ceux-ci foisonnaient en bien

1. E. PERROY, « Seigneurie et manoir », dans *Annales, E.S.C.*, 1961.

plus grand nombre au service de toutes les seigneuries territoriales. Les progrès de la fiscalité banale contribuèrent très fortement à enrichir ces auxiliaires du pouvoir qu'étaient les ministériaux. On ne voit aucun groupe, au sein de la société de ce temps, qui ait bénéficié d'une ascension économique aussi rapide. Sur le continent du moins, car la ministérialité ne prit pas le même essor en Angleterre, par suite sans doute de l'extrême éparpillement des grandes seigneuries, d'un développement beaucoup plus étriqué des pouvoirs privés et enfin d'un moindre relâchement des liens qui attachaient la domesticité à ses maîtres. Mais de ce côté de la Manche, les membres de la ministérialité qui s'élevèrent alors jusqu'à rejoindre et parfois dominer dans les villages les familles de vieille noblesse, paraissent bien avoir été au XIIe siècle les premiers bénéficiaires de la prospérité croissante des campagnes.

Ces hommes étaient tous des domestiques. Pour en faire des forestiers ou des péageurs, l'abbé de Limbourg choisissait, on l'a vu, les fils mariés de ses esclaves [1]. Nul dans la *familia* ne se trouvait plus étroitement qu'eux lié au maître. Celui-ci confiait, en effet, les « métiers », les fonctions de direction seigneuriale, aux plus sûrs de ses hommes, afin de pouvoir les tenir en bride et les châtier s'il était nécessaire. A la fin du XIe siècle encore un ministérial se dégageait-il par l'affranchissement de la soumission la plus stricte, il lui fallait aussitôt résigner sa fonction. Toutefois, celle-ci conférait souvent la plus grande indépendance. C'était le cas, en particulier, lorsque le ministérial, établi loin du maître, dirigeait l'une de ses cours ou surveillait les espaces forestiers. Dans l'intervalle des passages du seigneur, de tels délégués détenaient, en fait, tous les pouvoirs du chef de maison sur la troupe des serviteurs de rang inférieur. Ils percevaient les redevances, géraient le domaine, en recueillaient les profits. Ils commandaient. Ils rendaient la justice. Ils traitaient avec les marchands. Parfois, ils tenaient entre leurs mains toute l'économie domestique, sous la seule obligation de livrer à date fixe une certaine « pension ».

Dans toutes les seigneuries, même les plus petites, la situation de ces agents s'améliora lentement pendant

1. Voir T. II, p. 79.

le XIᵉ siècle. L'aisance des plus humbles meuniers crût au même rythme que celle de leur seigneur. Mais aux approches de 1100, des témoignages brusquement se multiplient dans les chartriers des grands établissements religieux, révélant pour certains d'entre ces serviteurs spécialisés un enrichissement tel qu'il commençait à inquiéter leurs maîtres. Parmi ces parvenus se trouvaient d'abord les forestiers. L'installation des droits d'usage, puis le mouvement de défrichement, avaient accru, en effet, l'importance de leur fonction ; les bois se peuplant, ces surveillants encaissèrent des perceptions plus abondantes, ils étendirent leur autorité et leur juridiction sur des paysans plus nombreux. S'enrichirent également les « maires », les « prévôts », les « baillis », les *villici*, tous ceux qui géraient une unité seigneuriale. Ces derniers profitèrent surtout de l'extension de la seigneurie domestique et de l'installation des coutumes. Sur la paysannerie plus étroitement assujettie aux exigences de leur maître, ils détinrent une autorité plus lourde. Pouvoirs renforcés, revenus multipliés.

Les délégués du seigneur recevaient d'ordinaire en rétribution un « fief », un lot de terre concédé gratuitement ; ses fruits constituaient le salaire de leur « métier ». En outre, afin qu'ils se montrassent plus diligents, une portion des droits qu'ils avaient mission de percevoir et des amendes qu'ils pouvaient infliger, leur était abandonnée. C'est de cette manière qu'ils bénéficièrent directement de la hausse des recettes seigneuriales. En fait, ils exploitaient une seigneurie parasite, installée au centre même de celle qu'ils avaient mission de gérer. Ils devinrent ainsi les vrais maîtres des paysans, se créèrent leur propre clientèle dans la *familia* et au-dehors. Beaucoup placèrent dans la terre les bénéfices de leur fonction, acquirent des alleux et se dégagèrent ainsi quelque peu de leur position dépendante. Certains même en vinrent à ne plus résider sur la terre dont ils avaient la surveillance, et à faire exercer leur métier par leurs propres « sergents ». De telles réussites se consolidaient peu à peu, car la plupart des ministériaux étaient vite parvenus à rendre leur office héréditaire. En deux ou trois générations, les familles de maires ou de forestiers construisirent ainsi une fortune comparable à celles des petits nobles, et adoptèrent un genre de vie semblable. Leur seigneur, dès lors, eut peine à les mener. Indociles, ces serviteurs devenaient des concurrents qui menaçaient de déposséder le maître tout à fait.

Ce dernier tenta de réagir. D'un bout à l'autre du continent, rares furent les seigneuries ecclésiastiques (des autres, on ignore toute l'histoire interne) dont les administrateurs n'essayèrent pas au XIIe siècle de reprendre le contrôle des ministériaux. Chaque fois que c'était encore possible, ils les firent juger et condamner au tribunal domestique de la *familia*, confisquèrent une part de leur fortune, précisèrent strictement le montant des perceptions auxquelles ils avaient droit. Ils les subordonnèrent à des supérieurs, chargés de les surveiller, et qui gardaient pour eux les fonctions les plus hautes, en particulier la justice. Dans la France du Nord et de l'Ouest, en Germanie, les maires furent ainsi très souvent soumis à un membre délégué de la communauté religieuse. Les ministériaux durent, par serment, s'interdire de transgresser les limites de leur fonction. Les maires de Notre-Dame de Chartres s'engagèrent ainsi à ne plus tenir de plaid, à ne pas exercer un pouvoir de contrainte sans l'avis du prévôt, à refuser les « cadeaux » des paysans, à ne point exiger des corvées pour leur usage [1]. En fait, la réaction ne put jamais être poussée très loin. Les offices demeurèrent des fiefs héréditaires. Ils restèrent si profitables, qu'ils tentèrent parfois des nobles. A la fin du XIIe siècle, un petit châtelain bourguignon avait acheté une prévôté dont les seigneurs, les chanoines de Chalon, eurent toutes les peines du monde à l'expulser [2]. La meilleure solution pour les maîtres fut souvent de racheter la fonction, lorsque les ministériaux, qui avaient alors adopté tout à fait les mœurs de la noblesse, commencèrent au XIIIe siècle à s'endetter.

On voit donc que les fortes seigneuries, dans le climat de progrès économique, ne permirent pas seulement aux hommes de la haute Église et de la noblesse de sortir de leur rusticité et de vivre dans un luxe plus éclatant. Elles soutinrent l'ascension d'un grand nombre de serviteurs, et beaucoup d'entre eux édifièrent une fortune qui finit par les rendre tout à fait autonomes. L'économie seigneuriale, en effet, était par essence une

1. *Cartulaire de Notre-Dame de Chartres*, I, n° 58.
2. DUBY, 247, p. 395.

économie de gaspillage. Peu soucieux de compter, le maître laissait largement puiser dans ses richesses ceux qui le suivaient ou le représentaient, et dont la prospérité même contribuait à sa gloire. Ainsi put se dégager de la paysannerie une petite aristocratie rurale. Elle restait juridiquement très inférieure au monde des nobles, des gens de haute naissance, dont elle partageait pourtant l'autorité, l'aisance et les goûts. Dans la région mâconnaise à la fin du XIIe siècle, les quelque cinquante familles de grands ministériaux, installées dans les seigneuries des évêques et des comtes, des châtelains, des chapitres et des grands monastères, et les cent cinquante lignages de hobereaux de village semblent les unes et les autres placées sensiblement au même niveau économique. La seule différence était que, dans les premières, l'esprit de gain et d'entreprise se maintenait plus vif, et moins émoussé le sens des réalités paysannes.

CHAPITRE III

LE XIIIe SIÈCLE (1180-1330). ÉVOLUTION DE LA RENTE SEIGNEURIALE. L'EXPLOITATION DES PAYSANS

On ne discerne rien au XIIe siècle de l'histoire des seigneuries qui ne sont pas de très grande taille et qui n'appartiennent pas à l'Église. On entrevoit, du moins, que l'économie des plus vastes s'adapta pendant cette période aux modifications du milieu. Non sans peine et sans crises. L'information révèle surtout les brusques remises en ordre, la lutte contre les châtelains concurrents ou les ministériaux et, plus nettement encore, les efforts de quelques réformateurs, qui comme Suger à Saint-Denis, Meinhardt à Marmoutier, Pierre le Vénérable à Cluny, se débattirent au sein des difficultés d'approvisionnement et de trésorerie, et cherchèrent tant bien que mal à les surmonter. Ils ne se préoccupèrent point d'ordinaire d'inventer des solutions nouvelles ; tournés vers le passé, comme l'était d'ailleurs toute la société monastique, ils prétendaient restaurer l'ordre ancien ; les règlements administratifs hérités de l'époque carolingienne demeuraient pour eux des modèles. En fait, ils innovaient. Ainsi, par secousses, l'organisation de la seigneurie se rajeunit.

A partir de 1180, le mouvement se poursuivit sur un rythme précipité, les structures seigneuriales se modifièrent en fonction de nouveaux changements ; elles s'adaptèrent à la pénétration de plus en plus profonde de la monnaie et des échanges à l'intérieur du monde rural. Une documentation beaucoup plus riche permet de suivre plus aisément des transformations jusqu'alors très difficiles à dépister.

La multiplication après 1180 des inventaires et des comptes, le souci nouveau de la précision numérique qu'ils attestent, sont en partie l'effet du progrès général de la culture. Ils témoignent aussi d'une accoutumance à l'usage de la monnaie ; les maîtres et leurs agents prirent peu à peu conscience plus claire de la valeur des choses, s'habituèrent à apprécier, à compter [1]. Mais l'enrichissement des sources fut surtout déterminé par les modifications qui intervinrent alors dans l'organisation même de la seigneurie. Tous les grands seigneurs commencèrent à s'entourer de fonctionnaires instruits, rétribués par des gages ou des pensions, de techniciens spécialement formés pour l'administration, dont le « métier » était d'écrire, de tenir des livres, de calculer, de contrôler. Alors que Suger, Pierre le Vénérable et les autres réformateurs de l'économie domaniale avaient été, si l'on peut dire, des amateurs, à partir des deux dernières décennies du XIIe siècle les plus grands organismes seigneuriaux commencèrent d'être dirigés par des professionnels. La présence même de ces spécialistes imprima à la gestion un tout autre caractère. C'est ainsi, par exemple, que les « gardiens » fonctionnaires qu'avait nommés auprès de l'abbaye de Saint-Martin de Tournai le roi de France accoutumèrent les moines à voir plus clair dans leurs finances, à établir une sorte de budget annuel [2]. Il s'agit là d'un changement d'importance considérable, et qui ne détermina pas seulement le brusque gonflement des dépôts d'archives. En outre, dans certaines régions, quelques seigneuries d'Église abandonnèrent alors le système de la ferme générale ; le domaine fut désormais directement géré par des agents responsables qui devaient rendre au seigneur des comptes périodiques. Ainsi dans les manoirs des grands établissements religieux d'Angleterre, le *reeve*, le vilain chargé de la direction du domaine, dut-il garder soigneusement dans sa mémoire le souvenir de toutes les entrées et sorties d'argent ; des scribes venaient à la Saint-Michel en rédiger sous sa dictée le relevé, pour le soumettre ensuite à la vérification des « auditeurs ». La richesse des archives seigneuriales en ce pays, en particulier la continuité des séries d'*accounts rolls*, de rouleaux de

1. DUBY, 409 *a*.
2. HAENENS, 617.

comptes, procède de ces méthodes de gestion [1]. A partir de ce moment, le recours à la statistique n'est donc plus tout à fait interdit à l'histoire économique des campagnes. L'observation, d'un coup, prend de la précision. En revanche surgit alors une difficulté nouvelle, celle de dominer des indications profuses et éparses, et de confronter des recherches très inégalement poussées dans les différents pays d'Europe.

I. Mobilisation des fortunes seigneuriales

Jusqu'alors, donations pieuses, concessions de type féodal et partages successoraux avaient entièrement gouverné les destinées des grandes fortunes foncières [2]. On voit désormais le mouvement du numéraire intervenir comme un ferment des plus actifs pour modifier la consistance de ces patrimoines. Les habitudes de luxe, le goût du voyage, de la parure, et cette ostentation qui définit alors le genre de vie aristocratique ne cessèrent en effet d'accroître les besoins de monnaie dans les maisons seigneuriales, ecclésiastiques et laïques. Or, avec les réseaux d'amitiés et de dépendances personnelles, la terre faisait à peu près toute la richesse des maîtres. La nécessité les engagea donc à mobiliser en partie cette fortune. Au XIIIe siècle, l'endettement commence à caractériser l'attitude économique des seigneurs.

Depuis longtemps, ceux-ci avaient largement recours au petit crédit à court terme. Dès la première moitié du XIe siècle, tous les maîtres du ban s'étaient fait reconnaître sur le marché du village le droit de différer d'une quinzaine de jours le paiement de leurs achats de pain, de viande ou de vin. Ils en abusèrent, soulevant les récriminations des paysans, qui s'efforcèrent d'obtenir la suppression de ce privilège, dans les chartes de

1. Bennett, 139, p. 166 et suiv. ; Miller, 187, p. 99 ; Raftis, 190, p. 128.

2. Certains aménagements limitèrent l'effet de ces pratiques dissolvantes. L'habitude se répandit alors de doter les filles pour les exclure de la succession, de donner à l'aîné des garçons une forte part de l'héritage. Moins prolifiques après 1250, les familles nobles devinrent aussi moins généreuses : ce qu'elles donnaient aux églises ou à leurs vassaux, ce n'était plus de la terre, mais de l'argent. Genicot, 178, p. 50 ; Duby, 247, p. 498-502.

franchise. En outre, les seigneurs se mirent à contracter des emprunts en métaux précieux, monnayés ou non. Les premières grosses demandes semblent être venues des chevaliers qui partirent à la croisade et qui s'adressèrent alors aux grands sanctuaires, détenteurs d'un trésor abondamment garni d'or et d'argent. Les religieux exigeaient qu'on leur remît en gage, jusqu'au remboursement, une quantité de terre dont le revenu correspondît à peu près à l'intérêt de la somme prêtée. Des dettes comme celles-ci, provoquées par les nécessités d'une campagne lointaine, gardèrent longtemps un caractère très occasionnel. Ce fut après le milieu du XIIe siècle que l'endettement devint chronique. La gêne toucha, en premier lieu, les seigneurs les plus puissants, les plus riches, qui étaient aussi les plus dépensiers : les princes d'abord, les grands établissements religieux, puis les châtelains. Vers 1140, le monastère de Cluny se trouvait pris dans des emprunts dont il lui fut impossible de se dégager jamais. Quinze ans plus tard, les abbayes cisterciennes commençaient à leur tour à s'endetter. Pour les établissements religieux du pays de Metz, le moment critique se situe vers 1170 [1].

Des couches sociales plus profondes et beaucoup plus étendues connurent, un peu plus tard, des soucis analogues. Les sources montrent que les dettes contractées par la petite aristocratie laïque dans la région mâconnaise s'alourdirent dans les premières années du XIIIe siècle. Il semble bien que, dans toute l'Europe, des difficultés financières aussi pressantes aient depuis cette époque tenaillé tous les nobles et les grands ministériaux, leurs égaux. Ces gens possédaient de fort belles fortunes, mais qui rapportaient peu et qui produisaient encore surtout des denrées agricoles. Or, participer aux fêtes, suivre les modes vestimentaires, faire la guerre, renouveler l'écurie réclamait toujours plus d'argent. Force était de s'adresser à des créanciers. Mort en 1230, tel chevalier des environs de Metz laissait dix-neuf livres de revenus annuels et une fortune mobilière évaluée à trente livres, mais ses dettes s'élevaient à trente-trois livres, si bien que sa veuve dut, un peu plus tard, aliéner partiellement l'héritage [2].

1. DUBY, 406 ; SCHNEIDER, 333, p. 300.
2. DUBY, 247, p. 494 et suiv. ; SCHNEIDER, 333, p. 327 ; TITS-DIEUAIDE, 468.

En effet, la multiplication des achats et des ventes de terres et de droits fonciers suivit de peu celle des emprunts. Ce phénomène peut être tenu pour l'un des plus caractéristiques de la phase nouvelle qui s'ouvre en 1180 dans l'évolution de l'économie seigneuriale. L'alleu avait été jusqu'alors protégé contre les ventes par la solidarité familiale, le fief par la vigilance du seigneur. Mais des procédés juridiques furent mis au point dans les premières années du XIIIe siècle pour assouplir ces contraintes. On voit, dans la région parisienne comme en Mâconnais, l'usage du contrat de vente, tombé en désuétude depuis des générations, se répandre de nouveau après 1200 [1]. L'approbation, qu'il fallait avant toute aliénation solliciter des lignagers ou du seigneur féodal, devint vite une formalité. Tel homme se sentait-il vivement pressé d'argent, il pouvait vendre au meilleur prix quelques parcelles du domaine, des censives, l'une ou l'autre des familles paysannes dépendantes. Ces aliénations, des acquisitions compensatrices, modifièrent dès lors la physionomie de toutes les fortunes seigneuriales, et beaucoup plus vite que ne l'avaient fait, deux siècles plus tôt, les aumônes et la division des héritages. Le groupe social des seigneurs prit de la sorte plus de fluidité. En France, en particulier, la noblesse semble devenir, après 1200, un groupe moins strictement fermé [2].

Les textes montrent surtout le mouvement sans cesse plus vif qui fit alors passer les bribes de seigneurie des mains des nobles en celles des gens d'Église. Les établissements religieux étaient eux-mêmes couverts de dettes, mais ils recevaient constamment en aumône du numéraire ou des métaux précieux; les volontés des donateurs les empêchaient souvent d'utiliser ces valeurs pour désintéresser leurs créanciers; ils se hâtaient de placer cet argent. En 1191, le chapitre général de Cîteaux avait interdit les achats d'immeubles; la mesure fut bientôt abolie; elle avait d'ailleurs été aussitôt tournée. Dans tel village bourguignon, où ils avaient en 1202 reçu par donation un droit sur les dîmes, les cisterciens achetèrent en 1225 le pouvoir seigneurial; à partir de 1260 et pendant

1. FONTETTE, 321; VIGNERON, 138.
2. G. DUBY, « Une enquête à poursuivre : la noblesse dans la France médiévale », dans *Revue Historique*, 1961.

quarante ans, ils ne cessèrent d'acquérir à prix d'argent des parcelles de toute grandeur, profitant de tous les avantages du marché de la terre ; dans le seule année 1322, ils s'assurèrent ainsi la possession de quinze champs, entre la moisson et les semailles. Par des achats semblables, Saint-Ambroise de Milan, qui, en 1240, ne tenait qu'un sixième des terres du village d'Origgio, en possédait la moitié en 1320 [1]. Ce fut essentiellement par l'investissement délibéré de leurs disponibilités en monnaie que les seigneurs d'Église arrondirent à cette époque leur patrimoine. Aussi les plus grands progrès furent-ils réalisés par les établissements qui recueillaient les plus abondants revenus en numéraire : les abbayes cisterciennes tant qu'elles pratiquèrent activement le négoce, les chapitres urbains établis au cœur de l'économie marchande, et fort liés aux milieux commerciaux.

Toutefois, une certaine part des prérogatives seigneuriales passa également par achat entre les mains d'hommes de petite naissance. Les nouveaux riches ne manquent pas au XIIIe siècle. Les œuvres littéraires composées pour le public chevaleresque, pleines de sarcasmes à l'égard de ces « vilains » aux manières ridicules, qui venaient s'installer dans les manoirs et cherchaient à tenir la place des gens bien nés, portent un témoignage très direct sur l'ampleur récente de cette ascension sociale et sur le scandale qu'elle suscitait. Beaucoup de ces parvenus sortaient de la ville. Trafiquants enrichis, ils avaient avancé des deniers aux chevaliers ; ils en reçurent quelques fonds en gage, puis ils acquirent entièrement la terre et les droits. Ainsi, autour de 1200, un usurier toulousain put-il acheter toutes les terres que l'abbaye de Saint-Sernin possédait dans un village, avec les trente-deux familles paysannes dépendantes ; tel marchand de Cluny reçut, en 1265, pour un prêt de huit cents livres la disposition d'un château tenu en fief du duc de Bourgogne, avec toute la haute justice et les pouvoirs de ban qui en rayonnaient. Les financiers de Metz créèrent de cette manière dans la campagne environnante leurs domaines fonciers entre 1275 et 1325. On aperçoit certains paysans qui parvinrent à se hausser suffisamment pour

1. MARTIN-LORBER, 497 ; ROMEO, 444.

acquérir à deniers comptant des biens nobles, et notamment le droit de lever la taille et de rendre la justice [1].

Les mentions de biens seigneuriaux vendus à des non-nobles abondent après le milieu du XIIIe siècle dans tous les fonds d'archives, spécialement dans les pays plus fortement urbanisés, l'Italie, les Pays-Bas, la France. Elles ont capté l'attention des historiens, qui tout naturellement se porte d'abord sur les faits nouveaux et insolites. On doit cependant remarquer que presque toutes ces transactions portaient sur de petits fragments de seigneuries. Il faut donc se défendre contre la tentation d'attribuer dès cette époque trop d'acuité aux difficultés économiques de l'ancienne noblesse, et d'en exagérer l'appauvrissement. Dans la société rurale, la supériorité matérielle des familles chevaleresques, et même des moins relevées, ne fut pas, sauf exceptions, mise en question sérieusement dès cette époque par l'ascension toute relative de quelques hommes d'affaires exceptionnellement heureux. Au seuil du XIVe siècle, la participation des bourgeois ou des rustres à la possession seigneuriale demeurait fort réduite. Prenons le cas des Alberti dei Giudice, gros négociants de Florence ; ils ne possédaient, en 1315, qu'un seul domaine de quatre-vingts hectares, flanqué d'une centaine de parcelles louées à des paysans ; comme celle des autres marchands de leur ville ou de Pise, leur richesse consistait surtout en métaux précieux et en fonds urbains. En ce temps-là, dans les seigneuries de la région parisienne, l'infiltration bourgeoise restait également à peine perceptible [2]. La plupart des lignages nobles n'avaient encore cédé que des bribes du patrimoine ancestral ; très souvent d'ailleurs les générosités des princes venaient rapidement compenser ces pertes. Bref, en 1300, toutes les seigneuries, à quelques exceptions près, demeuraient aux mains des hommes d'Église ou des hommes de guerre.

Toutefois, si la position sociale des maîtres n'avait pas sensiblement changé, on discerne une modification certaine dans leur comportement économique. Tous s'accoutumaient à acheter, à vendre, à manier les deniers. Ils se sentaient par là sans doute, beaucoup

1. DUBY, 247, p. 524 ; MUNDY, 328 ; SCHNEIDER, 333, p. 394 et suiv.
2. FOURQUIN, 510 *a*.

plus que leurs prédécesseurs, responsables des destinées de leur seigneurie. Ils avaient pris conscience que leur fortune était mouvante, et qu'ils pouvaient freiner son déclin, gouverner sa croissance. On devine, chez les seigneurs d'Église qui disposaient des plus gros moyens financiers, une volonté patiente de remembrer, de rassembler leurs droits sur les hommes et sur la terre en ensembles compacts. En Lombardie, en Bourgogne, aux environs de Paris, l'époque est à la concentration des domaines ecclésiastiques, qui prennent l'allure de grands biens cohérents, mieux tenus, et d'ailleurs de direction plus facile. Le succès des ouvrages d'agronomie en langue vulgaire atteste que, dans certaines régions au moins, en Angleterre et en Italie du Nord, cette attention plus soutenue portée à l'économie domaniale, le désir de gérer la seigneurie de manière plus rationnelle, n'étaient pas entièrement le monopole des clercs. Comme ceux-ci, bien des chevaliers agissaient en seigneurs plus avisés que leurs ancêtres, beaucoup moins étrangers à l'esprit de profit, plus âpres dans la mesure même où la gêne les pressait. De ce changement d'attitude procèdent nombre des aspects nouveaux que présente au XIIIe siècle l'économie seigneuriale.

2. L'AFFAISSEMENT DES CENS

Discontinue, extrêmement dispersée, fort inégalement mise en œuvre, la documentation n'est pas faite pour montrer clairement l'évolution des perceptions seigneuriales. Il est certain d'ailleurs que celle-ci s'orienta, selon les régions et même d'une seigneurie à l'autre, dans des directions très différentes, et qu'on ne pourra jamais la réduire à un schéma simple. Contentons-nous de repérer les tendances les moins confuses. Au premier coup d'œil, il apparaît qu'au XIIIe siècle le revenu des ménages paysans subissait un prélèvement qui s'opérait généralement d'une autre manière, mais qui n'était pas moindre que par le passé.

Pour bien des seigneurs, trouver de l'argent constituait désormais le souci le plus lancinant. Ceci les conduisit à demander à leurs tenanciers et à leurs hommes de leur fournir des deniers plutôt que du travail ou des denrées agricoles. La conversion des services et des redevances offrait une solution simple et immédiate aux difficultés de trésorerie. Elle agréait, sinon à tous les paysans, du moins aux plus entreprenants. Ceux-ci acceptaient d'abandonner des pièces de monnaie, pourvu qu'on leur laissât la disposition de leur récolte, et des possibilités plus larges d'en porter les surplus au marché.

C'est pourquoi les commutations, déjà fréquentes à la fin du XIIe siècle, ne cessèrent de se multiplier par la suite. Il ne paraît pas que tous les maîtres aient alors renoncé à ce qui subsistait encore de corvées ; on voit même dans les seigneuries monastiques d'Angleterre l'intensification du faire-valoir direct renverser un moment la tendance, et les villains contraints de nouveau, dans la première moitié du XIIIe siècle, d'accomplir effectivement les travaux que pendant des années il leur avait été loisible de racheter. En revanche, après les tailles, le formariage et la mainmorte furent désormais perçus en numéraire. Dans le paiement des cens surtout, jusqu'alors très communément exigés en nature, la monnaie se substitua aux céréales, au vin, au bétail et à la viande. Rien ne prouve que la mutation ait été générale. En certains lieux, la plupart des cens continuèrent d'être perçus en nature. Mais ailleurs ils furent rapidement et presque entièrement commués. Un exemple : au seuil du XIIe siècle, sur les terres de l'abbaye bavaroise de Baumburg, manses et parcelles isolées de champs ou de vignes ne fournissaient aux seigneurs que des denrées agricoles ; en 1245, 58 % des uns, 98 % des autres ne procuraient plus que des deniers [1]. En définitive, nombre de témoignages concordants permettent de penser qu'au début du XIVe siècle dans presque toutes les seigneuries d'Europe, une rente en argent avait remplacé une bonne part des redevances fixes en nature.

A vrai dire, pour les seigneurs, le bénéfice de cette transformation se révélait vite illusoire, dans une période de hausse continue des prix. En fait, la valeur réelle des cens en argent baissa constamment au XIIIe siècle, et plus nettement qu'ailleurs dans les campagnes : ils y étaient, en effet, stipulés en ces deniers de frappe locale, qui ne cessaient de s'affaiblir relativement aux grandes monnaies régionales. Alors que la crois-

1. DOLLINGER, 335.

sance démographique rendait, à la fin du XIIIe siècle, la terre de plus en plus rare et la faisait constamment enchérir, le loyer des tenures héréditaires, lorsque leurs services avaient été depuis longtemps convertis en deniers, se tenait à un taux dérisoire. Le tenancier d'un manse mâconnais, dont on évaluait le rapport annuel à une vingtaine de livres, versait en redevance foncière dix sous par an à son seigneur ; autrement dit, il gardait par devers lui près de 98 % des profits. Dans le Namurois, les seigneurs fonciers percevaient couramment deux deniers par bonnier sur des parcelles qu'ils auraient pu louer facilement trente fois plus cher ; ce qui signifie qu'ils en avaient pratiquement perdu la propriété [1].

Sans doute les tenures changeaient-elles alors plus fréquemment de main qu'autrefois, et retombaient ainsi plus souvent au pouvoir du seigneur. Ce dernier, avant d'en investir de nouveaux possesseurs, pouvait donc discuter avec eux et réajuster de la sorte le cens à la valeur réelle du fonds. Ceci explique que, dans la même seigneurie, des terres voisines, à la fin du XIIIe siècle, aient parfois supporté des charges d'une incroyable inégalité. Dans tel village flamand, les sires de Pamele-Audenarde percevaient sur deux bonniers de terre arable, d'une fertilité apparemment équivalente, ici un denier, là deux sous et demi ; dans telle grande prairie de fauche relevant de la même seigneurie, le cens d'une parcelle rapportait au maître cent fois plus que celui d'un lopin voisin de même superficie [2]. Cependant, d'autres témoignages donnent à penser que, bridé sans doute par la force de la coutume locale, se heurtant peut-être aussi à la coalition tacite des intérêts paysans, le seigneur foncier n'avait pas le moyen de relever beaucoup le niveau des redevances en argent, à l'occasion d'un nouvel accensement. Ajoutons que d'innombrables prestations, par manque de surveillance, par impuissance à vaincre la passivité des censitaires récalcitrants, s'amenuisèrent lentement et même se perdirent tout à fait. La part des cens dans les revenus seigneuriaux finit ainsi par se restreindre, jusqu'à ne plus compter du tout. Aux alentours de 1300, leur produit représentait à peine

1. DUBY, 247, p. 513 ; GENICOT, 178, p. 247.
2. DUBY, 408.

plus de 1 % des recettes annuelles du monastère de Saint-Denis. A la même époque, de soixante-deux tenures, un chevalier bourguignon ne parvenait à tirer tous les ans qu'une trentaine de sous, c'est-à-dire à peine le tiers du salaire qu'il convenait de donner alors à un valet de charrue en complément de sa nourriture [1].

3. Profits en hausse : les taxes de mutation

La dépréciation du loyer de la terre achevait ainsi de confondre la condition économique de la tenure et celle de l'alleu. Elle soulageait considérablement la paysannerie. Toutefois, les valeurs que les ménages de cultivateurs purent épargner ainsi sur les redevances leur furent soustraites d'une autre manière. Pour les maîtres, la hausse compensatrice d'autres ressources seigneuriales vint atténuer fortement les inconvénients de la chute des cens [2].

Le désir de tous les paysans de disposer plus librement de leur terre fournit d'abord aux seigneurs une occasion facile d'accroître leurs exigences. Parmi les rustres, en effet, les besoins d'argent s'avivaient aussi, et pour se procurer de la monnaie, beaucoup souhai-

1. Fourquin, 510 *a* ; Duby, 247, p. 509 ; même situation dans l'Italie septentrionale, Luzzato, 19.

2. Point n'est besoin de beaucoup insister sur les bénéfices que les seigneurs continuèrent à tirer de l'essor agricole tant que celui-ci se poursuivit. Les seigneurs de très haut rang, comme les sires de Pamele-Audenarde, aussi bien que les plus modestes — tels ces damoiseaux qui, possesseurs seulement d'une part des dîmes dans un village mâconnais, en tiraient cinq fois plus de revenus que de toutes leurs censives — trouvaient toujours en France et en Allemagne les plus importantes de leurs ressources dans une ponction directe sur la plus-value des récoltes paysannes par la dîme, par l'exploitation du moulin et de l'église (Duby, 408, 247). De même, dans leurs ultimes progrès, les défrichements ne cessaient d'accroître le nombre des tenures. Notons aussi que les maîtres des bois purent concéder les derniers essarts à des conditions beaucoup plus avantageuses, car des hommes plus nombreux étaient en quête d'un établissement. Lorsque dans la seconde moitié du XIIIe siècle, les moines de Saint-Bavon-de-Gand s'avisèrent de lotir ce qui leur restait de friches, ils n'eurent pas de peine à trouver des bourgeois pour prendre ces lots, chargés pourtant d'une rente très lourde de dix à douze sous le bonnier. Ce fut surtout par la création de nouvelles censives dans les marécages en cours d'asséchement que les revenus en argent de l'église d'Ely purent s'élever de 20 % entre 1222 et 1251, Verhulst, 197 ; Miller, 187, p. 96 et suiv.

taient, tout comme les nobles, mettre en gage une part de leur fonds ou même le vendre. Ils ne pouvaient qu'à la toute dernière extrémité aliéner leur tenure entière. Du moins souhaitaient-ils obtenir le droit d'en distraire un fragment, d'en rompre, par conséquent, l'unité. Ils désiraient aussi pouvoir doter leurs filles avec quelques lopins. En outre, bénéficiaire des legs, l'Église poussait à ce qu'ils pussent ordonner à leur guise leur testament. La souplesse croissante des relations économiques rendait enfin plus gênantes les règles successorales qui interdisaient de diviser la tenure. De multiples forces se conjuguaient donc pour délivrer la terre paysanne des entraves qui faisaient obstacle à sa mobilité.

Cette tendance menaçait les intérêts seigneuriaux. Accepter la dislocation des anciens manses, ou des autres tenures globales qui conservaient encore leur consistance (en 1180, la plupart d'entre elles se trouvaient dans ce cas), c'était rendre beaucoup plus malaisée la levée des redevances en les éparpillant par parcelles, et risquer de voir les lopins les plus écartés se transformer en alleux après quelques années d'oubli. Pourtant, dans toutes les campagnes d'Occident, les maîtres du sol acceptèrent au XIIIe siècle de délier les parcelles dont l'ensemble avait jusqu'alors constitué des tenures familiales. De cette époque date la disparition générale du manse et de ses équivalents en tant qu'unités d'exploitation et de perception, mis à part les cantons arriérés, où la paysannerie restait engoncée dans les vieilles habitudes d'indivision et trafiquait peu avec l'extérieur, et les terres de colonisation nouvelle où l'occupation du sol s'était faite et continuait de se faire par exploitations isolées, dont les terres concentrées et closes devaient garder longtemps leur cohésion [1]. Le manse demeura cellule familiale en Graisivaudan jusque vers 1250. En 1280, il servait encore de cadre à l'inventaire des droits de Saint-Lambert de Liège [2]. Mais ailleurs, les tenures se trouvaient alors généralement pulvérisées. Dans tel village mâconnais, vingt-cinq groupes de tenanciers

1. Voir T. I, p. 215. L'étude approfondie des pratiques successorales dans le monde paysan devrait permettre de délimiter les régions où, comme dans le nord-ouest de l'Allemagne, l'institution du droit d'aînesse vint sauvegarder l'unité des exploitations familiales.

2. DIDIER, 399.

se partageaient vers 1260 la possession d'un ancien manse, et les ministériaux avaient grand-peine à retrouver dans le terroir les parcelles qui jadis avaient constitué la tenure. Dans le « Veil Rentier » composé pour les seigneurs de Pamele-Audenarde aux alentours de 1275, les cens se disséminent sur une multitude de parcelles. Même en Alsace et en Souabe, où les seigneurs s'opposèrent vigoureusement aux morcellements, la superficie moyenne des tenures décrites dans les inventaires ne dépassait pas, à cette époque, deux journaux, étendue dérisoire. Une centaine d'hectares labourables se trouvaient alors divisés dans un village d'Ile-de-France entre cent soixante concessionnaires [1].

Lorsqu'il considérait ses censives, l'administrateur d'une seigneurie foncière n'avait donc plus devant lui comme naguère l'image simple d'une vingtaine, d'une trentaine de maisons familiales, où l'on pouvait prendre à telle ou telle saison certaine quantité de provende ; il lui fallait garder en mémoire la position et les charges de centaines de parcelles. L'éclatement des tenures globales favorisa pour cela beaucoup l'institution des cens en argent, et entraîna la simplification du calendrier des perceptions, qui furent d'ordinaire réunies en un seul terme annuel. En revanche, il compliqua extraordinairement l'organisation de la terre censitaire, d'autant que ces multiples parcelles changeaient très souvent de main. Certaines finissaient même par se perdre : en 1222, les agents du chapitre de Saint-Paul de Londres ne parvenaient pas à retrouver une terre de trois acres inventoriée lors d'une récente enquête [2]. Dès la fin du XIIe siècle, l'usage du censier-coutumier, liste écrite de redevances, tendait à disparaître dans les campagnes françaises et allemandes. D'autres manières d'enregistrer les prérogatives seigneuriales, mieux adaptées à la complexité et à la mobilité de la tenure, se répandirent en remplacement. Le *Weistum*, le « record de coutume », fut adopté dans les pays germaniques et sur leurs franges occidentales : tous les habitants de la seigneurie, réunis chaque année dans la maison du maître, avouaient oralement leurs obligations envers lui [3]. Dans le centre et le sud-est de la France, le « terrier » enregistra les

1. DUBY, 247, p. 505 ; DUBY, 408 ; FOURQUIN, 510 *a*.
2. BENNETT, 139, p. 47.
3. PERRIN, 189, p. 686 et suiv.

confronts de chaque parcelle, qui permettaient de la repérer dans le terroir.

En revanche, lorsque le seigneur, exauçant le vœu des paysans, les autorisa à fractionner leur tenure, il put souvent en profiter pour relever sensiblement la rente de la terre. La comparaison des listes successives de redevances montre que, fréquemment, la somme des charges imposées à chaque portion d'un ancien manse excédait, et parfois de beaucoup, le montant du service primitif. Toutefois, pour le seigneur, l'avantage principal du fractionnement fut de percevoir plus fréquemment sur ces terres, moins rassemblées donc plus mobiles, les taxes de mutation que l'usage depuis le XIIe siècle imposait aux nouveaux tenanciers [1].

Aux héritiers d'abord. Pour entrer en possession de l'héritage, ils devaient payer au maître de la terre un « relief », un « rachat » ; parfois confondu avec la mainmorte lorsque le possesseur était un dépendant personnel, ce droit équivalait souvent à une année de cens. Pour les tenures globales possédées par les vilains de l'abbaye anglaise de Ramsey, il atteignait cinq sous, forte somme, et si les successeurs ne parvenaient pas à payer une taxe aussi lourde, il arrivait que la terre tombât en « échoite ». A ce moment, les héritiers en conservaient la possession, mais ils devaient en livrer tous les fruits au seigneur jusqu'à ce qu'ils pussent se libérer de leur dette [2].

Des taxes furent également imposées aux acheteurs de tenures. Les ventes devinrent en effet bientôt aussi fréquentes peut-être que les transmissions successorales : dès les premières années du XIIIe siècle, on devine que le marché de la terre paysanne s'ouvrit partout très largement. Les seigneurs se réservèrent toujours le privilège d'autoriser les aliénations. Ils voulaient pouvoir empêcher que par achat ne pussent s'introduire sur leurs tenures des nobles, des clercs ou des gens de la ville, des hommes que leur condition sociale aurait rendus plus difficiles à exploiter. Ainsi dans les environs de Metz, les maîtres du sol veillaient-ils à ce que ne fussent

1. Ces taxes étaient entrées dans la coutume dans le cours du XIIe siècle, DIDIER, 399 ; dans les censiers d'un prieuré dauphinois, elles portaient alors le nom de « plaids », ce qui signifie que leur montant faisait l'objet d'un accord amiable, mais peu à peu, elles prirent de la fixité. Elles aussi furent « abonnées ».

2. RAFTIS, 190, p. 222.

pas acquises par des bourgeois les « terres de meix », dont la possession entraînait encore soumission à la justice domaniale [1]. Entre paysans, les transactions furent, en revanche, tout à fait libérées. Mais en échange de son « lods », de son approbation, qui n'était plus que formalité, le seigneur prélevait une part du prix de la vente. Il s'agissait d'ordinaire du « trézain », d'un treizième ou, ce qui revenait à peu près au même, d'un denier par sou. Le maître s'appropriait parfois davantage : dans la France de l'Est, il réclamait, pour lui, jusqu'à 15 % de la somme versée [2]. Ajoutons enfin que la pénurie croissante de terres fit accepter le paiement d'un fort droit d'entrée par les paysans, prêts à tout pour être accueillis sur la tenure qui devait les aider à subsister. La perception de l' « entrage », du droit d' « abergement », se généralisa et devint vite très lucrative. Toutes ces taxes de mutation s'acquittaient en numéraire. Elles apportaient aux finances seigneuriales un très précieux renfort. Les documents foréziens permettent d'estimer que, bon an mal an, elles élevaient d'un quart la valeur du cens [3].

4. L'EXPLOITATION DU POUVOIR SUR LES HOMMES : LA TAILLE

On vit en outre se prolonger en s'affirmant le mouvement qui, à l'époque précédente, avait adjoint déjà, et mêlé aux perceptions foncières, celles de la seigneurie banale ou de la seigneurie domestique. Toutefois, les modalités de l'exploitation des hommes se modifièrent sensiblement au XIIIe siècle sous deux influences : d'une part, la diffusion des « franchises » conféra plus de régularité aux pouvoirs d'exaction ; d'autre part, le renforcement dans toute l'Europe des principautés régionales institua progressivement une fiscalité à deux étages.

1. SCHNEIDER, 333, p. 362.
2. Pour le Namurois, GENICOT, 178, p. 155.
3. PERROY, 255, p. 127 ; HILTON, 359. La valeur croissante de ces taxes explique que les seigneurs aient essayé au XIIIe siècle de contrôler très étroitement les mutations. C'était l'une des fonctions principales des cours de justice rurale.

***

En bien des pays, des accords conclus entre le seigneur et les communautés rurales vinrent à cette époque fixer ici et là l'étendue des droits seigneuriaux. Il serait bon qu'une enquête collective, appuyée sur une chronologie et une cartographie très précises, suive l'extension du mouvement des « libertés » villageoises dans l'ensemble de l'Europe occidentale. Dans l'état actuel des recherches on discerne de vastes contrées où les villages n'ont point obtenu une charte qui fixât par écrit les « bonnes » coutumes. En Lorraine, seules les grosses bourgades bénéficièrent de telles concessions. Plus à l'est, au-delà du Rhin, l'octroi d'une charte de liberté resta tout à fait exceptionnel. En Angleterre, quelques « bourgs » ruraux furent fondés au XIIIe siècle, avec promesse de « libertés » pour ceux qui viendraient s'y établir, mais ces villages privilégiés demeurèrent fort rares dans un pays où le souverain se réservait les pouvoirs supérieurs de commandement [1]. L'Italie, et semble-t-il la Provence, dont les agglomérations paysannes, d'une structure semi-urbaine, obtinrent en grand nombre et très tôt, dès le début du XIIe siècle [2], des institutions communales comparables à celles des villes, méritent d'être situées à part. Reste la France, où le mouvement d'affranchissement pénétra partout, mais plus ou moins tôt, et connut une extension très variable selon les provinces. En certains pays du Bassin Parisien, de nombreuses communautés avaient reçu leurs « libertés » dès la première moitié du XIIe siècle : les petits villages vignerons des environs de Laon conquirent en 1129 les mêmes franchises que la ville voisine. En revanche, dans la région parisienne, le grand moment où l'on rédigea les « bonnes coutumes » paysannes se situe beaucoup plus tard, entre 1245 et 1275. Les rédactions furent un peu plus tardives encore dans le comté de Bourgogne ; un village sur cinq en bénéficia. Elles demeurèrent beaucoup moins nombreuses en Dauphiné. Dans le petit comté de Comminges, une soixantaine de localités furent affranchies entre 1202 et 1300 [3].

1. PERRIN, 498 ; BENNETT, 139, p. 296.
2. LEICHT, 154 ; Aubenas, 472.
3. BRELOT, 477 ; CHOMEL, dans *Annales E.S.C.*, 1956, p. 353-355 ; BLOCH, *Rois et serfs*, Paris, 1920, p. 112.

Considéré du point de vue de l'économie rurale, le mouvement d' « affranchissement » eut pour premier résultat de livrer d'un coup aux maîtres du ban territorial les masses importantes de numéraire que les paysanneries les plus prospères étaient parvenues à épargner. Car les chartes de libertés furent presque toujours vendues aux communautés, et fort cher. La haute valeur marchande qu'atteignirent alors les franchises dans les campagnes françaises porte un précieux témoignage sur les préjudices que l'exercice désordonné du droit de ban causait à l'économie paysanne, mais surtout sur le prestige que conservait la liberté personnelle dans la conscience collective. Pour obtenir les franchises, les habitants de Thiais en Ile-de-France offrirent à leur seigneur au milieu du XIIIe siècle deux mille deux cents livres, ceux du village voisin d'Orly quatre mille. Sommes énormes et qui dépassaient de beaucoup les disponibilités des villageois [1]. On dut leur consentir de larges facilités de paiement, leur ouvrir de longs crédits. Une seconde conséquence des concessions de franchises fut donc d'aggraver l'endettement paysan, d'étendre la pénétration des usuriers et de tous les hommes d'argent dans les campagnes. En spéculant sur le désir des ruraux de voir proclamer leur « liberté » et abolies les charges alors considérées comme symboliques de la servitude, le chevage, le formariage, la mainmorte, toutes les « macules » que l'opinion commune tenait pour dégradantes et insupportables, beaucoup de seigneurs parvinrent, par les créances, à resserrer durablement leur étreinte économique sur le village. Ils s'approprièrent les deniers, longtemps dissimulés aux percepteurs de tailles. La vente des chartes leur permit de surmonter un moment les difficultés de leurs finances sans amoindrir notablement leurs profits futurs. Elle fut le plus souvent pour les seigneurs une bonne affaire.

Les « libertés », en effet, n'abolirent point leur pouvoir de lever des exactions. Elles supprimèrent les intermédiaires, ministériaux ou sergents, dont les exigences et les tracasseries étaient souvent moins supportables que celles du seigneur, parce qu'elles venaient de gens moins respectés. Les villageois reçurent, en outre, assez souvent le droit d'assurer la police rurale par des agents

1. FOURQUIN, 510 *a*.

désignés par eux. Ils purent aussi répartir eux-mêmes les coutumes entre les foyers, aménager l' « assise » de la taille en fonction des possibilités de chacun, en fonction, du moins, des apparences de prospérité de chaque ménage, de l'importance du cheptel, par exemple, ou de la longueur de façade des maisons. Mais sur tout le territoire de la franchise, soigneusement délimité par la charte, sur tous les habitants, continuaient de peser l'autorité et les réquisitions seigneuriales. Les manants avaient souhaité surtout prévoir à l'avance ce qu'il faudrait donner ; ils avaient accepté de payer autant, et peut-être même davantage, pourvu que les levées cessassent d'être arbitraires. Il faut bien voir que les chartes d'affranchissement ont beaucoup moins limité la fiscalité banale qu'elles ne l'ont régularisée, introduite dans la coutume, donc légitimée, et pour cela installée plus solidement. Si bien que les villages affranchis ne se trouvaient pas, en définitive, dans une situation économique très privilégiée par rapport aux innombrables localités qui n'avaient pas obtenu de chartes, mais qui bénéficiaient de la progressive fixation des coutumes.

Il arrivait, en effet, très souvent que la rivalité de plusieurs seigneurs, se disputant les profits du ban, ou simplement les progrès des méthodes d'administration, la pénétration de l'usage de l'écriture, amenassent à rédiger les coutumes, au moins partiellement. Cette rédaction les établissait et les simplifiait tout à la fois. Les règlements d'avouerie et les accords sur la garde, les initiatives seigneuriales qui fixaient le taux des exactions pour régulariser les rentrées d'argent (ce fut le cas dans bien des villages lorrains, « mis en assise » par le maître du pouvoir banal), l'habitude que l'on prit, en Allemagne, d'écrire sur un rouleau de *Weistum* le « rapport de droit » naguère récité par la communauté de village [1], toutes ces transcriptions de la mémoire collective contribuèrent à délivrer les rustres de l'arbitraire et à stabiliser le ban inférieur. Tout comme les chartes de liberté, elles installèrent plus solidement ce pouvoir dans le cadre du terroir villageois.

1. DUBY, 247, p. 612 ; SCHNEIDER, 333, p. 330 ; PERRIN, 498.

***

Dans toutes les régions où l'autorité princière s'était désagrégée au xe siècle, commença d'autre part de s'appesantir de nouveau après 1200 un pouvoir supérieur, lointain mais exigeant, celui du roi, du duc, du comte. Cette autorité fut désormais représentée sur place en permanence par des agents envahissants, des fonctionnaires étrangers au pays, souvent changés de poste, empressés à étendre les prérogatives d'un souverain dont le prestige faisait leur propre puissance, plus empressés encore à lever au nom de leur maître des deniers dont beaucoup restaient entre leurs mains. Sans être délivrés des réquisitions de leurs seigneurs proches, les paysans durent supporter en outre une fiscalité plus extérieure, mais non moins pesante. Vinrent s'ajouter, après la fin du siècle, les exigences du pape. A partir du XIIIe siècle, le poids des états en croissance ne cessa donc de s'alourdir sur le monde rural jusqu'à parfois l'écraser ; il faut, en tout cas, considérer dès lors les levées du prince comme l'un des rouages majeurs de l'économie des campagnes.

Dans certaines contrées, la pression du pouvoir supérieur s'exerçait directement. Les recruteurs des rois anglais arrachèrent nombre de jeunes gens à leur village pour les envoyer combattre les Gallois, les Écossais ou les Français. De même, les paysans du Brandebourg, mobilisés en cas d'invasion, s'acquittaient tous envers le margrave d'une taille, la *Bede*, et de charrois de guerre. En 1185, lorsque les habitants de Ferrières-en-Gâtinais reçurent leur charte de franchise, celle-ci mentionnait les droits que se réservait le roi de France : une exaction spéciale de quinze livres levée chaque année sur la communauté par son prévôt, et le service militaire [1]. Toutefois, plus fréquemment, le prince ne sollicitait que les seigneurs, mais ceux-ci aussitôt se tournaient vers leurs paysans. Obligés de s'endetter pour répondre aux demandes royales ou pontificales, les abbés de Ramsey aggravèrent le poids des perceptions dans les manoirs : ils exigèrent plus âprement les taxes d'entrage et de relief. A la même époque, dans les villages de haute Provence, le comte percevait directement sur chaque

1. BENNETT, 139, p. 119 ; CARSTEN, 7, p. 39 ; PERROY, 255, p. 75.

feu paysan l'« albergue », son ancien droit de gîte ; mais il laissait les seigneurs lever pour lui la « cavalcade » et lui fournir les hommes d'armes. En vérité, de toutes manières, la charge retombait tout entière sur la paysannerie [1].

Au XIIIe siècle et au début du XIVe, les exigences princières restaient encore généralement intermittentes, donc imprévisibles. De ce fait elles perturbaient plus fortement les circuits économiques. Le passage des collecteurs prenait allure de catastrophe temporaire, d'un fléau comparable par son effet de surprise et ses incidences aux calamités climatiques ou aux épizooties. D'où le concert de plaintes, et parfois les sursauts défensifs. Pour cette même raison, les taxes des souverains ne firent point disparaître les exactions coutumières que les détenteurs du ban ou les possesseurs d'hommes de corps considéraient comme partie intégrante de leur fortune. La croissance des états étouffa seulement les pouvoirs intermédiaires, ceux des châtelains. Ces derniers perdirent au profit des princes les plus élevées de leurs prérogatives, le pouvoir de réquisition militaire, le châtiment des grands crimes, la haute police. Quant aux manifestations inférieures du ban territorial, la basse justice, le gîte, la taille, la direction de la vie champêtre, on vit leur caractère privé s'accuser. Ces droits se fondirent tout à fait dans les patrimoines de ceux qui les avaient possédés. De la sorte, au gré des successions et des ventes, ils se morcelèrent. Ils s'abaissèrent au niveau de la seigneurie domestique. Les débris de l'ancienne puissance territoriale vinrent se confondre avec les prérogatives qu'avaient exercées, jadis, les chefs de maison sur les hommes de leur « famille ». Ils se mêlèrent parfois aux redevances foncières. De toute manière, le pouvoir de lever les exactions, et notamment la taille, cessa d'être un privilège réservé à quelques puissants ; il se vulgarisa. A partir du XIIIe siècle, l'exploitation économique du ban s'effectua dans toutes les campagnes d'Europe comme, jadis, dans la seule Angleterre : en contrebas de la fiscalité prin-

1. RAFTIS, 190. Au XIIIe siècle, les paysans dépendants de l'église de Hildesheim subissaient trois charges fiscales superposées, une taille générale *(Landessteuer)*, des subsides réclamés de temps à autres par l'évêque, enfin la taille de l'avoué, A. PETERS, « Die Entwicklung der Amtverfassung im Hochstift Hildesheim », dans *Zeitschrift des hist. Vereins für Niedersachsen*, 1905.

cière, et de manière beaucoup plus locale au profit de maîtres plus modestes, seigneurs d'une seule paroisse ou de quelques foyers paysans.

***

Au XIIIe siècle, on rencontre partout sur le continent, depuis les marches de Brandebourg et la Franconie jusqu'au Milanais et à la Provence, des hommes qui se disent seigneurs de tout un village, mais d'un seul. Ces dominations de petite taille provenaient, en fait, d'un fractionnement des anciennes châtellenies en quelques morceaux d'étendue plus restreinte, ajustés généralement aux frontières du territoire paroissial. L'insertion de la puissance seigneuriale dans le cadre du village répondait à la cohésion croissante de la communauté d'habitants, ainsi qu'à la rigueur nouvelle que les autorités ecclésiastiques imposaient alors au lien paroissial, dans l'Europe travaillée par l'hérésie. Il convient aussi de mettre cette disposition du pouvoir de commandement en rapport avec les modalités du défrichement par fondation de villeneuves[1] et avec l'octroi d'une « franchise ».

Quant au seigneur du village, c'était parfois un fonctionnaire du souverain. En 1229, le duc de Brabant, inféodant la haute justice dans un terroir à Arnoud de Wesemael, son ministérial, en fit le « sire » du lieu. Il arrivait aussi que celui-ci fût le fils cadet ou le gendre d'un châtelain, qui avait reçu en héritage une portion du ban dans le cadre paroissial. Dans l'est de l'Allemagne, cette place fut tenue d'ordinaire par les descendants du *locator* qui, après la création du village, avait rempli les fonctions de *Schultheiss*, de juge subalterne rétribué par le tiers des amendes, et qui avait construit le moulin et la forge avec l'autorisation du prince. Cependant le *dominus loci* était la plupart du temps le plus gros propriétaire foncier du finage, ecclésiastique ou laïc, qui, par achat ou par cadeau, avait acquis aussi le droit de réprimer les menus délits sur les chemins et dans l'aire du village, de contrôler l'usage des communaux, de protéger les moissons, de percevoir les amendes et les « coutumes » qui soldaient ses fonctions de surveillance et de justice. Parfois, cette seigneurie de paroisse se

1. Voir T. I, p. 161.

trouvait elle-même partagée. Dans la France du Sud, on la voyait souvent tenue dans l'indivision par de multiples coseigneurs : de telles associations groupaient fréquemment une douzaine, une quinzaine de participants dans des villages languedociens au seuil du XIVe siècle [1].

A cette époque, le seigneur du village résidait communément dans le terroir. Il se tenait ainsi beaucoup plus près des paysans que ne l'était jadis le châtelain, que ne se trouvaient alors les gens du prince contre lesquels les villageois le prenaient souvent pour défenseur. De fortune moyenne, il dirigeait lui-même une exploitation agricole. Mais parce que sa condition sociale l'obligeait à beaucoup dépenser, ce hobereau, très au courant de la prospérité des rustres ses voisins, étendait autant qu'il pouvait ses prétentions. Il se servait d'abord de son pouvoir pour améliorer le rendement de sa terre ; il accaparait les quelques corvées générales, utilisait toutes les bêtes de trait du village deux ou trois jours par an pour labourer ses champs, ou charrier à la ville voisine ce qu'il voulait vendre de ses récoltes ; il s'efforçait surtout de détourner, à son profit, les contraintes agraires collectives et l'usage des communaux [2]. Pour cette raison, les rapports se tendirent souvent entre la maison forte où il résidait à l'écart du village, et la communauté des habitants que conduisait parfois le curé. Mais si, pour la plupart, les seigneurs de village utilisaient d'abord la possession du ban inférieur pour mieux exploiter leur domaine, leur pouvoir leur valait aussi des revenus réguliers en argent, ceux que fixaient la charte de franchise ou le *Weistum*. Ils exploitaient le marché hebdomadaire. Ils percevaient les amendes petites et moyennes, punissant les infractions aux usages agraires, qui devenaient à cette époque beaucoup plus stricts. Ils réclamaient aux habitants leur aide financière en certains « cas » prévus par la coutume, lorsqu'ils devaient débourser une forte somme pour marier leur fille, par exemple, armer chevalier leur fils aîné, payer la rançon ou accomplir le voyage d'outre-mer. Enfin et surtout ils levaient la taille. Parfois répartie par les délégués de la paroisse, mais toujours assise sur les « masures », sur les demeures familiales, cette exaction procurait alors le

1. TITS-DIEUAIDE, 468 ; DUBY, 247, p. 586 et suiv. ; DUBLED, 401.
2. Voir p. 264.

plus gros bénéfice que les seigneurs de village tiraient de leur autorité.

***

Dans tous les terroirs qui bénéficiaient d'une charte de franchise, la servitude personnelle se trouvait abolie. Plus d'hommes de corps. Et après un séjour d'une année, qui attestait leur volonté de s'établir durablement, les immigrants étaient garantis contre les prétentions et les requêtes du seigneur de leur personne. Dans les villages affranchis, ce qu'on appelait parfois la « baronnie », entendons les profits supplémentaires que valait l'exploitation des hommes, appartenait exclusivement au *dominus loci*, au seigneur du village. Ailleurs au contraire, c'est-à-dire dans la grosse majorité des localités, d'autres seigneurs que le maître du ban territorial percevaient des exactions et spécialement la taille dans certains foyers et sur certains ménages. Ces maîtres avaient conservé le droit d'exploiter leurs propres dépendants.

Le XIIIe siècle connut, semble-t-il, une reviviscence de la servitude, au moins dans certaines régions. Délimiter avec précision ces zones, y mesurer exactement la proportion des libres et des non-libres exigerait des recherches beaucoup plus poussées et surtout plus largement étendues que celles dont les résultats sont aujourd'hui utilisables. L'accent nouveau mis dans certains villages sur la condition juridique déprimée d'une partie des habitants, la vigueur renforcée de l'attache qui les liait à un maître doivent être, semble-t-il, mis en liaison avec l'extension même des franchises. Proclamer la liberté de certains rustres, c'était, en effet, par contrecoup désigner les autres comme étant pris dans les nœuds de la servitude. On voit nettement dans les documents que le vocabulaire de la dépendance reprit vie par opposition aux expressions remises en honneur pour désigner la supériorité des « francs ». Doit être également prise en considération l'influence de la renaissance des études juridiques qui, dans la pensée des hommes de loi (et beaucoup d'administrateurs de seigneuries sortaient dans la seconde moitié du XIIIe siècle des écoles de droit) ranima la notion même d'esclavage, et convia à lui chercher des équivalences dans les structures sociales du temps. Enfin, les différences de plus en plus marquées qui se dessinaient entre les fortunes paysannes, la constitution progressive dans les villages d'une catégorie de pauvres, attendant leur subsistance de la générosité des puissants, favorisèrent l'institution d'un réseau plus serré de liens de subordination dans les échelons inférieurs de la hiérarchie économique. On a vu déjà que, dès le milieu du XIIe siècle, l'opinion commune commençait en Angleterre à rapprocher le statut du villain de celui de l'esclave, ce qui raffermissait le pouvoir des maîtres sur leurs hommes de corps. Sur le continent, l'évolution fut plus tardive, mais après 1250, la conscience collective commençait un peu partout à reconnaître l'existence d'une condition sociale particulière, considérée comme dépendante.

C'était celle des « serfs » en Champagne et dans la Lorraine, des *Leibeigene* de Souabe, des « hommes taillables ou exploitables » bourguignons, des « questaux » ou « hommes de queste » en Aquitaine, des « malservis » provençaux. Tous ces hommes appartenaient de corps à un maître. Leur attache héréditaire se trouvait souvent resserrée par un serment de fidélité, par une cérémonie d'allégeance, dont les rites, fort divers, rappelaient parfois curieusement ceux de l'hommage vassalique. Certaines prestations n'incombaient plus qu'à eux ; le chevage, la mainmorte, le formariage, la taille « à merci » semblèrent caractériser leur état. Le nom même qu'on leur donnait les désignait comme soumis à une exploitation plus arbitraire que celle que subissaient des hommes de franche condition. Enfin, ils étaient d'ordinaire astreints à résider en certains lieux. On les disait « couchants et levants » en Bourgogne, ou, selon l'expression provençale, « hommes de casement ». Les juristes avaient, en effet, exhumé du droit romain l'idée que le serf devait être attaché à la glèbe [1].

Il peut paraître surprenant de voir renaître ces entraves à la mobilité des familles paysannes à une époque où, précisément, la terre libre devenait de plus en plus rare, où quantité de paysans sans ressources se dispu-

1. Jacques DE VITRY, B. N. Ms. latin 17.509, f° 133, distingue quatre catégories de *servi*, d' « homme », de la « glèbe », de « naissance » et de « louage » ; DOLLINGER, 149 ; HUBRECHT, 591 ; AUBENAS, 577 ; SAMARAN, 600 ; Archives des Bouches-du-Rhône, B. 169.

taient l'avantage d'être accueillis sur les exploitations vacantes et, pour être admis, acceptaient de verser un lourd droit d' « entrage ». En fait, l'attache de l'homme de corps répondait au désir des maîtres de mieux tenir leurs dépendants, de les empêcher de sortir de leur pouvoir en s'installant dans une « villefranche », de céder à l'attrait toujours plus vif qu'exerçaient sur les moins bien lotis des ruraux la vie urbaine et ses profits jugés faciles. Tel villageois de Provence qui, trompant la vigilance du maître de son corps, venait de s'installer à Grasse, la ville toute proche, dut, après discussion, s'engager à établir son fils dès sa majorité dans la tenure que lui-même avait quittée et qu'un habitant du village se chargeait provisoirement d'exploiter ; les héritiers y demeureraient perpétuellement, menacés en cas d'infraction d'une amende énorme de cinquante livres. La résidence forcée donnait assurance que les charges caractéristiques de la dépendance ne cesseraient pas d'être perçues. Bien qu'elles frappassent surtout des pauvres, celles-ci possédaient, en effet, du prix aux yeux du seigneur : les taxes de formariage que le collecteur royal leva en 1282-1284 dans les bailliages de Senlis et de Vermandois oscillaient selon les ménages entre douze et soixante-quatorze sous parisis [1]. A vrai dire cependant, pour tous les seigneurs du XIIIe siècle, posséder des « hommes » signifiait avant tout pouvoir leur imposer la taille. Des « taillables » ou des « questaux », la condition juridique impliquait, par essence, qu'ils supportassent les réquisitions de leur maître, qu'ils payassent des taxes. Les dépendants ne constituaient plus alors, comme au XIe siècle, une réserve de main-d'œuvre. Ils offraient des possibilités d'exaction. Ils étaient matière à perception fiscale. Cette conversion manifeste plus clairement que tout autre changement l'allure nouvelle que revêtirent, après 1200, les rapports entre seigneurs et paysans.

Si les dépendants du XIIIe siècle étaient obligés de « faire feu » en une certaine demeure, s'il leur était interdit de la quitter, sous peine de voir le maître confisquer tout le « meuble », c'est donc que ce dernier tenait avant

1. Archives des Bouches-du-Rhône, 396 E 17 ; référence dans M. BLOCH, *Rois et serfs*, Paris, 1920, p. 185. En 1234, les moines de Saint-Denis imposèrent une amende de 500 livres à un de leurs hommes de corps, sans doute un ministérial, qui avait épousé une fille de chevalier, Archives Nationales, L. 848, n° 32.

tout à s'assurer le contrôle du fonds de richesses mobilières, dont les perfectionnements techniques avaient accru la valeur, et sur lequel, par la taille, s'effectuaient ses meilleurs prélèvements. Mais ces prescriptions conduisaient à relier étroitement la condition servile à la résidence en certains lieux, et à transférer de l'homme sur sa « masure » les obligations fiscales spécifiques de la dépendance. En fait, certaines parcelles bâties furent réputées « serviles ». On distinguait dans certains villages des « meix taillables », des « feux serfs ». S'y installer, c'était tomber en servitude. En revanche, on pouvait se libérer en les quittant, à condition d'accepter de partir les mains nues. Ainsi le caractère domestique de la dépendance personnelle s'estompa. La nouvelle servitude revêtit plus souvent un caractère « réel », qui ne cessa de s'accuser [1]. Elle se transporta sur certaines terres, et par là vint se mêler intimement à la seigneurie foncière.

A la fin du XIIIe siècle, les maîtres de quelques tenures particulières ne les confiaient plus qu'à des paysans qui acceptaient de s'avouer leurs hommes, ceci afin de percevoir dans ces maisons non seulement les cens et les taxes de mutations, mais encore la taille et les autres droits personnels. Pour cela, cette servitude devint peu à peu celle des pauvres et des malchanceux. Dès qu'un dépendant avait réuni quelque épargne, fasciné par le mirage de la liberté personnelle, il pouvait offrir au maître de la terre le prix de sa liberté, c'est-à-dire un capital dont l'intérêt équivalait à peu près au montant de la taille. On vendit ainsi beaucoup de « franchises » individuelles. Les moines de Saint-Maur-des-Fossés libérèrent de la sorte en 1268 vingt-neuf familles résidant à Vitry, pour deux cent cinq livres payables en cinq ans. Et, dans la seconde moitié du XIIIe siècle, nombre de « villains » anglais devinrent « libres tenanciers » par le rachat des services qui caractérisaient leur condition [2]. En outre, les plus entreprenants des hommes de corps avaient le loisir de déguerpir et de chercher fortune ailleurs. Sur la terre serve, seuls des pauvres qui, chargés d'enfants et tenaillés par la faim, acceptaient de prêter le serment de fidélité et de se lier, venaient les rem-

1. DUBY, 247, p. 591 et suiv.
2. Archives Nationales, LL. 46, f° 118 ; BENNETT, 139, p. 283 et suiv.

placer. A l'approche du XIVe siècle, temps de forte surcharge démographique, la renaissance du servage apparaît dans les contrées où on peut l'observer, comme l'une des expressions les plus évidentes de la récente soumission économique d'un nouveau prolétariat paysan aux maîtres de la terre.

***

En tout cas, qu'elle fût levée dans les villages soumis tout entiers à un seigneur territorial, ou bien dans ceux qu'occupaient côte à côte des paysans libres et des dépendants héréditaires, qu'elle fût perçue sur l'ensemble de la communauté ou sur quelques-uns des « feux » réputés « taillables », la taille était devenue, à peu près partout dans la seconde moitié du XIIIe siècle, le meilleur instrument pour tirer profit d'un pouvoir sur les hommes. Exigée encore parfois en nature, mais beaucoup plus communément en argent, elle prit alors presque toujours la forme d'une redevance annuelle et fixe [1]. Jusque-là, nombre de seigneurs l'imposaient seulement lorsqu'ils subissaient un pressant besoin d'argent, et de loin en loin. Dans tel village du Bassin parisien, une taille de cinquante livres avait été levée vers 1190, une autre de quatre-vingts livres en 1248, et aucun habitant au milieu du XIIIe siècle ne conservait le souvenir d'une autre perception. Trop espacées, donc mal intégrées dans la coutume, ces exigences irrégulières étaient mal supportées par les populations rurales. Elles suscitaient des rébellions. En Ile-de-France, les dépendants de l'abbaye de Saint-Denis refusèrent de répondre en 1250 à la demande de leur seigneur, et deux mille paysans des environs se liguèrent avec eux. D'un commun accord, les tailles qui demeuraient encore arbitraires furent donc « abonnées ». Après 1250, le mouvement de régularisation amorcé une centaine d'années plus tôt parvint à son terme : presque toutes les tailles qu'enregistrent les documents écrits présentent un taux et une périodicité fixes, même pour les plus humbles et les plus soumis des dépendants. Tout comme un cens,

1. FOURQUIN, 510 *a*. Au milieu du XIIIe siècle, la taille fut également abonnée dans bien des villages du pays rhénan, EPPERLEIN, 486, p. 46.

on les levait désormais à certaines dates dans la maison du taillable.

Fréquemment, par achat ou par échange, le seigneur foncier de la demeure paysanne était d'ailleurs parvenu à s'approprier aussi la taille sur la famille qui y résidait. Ce qui acheva de lier très étroitement cet impôt à la terre. Il en suivit les destinées : à la fin du XIIIe siècle, on vendait des manses avec la taille qu'ils supportaient. Acquis, vendu, donné, transmis par héritage, le privilège de lever cette exaction, symbole naguère du plus haut pouvoir, s'éparpilla de la sorte en parcelles, et se répandit entre toutes les mains. A la fin du XIIIe siècle, nombre de paysans français enrichis exploitaient eux-mêmes des taillables. En tout cas, aux yeux des rustres comme à ceux des seigneurs, la taille apparaissait alors de plus en plus comme un complément de la redevance foncière, dont elle venait corriger l'insolente faiblesse. Elle constituait le principal rapport de bien des tenures. Elle doublait, quintuplait parfois la valeur des cens.

Réelles, mêlées aux redevances, et assises parfois parcelle par parcelle, les tailles vinrent ainsi renforcer très sensiblement, et de manière beaucoup plus efficace que les taxes de mutation, les profits de la seigneurie foncière. Personnelles, elles faisaient la valeur principale des « hommes de corps [1] ». Toutes ensemble, elles formaient alors le plus gros revenu de tous les seigneurs, grands et petits, qui détenaient une part du pouvoir sur les hommes : dans l'un des villages de la seigneurie de Pamele-Audenarde, elles rapportaient vers 1275, deux fois plus de monnaie que tous les cens [2].

***

Les mouvements d'adaptation, dont le départ se discerne en certains pays dès le début du XIIe siècle, aboutirent donc, après 1180, à transformer profondément les structures de la rente seigneuriale : fusion progressive de la seigneurie foncière et des seigneuries banale et personnelle ; baisse des cens ; mais profits

1. En 1340, un seigneur du pays de Blois vendit seize hommes de corps pour 80 livres ; cette somme représentait sensiblement vingt fois la taille annuelle ; ce qui indique que les autres perceptions ne comptaient guère aux yeux du vendeur, TESSIER, 603.
2. DUBY, 408.

beaucoup plus élevés des dîmes, des moulins, des taxes de mutations et des tailles. De ce fait, la pression économique ne se relâcha pas sur la paysannerie, devenue dans son ensemble plus prospère. Elle s'appesantit même sensiblement, en certains secteurs du monde rural. Deux poussées adverses, en effet, avaient orienté cette évolution : les maîtres exploitaient leurs prérogatives pour satisfaire leurs besoins, et notamment leurs besoins en numéraire ; les paysans résistaient — et mieux que les autres, les moins faibles. En fait, tous les aménagements apportés au régime des perceptions seigneuriales, les formes nouvelles de la servitude, la conversion en argent des redevances, enfin et surtout la régularisation des tailles, profitèrent aux paysans les plus riches. Les prélèvements du seigneur n'avaient jamais été que très grossièrement proportionnels à la fortune des sujets. Ils le furent de moins en moins : au XIIIe siècle, la fiscalité seigneuriale accablait les plus pauvres et les enfonçait davantage. De la sorte, l'évolution de la rente rejoignait et favorisait d'autres modifications des rapports économiques. Celles-ci, plus récentes — on n'en trouve pas trace dans les documents avant 1200 — vinrent grossir encore le courant déjà très puissant qui transférait en d'autres mains la plus grosse part des profits des petites exploitations.

5. L'ENDETTEMENT PAYSAN ET SES EFFETS

Le XIIIe siècle vit, en effet, s'ouvrir dans le monde paysan une demande de crédit de plus en plus large, et de vastes possibilités de placement pour les détenteurs de numéraire. Superposés aux vieux cens et aux taxes coutumières, les arrérages des rentes nouvellement constituées vinrent grever encore davantage, et parfois très lourdement, la terre des rustres.

La circulation plus vive du numéraire n'avait pas seulement aiguisé chez les nobles, les clercs et les moines le besoin d'argent. Tous les villageois étaient eux aussi sollicités d'acheter davantage que leurs ancêtres. Il leur fallait de plus en plus de deniers soit pour acquérir des bêtes et développer leur train de culture, soit pour orienter un peu plus leur exploitation vers l'élevage, soit pour s'établir sur des terres qui enchérissaient constamment, soit pour accéder à la liberté juridique, et gagner les franchises qu'offraient les seigneurs, soit enfin pour se procurer ces objets, ces outils, ces vêtements que fabriquaient les artisans au bourg ou dans le hameau. N'oublions pas le rôle majeur que joua l'essor de la fiscalité : chacun devait maintenant trouver du numéraire pour satisfaire les collecteurs du seigneur, éviter qu'ils ne saisissent les bêtes, ou qu'ils ne pillent toute la maison. Beaucoup de paysans, qui ne possédaient à peu près que leur terre et leurs bestiaux, empruntèrent donc, et la multiplication des créances rurales figure parmi les plus sûrs témoignages de l'expansion économique de ce temps.

Nombre de prêts qui leur furent consentis étaient de véritables investissements. Ainsi les sommes que l'abbaye de Bourbourg en 1218 avança à ses « hôtes » qui voulaient creuser un nouveau canal afin d'étendre le polder. Ainsi les très nombreux contrats *ad medium lucrum*, à profits partagés, qui remplissent les registres de notaire dans les pays méridionaux : en 1309, par exemple, l'épouse d'un chevalier des environs de Grasse confiait à un ménage de paysans dépendant de son mari, une petite somme de quarante sous, à charge de les faire valoir ; l'an suivant le capital serait restitué et le gain partagé [1]. Toutefois, les paysans contractaient surtout des emprunts de consommation. Ils s'adressaient soit directement aux marchands — la plupart des denrées, le drap en particulier, se vendaient alors à crédit — soit à des usuriers professionnels.

Les « Lombards » se répandirent dans toutes les campagnes de la France orientale à la fin du XIIIe siècle, en Dauphiné ou en Lorraine comme en Namurois ou en Hainaut, établissant dans les bourgades leurs *casane*, offrant des deniers à ceux que tenaillait la nécessité de payer. On a conservé les reconnaissances de dettes que des financiers lombards firent souscrire par leurs débiteurs dans un petit bourg du pays de Namur pendant les années 1295-1311 ; stipulées en céréales, elles garantissaient des avances de subsistances à court terme, ou, plus vraisemblablement, l'achat anticipé des moissons [2]. Les manieurs d'argent juifs exploitaient aussi une forte

1. MOLLAT, 301 ; AUBENAS, 313.
2. CHOMEL, 582 ; GENICOT, 178, p. 187, n. 3 ; TIHON, 333 *a* ; F. VERCAUTEREN, « Documents pour servir à l'histoire des financiers lombards en Belgique (1309) », dans *Bulletin de l'Institut historique belge de Rome*, 1950-1951.

clientèle paysanne. Pour visiter la leur, les Juifs de Perpignan parcouraient régulièrement les campagnes environnantes. Il est impossible de retrouver les traces de tous leurs débiteurs ; les plus humbles en particulier, ceux qui empruntaient sur gage à la petite semaine, ne figurent pas sur les documents écrits qui nous restent ; mais 65 % des créances des usuriers perpignanais qui furent enregistrées aux alentours de 1300 devant notaire, avaient été contractées par des campagnards ; ces emprunts étaient moins souvent que ceux des citadins stipulés en argent et davantage en denrées agricoles ; la plupart des paysans s'endettaient en automne, le besoin d'argent coïncidant avec le départ des troupeaux transhumants, avec le temps des semailles ; les prêts devaient être généralement remboursés à la moisson, et eux aussi sans doute dissimulaient des ventes anticipées de récoltes [1].

Souvent aussi, les paysans gênés trouvaient secours auprès d'un voisin plus aisé. Le cas paraît fréquent dans ces villages de Provence, dont les registres de notaires, encore trop mal explorés, dévoilent depuis le seuil du XIVe siècle la vie profonde. Emprunts innombrables remboursables en blé ou en argent, consentis pour acheter un âne, un bœuf, une maison, des céréales. Le blé devait être remboursé au prix du mois de mai, et parfois le débiteur s'astreignait à porter lui-même les sacs à la ville proche, à les vendre au plus offrant et à en rapporter le prix. La plupart des prêts, dans ces montagnes où le niveau économique de la paysannerie se situait nettement plus bas qu'aux alentours de Perpignan, étaient garantis par un gage. Un statut comtal de 1266 avait interdit de prendre à cet effet les instruments et les bêtes de labour ; aussi la maison ou la récolte à venir servaient-elles généralement de garantie à la dette. On engageait aussi des terres : en 1334, un paysan de cette région céda pour douze livres à l'un de ses voisins beaucoup plus riche (il venait de donner en dot à sa fille cinquante-trois florins d'or) le produit de sa terre pendant douze ans ; il la travaillerait, mais sa dette serait diminuée de deux livres après chaque semaille. En fait, ce petit exploitant venait de vendre ainsi, en échange d'une fourniture immédiate de monnaie, une rente en nature

1. EMERY, 317.

sur son fonds [1]. On rencontre dans les sources d'innombrables transactions de cette sorte après 1250. Elles livraient aux possesseurs de numéraire les moissons de tel ou tel lopin pour quatre, dix, vingt années. Ainsi s'établit la domination des maisons riches du village sur les plus humbles.

Dans les montagnes provençales, les rentes ainsi acquises grevaient la terre provisoirement. Elles s'éteignaient peu à peu, la livraison de la récolte délivrant le paysan de sa dette. De telles opérations équivalaient aux achats de récoltes sur pied, pratiqués sur une large échelle et sous le masque de prêt de céréales, par les financiers petits et grands des bourgades et des villes. La pratique des rentes constituées qui se répandit dans la deuxième moitié du siècle doit être considérée comme un phénomène économique d'une aussi vaste ampleur, mais d'une tout autre portée.

***

On en découvre les premières traces en France dans le cours du XIIe siècle. Ce procédé s'était lentement diffusé à partir de 1200; il devint d'usage universel après 1250. Le mécanisme en est fort simple. Voici un homme qui possède une terre, alleu ou tenure (car depuis le milieu du XIIIe siècle au moins, les censitaires obtinrent dans les pays français le droit de constituer une rente sur la censive, à condition de dédommager le seigneur par une taxe de mutation analogue à celle qu'il aurait perçue à la vente). En échange de la somme exacte dont il a besoin, cet homme cède une rente annuelle et perpétuelle, qu'il « constitue » sur cette terre. L'acheteur percevra sur le fonds, chaque année, 5 à 8 % environ de la somme dont il s'est défait. Cet arrérage lui parvient en argent, mais aussi très souvent en nature, en blé surtout. En Namurois, la plupart des rentes s'acquittaient en céréales, même celles perçues par les plus grands seigneurs [2].

Aucun procédé ne permettait plus facilement à un possesseur foncier d'obtenir exactement la somme qui lui faisait défaut. Et cette facilité pour le vendeur compensait les désavantages de la pratique : l'impossi-

1. Archives des Bouches-du-Rhône, 396 E 18, f° 75 et suiv.
2. GENICOT, 178, p. 264 et suiv.

bilité de racheter, qui assujettissait à perpétuité la terre à la rente ; le poids accablant que constituait, en année de mauvaise récolte, l'obligation de s'acquitter en blé. Pour l'acheteur, l'inconvénient tenait à la nécessité d'acquitter une taxe de mutation. En revanche, le titre de possession acquis de la sorte avait pour lui d'être très mobile, aisément transférable, négociable, transmissible aux héritiers. Le procédé surtout offrait au capital un placement très sûr, car en cas de défaillance, l'acquéreur était autorisé à saisir le bien sur lequel la rente se trouvait assise ; il ne courait guère de danger d'être frustré des arrérages, et toute une jurisprudence se développa, qui lui fut favorable. Ces dispositions jointes à la gêne croissante de certaines catégories rurales expliquent le succès prolongé de la constitution de rente. On l'utilisa pour des transferts de fonds de multiple sorte, pour établir un douaire, pour prélever une aumône sur un patrimoine en respectant apparemment sa cohésion. Des fidèles qui, par piété, faisaient une donation à leur église, y fondaient des messes, des anniversaires, une chapellenie, donnaient fréquemment une somme d'argent, mais à charge d'acquérir une rente fixe dont le montant assurerait tel ou tel service perpétuel. L'universelle extension de ce procédé dans la seconde moitié du XIIIe siècle prouve que le marché des rentes était toujours ouvert, toujours actif, en particulier à la campagne. Certes les paysans, victimes d'un embarras financier passager, s'efforçaient-ils de recourir à d'autres procédés de crédit, à court terme et sur gage, qui n'engageaient pas autant l'avenir. Mais, en fait, ce fut surtout par l'achat de rentes constituées que s'organisèrent les apports de capitaux aux exploitations paysannes. Ce moyen permit aux détenteurs de numéraire d'acquérir une participation directe et durable à la production agricole. En exigeant que les arrérages leur fussent versés en céréales, ils approvisionnaient leur maison sans emprunter les circuits commerciaux ; ils esquivaient la hausse continue qui affectait alors le prix du blé ; ils échappaient surtout à la forte variation saisonnière des cours. Ceux dont les disponibilités étaient plus larges parvenaient même à mettre la main sur des quantités considérables de denrées agricoles, dont ils pouvaient faire le commerce. Beaucoup de rentiers se substituèrent aux paysans pour négocier les excédents de la production céréalière.

A la fin du XIIIe siècle, les rentes tenaient un rôle majeur dans les mécanismes de commercialisation des céréales [1].

De la sorte s'établit, sur la terre allodiale comme sur les censives, une domination économique d'une nouvelle nature, beaucoup plus mouvante que la seigneurie, car très engagée dans le commerce et les transactions de toutes sortes, mais très assurée, pesante et qui opérait, comme la seigneurie foncière, banale ou personnelle, d'importantes ponctions sur les profits des agriculteurs ou des vignerons. En achetant ces rentes, largement offertes, de très nombreuses catégories sociales, d'un niveau souvent assez humble, purent participer à l'exploitation des travailleurs des champs. Il faut cependant remarquer que les plus gros acquéreurs appartenaient aux vieilles classes seigneuriales, et en particulier au clergé, qui plaça de cette manière une forte part de ses liquidités. C'est par là que l'organisation du crédit rural contribua au renforcement de la rente seigneuriale [2]. Bien des seigneurs exploitèrent les besoins d'argent dont souffraient leurs propres dépendants. Ils achetèrent des rentes sur les terres que travaillaient leurs hommes de corps. Ils en acquirent même sur bien des fonds dont ils détenaient la seigneurie et qui étaient cultivés par leurs tenanciers. La rente qu'ils achetaient au paysan prenait alors la forme d'un supplément, d'un renfort des cens, et l'avance de numéraire aboutissait à relever le loyer de la tenure de façon difinitive. Le phénomène s'observe très clairement au milieu du XIIIe siècle dans la région parisienne. Pour payer les franchises, l'abonnement des tailles ou des dîmes, les villageois désiraient de l'argent ; leurs seigneurs leur offrirent de leur acheter des rentes sur la terre. A Orly, à l'Hay-Chevilly, dans bien d'autres localités, la concession des franchises détermina la constitution de très nombreuses rentes en faveur du seigneur, dans les années qui suivirent la rédaction de la charte, et pendant lesquelles il fallait débourser les annuités. Ainsi s'instaura un nouveau système de prestations périodiques qui compensa largement pour le maître

1. GENICOT, 178, p. 275.

2. FOURQUIN, 510 *a* ; GODDING-GANSHOF, 447. En 1240, le chapitre général de Cîteaux autorisa les abbayes de l'ordre à acheter des rentes lorsqu'elles recevaient un don en argent à cette fin, MARTÈNE, IV, 1253.

le peu qu'il avait perdu en assouplissant le régime banal. Ces charges reposèrent sur les maisons paysannes les moins prospères. Seules les plus aisées, qui n'eurent pas à chercher ailleurs l'argent des « franchises », avaient été vraiment libérées [1].

***

Dans la seconde moitié du XIIIe siècle, un dernier moyen s'offrit aux seigneurs de compenser la chute des cens fixes et de se prémunir contre le mouvement général des prix qui, insensiblement, réduisait la valeur de leurs perceptions en numéraire. Le surpeuplement croissant des villages, le grand nombre des paysans disposés à prendre des terres à n'importe quelle condition, l'instabilité de la société rurale, la fréquence des mutations et des migrations, permirent quelquefois aux seigneurs fonciers de changer, malgré la force de la coutume, le statut des censives devenues vacantes. Ils purent imposer un nouveau régime de concessions qui, celles-ci, n'étaient plus héréditaires, mais révocables à la volonté du maître, ou consenties pour un très court terme. De ces terres, le seigneur pouvait adapter périodiquement le loyer en fonction de la productivité accrue du sol, de la mutation des monnaies ou de leur progressive dépréciation, de l'état du marché des tenures, enfin de la prospérité apparente du tenancier.

L'histoire de ces tenures nouvelles n'est que très partiellement connue. Ses grandes lignes apparaissent en quelques régions. Dans les portions les plus anciennement occupées du pays bavarois, celles où la pression démographique s'exerçait le plus fortement, on voit se répandre dans le cours du XIIIe siècle une sorte de tenure révocable, le *Freistift*. Dans le *Bauding*, l'assemblée qui réunissait autour de lui ses tenanciers, le seigneur foncier procédait chaque année à une nouvelle concession de la terre ; généralement, il la rétrocédait à celui qui l'avait tenue, mais après discussion et marchandage ; il recevait alors un cadeau, ou bien faisait admettre un ajustement du cens [2]. Dans les seigneuries d'Angleterre se multiplièrent pendant la seconde moitié du siècle les concessions *per cartam*, qui faisaient

1. FOURQUIN, 510 *a*.
2. DOLLINGER, 149.

l'objet d'un contrat écrit et qui étaient consenties pour un terme court. En 1299, 50 % et en 1342, 57 % des redevances perçues par l'église d'Ely provenaient de ces tenures contractuelles et, par adaptation progressive, leur rapport avait triplé entre 1251 et 1336 [1]. Après 1260, dans la région des Cotswolds, nombre de villains perdirent l'hérédité de leur tenure ; elle leur fut concédée à bail, pour une ou deux vies et contre un loyer en espèces assorti d'une forte taxe d' « entrée » [2]. A cette époque, la plupart des exploitations paysannes dans l'Allemagne du Nord-Ouest se trouvaient baillées à ferme pour neuf, douze, ou vingt-quatre ans. On voit aussi qu'un même système de concession temporaire était largement pratiqué dans les polders flamands. Au terme d'un inventaire des revenus de l'abbaye de Saint-Bavon de Gand dressé en 1281, les tenures perpétuelles ne rapportaient plus aux moines que trente-deux livres, alors qu'ils en tiraient cent quatre-vingt-seize des terres baillées à ferme [3].

L'usage des concessions à très court terme, reconduites de gré à gré, s'étendit à la même époque dans les seigneuries italiennes. L'application de ce procédé permit à Saint-Ambroise de Milan de doubler à peu près le rapport des redevances dans sa seigneurie d'Origgio entre 1250 et 1320. Les tenures qui dépendaient de l'abbaye cistercienne de Settimo en Toscane se trouvaient, en 1338, presque toutes louées pour cinq ans au plus, par contrat d'*affictum*. Toutefois, dans les campagnes italiennes, où les villes, soucieuses de leur ravitaillement et peuplées de négociants en produits alimentaires, dominaient entièrement l'économie rurale, la préférence des seigneurs fonciers allait aux perceptions en nature. Autour de Settimo comme à Origgio, les tenures à court terme acquittaient un cens en céréales. Dans ces campagnes se généralisa, très tôt aussi, l'usage du métayage, de la *mezzadria*, lié au bail à court terme : pour quelques années, le paysan recevait l'exploitation équipée, à charge de remettre au patron la moitié de tous les fruits [4].

1. Miller, 187, p. 94 et 109.
2. Hilton, 359.
3. Wittich, 199 ; Verhulst, 197.
4. Romeo, 444 ; Jones, 623 ; Imberciadori, 442 ; Luzzatto,

Qu'elle facilitât la hausse des cens en deniers, ou qu'elles accrût les perceptions en produits agricoles, cette rénovation du régime des concessions affectait plus que toute autre modification, les structures de la seigneurie foncière. Elle s'inspirait de certaines méthodes employées de plus longue date pour la gestion du domaine, et de ces contrats de fermage que les maîtres concluaient avec leurs régisseurs. Ce fut en tout cas pour les seigneurs fonciers la parade la plus efficace face aux risques d'amenuisement qui menaçaient les rentes. En vérité, seule la dépression d'une partie de la paysannerie, consécutive à la poussée de population et au mouvement de l'argent, rendit possibles des innovations aussi défavorables aux petits exploitants.

***

Par tous les biais, en effet, et forçant les rigueurs de la coutume, les seigneurs exploitèrent la situation économique des paysans pour compenser le déclin des perceptions d'ancien type. Serrés par le besoin et beaucoup mieux avertis que leurs prédécesseurs des réalités économiques et de la valeur des biens, ils jouèrent sur la hausse de productivité et sur la pénétration de plus en plus profonde de la monnaie dans le monde rural. Ils exploitèrent à la fois l'esprit d'entreprise et d'épargne des villageois les plus aisés, et les difficultés des autres. Ils tirèrent parti de leurs monopoles et des pouvoirs de commandement que leur laissaient exercer les états en reconstruction. Ils profitèrent enfin de la supériorité que leur valait la disposition de cette terre arable, qui devenait de plus en plus rare et précieuse, et parfois la possession de disponibilités monétaires dont le besoin commençait à gagner le monde paysan. Ces compensations multiples maintinrent à son niveau la rente seigneuriale et l'élevèrent même souvent très sensiblement. De la prospérité rurale, les seigneurs furent ainsi, en fin de compte, les principaux bénéficiaires.

Il convient de remarquer cependant que la décontraction générale de l'économie et la mobilité nouvelle

« Contributo alta storia della mezzadria nel medio evo », dans *Nuova rivista storica*, 1948.

de tous les biens avaient rendu la seigneurie non seulement plus complexe, mais plus fluide. Les frontières abruptes qui, jadis, séparaient les échelons de la hiérarchie sociale et qui réservaient les profits seigneuriaux à de petites élites, s'estompaient. A la fin du XIIIe siècle, des négociants et certains paysans enrichis percevaient des cens, des dîmes, des rentes foncières et bénéficiaient même des gros profits de la taille. Tous ces droits, jusqu'à ceux dont l'origine très lointaine était régalienne, s'achetaient, se vendaient, passaient toujours plus vite d'un patrimoine à l'autre. De la sorte, les prérogatives seigneuriales s'éparpillèrent, et les courants qui menaient vers les demeures seigneuriales le produit du travail paysan se divisèrent en canaux innombrables dont l'orientation se modifiait sans cesse. Cette souplesse nouvelle, comme cette instabilité, résultaient évidemment de la fonction majeure que jouait maintenant la monnaie dans les relations entre les maîtres et les travailleurs de la terre. Dans quelle mesure ces transformations et les facilités proposées par l'emploi de l'argent avaient-elles détaché les seigneurs de l'exploitation directe de leurs biens ruraux ? Étaient-ils devenus de purs rentiers du sol ? Que représentait pour eux maintenant le domaine ?

CHAPITRE IV

LE XIIIe SIÈCLE (1180-1330). LA MISE EN VALEUR DU DOMAINE

1. L'Angleterre

Il convient de considérer en premier lieu les faits anglais, qui sont de très loin les mieux connus, et d'abord l'attitude des grands seigneurs d'Église, que la richesse des archives permet d'observer de très près. Aux yeux des administrateurs des plus importants monastères d'Angleterre, le domaine semble avoir revêtu depuis les dernières années du XIIe siècle une valeur nouvelle. A ce moment, la hausse rapide du prix des subsistances vint rendre, en effet, le produit des fermes, lorsqu'elles étaient acquittées en argent, insuffisant à assurer le ravitaillement des réfectoires. Les moines anglais furent alors placés dans une situation très comparable à celle où l'abbé Pierre le Vénérable s'était trouvé cinquante ans plus tôt à Cluny [1]. Pour restreindre leurs dépenses et équilibrer mieux leur budget, les administrateurs de ces seigneuries s'efforcèrent de ne pas renouveler les contrats de fermage et de reprendre en mains l'exploitation directe du domaine. A Ely, à Ramsey, on abandonna le système de la ferme générale après 1175. A partir de ce moment, on voit se multiplier, dans les fonds d'archives, les enquêtes destinées à mesurer plus exactement les

1. Cette similitude doit inciter à examiner de plus près les rapports chronologiques entre les expériences que l'on peut suivre sur le continent et l'essor économique des grands domaines monastiques insulaires.

ressources des manoirs, à déterminer ceux des biens dont le rapport pouvait être stimulé, à orienter une politique soutenue d'investissements. On consacra beaucoup d'argent à l'amélioration du cheptel. On en sacrifia davantage encore en n'acceptant plus de numéraire en échange des corvées, que la pénétration de l'économie monétaire avait incité à « vendre » aux paysans pendant les décennies précédentes, et que l'on exigea réellement désormais [1].

La vigueur nouvelle des liens d'homme à homme, la condition d'étroite dépendance où l'évolution politique du royaume plaçait alors une grande partie de la population des manoirs, permirent de relancer une exploitation de type esclavagiste. Sur le vilainage s'appesantirent des services en travail, et spécialement des services de labour, aussi lourds qu'au XIe siècle. On ne toléra plus d'exemption, même pour les veuves, pour les malades, pour le paysan que l'on chargeait de la direction du domaine : tous les hommes dépendants durent travailler sur les champs seigneuriaux. Dans les seigneuries de l'église d'Ely, un enregistrement plus strict des obligations paysannes permit ainsi d'étendre de 10 %, entre 1221 et 1251, les *week-works*, les corvées hebdomadaires.

En même temps, la régie du domaine fut réorganisée. Dans chaque manoir, l'un des villains fut désigné comme *reeve*. Surveillé par des « prévôts » ou des « baillis », il portait pour tout un an la lourde responsabilité de diriger l'exploitation directe et de requérir les corvéables. Sa principale mission consistait à vendre au-dehors les excédents. Les opérations commerciales occupaient, en effet, une place de plus en plus étendue dans l'économie seigneuriale. Parmi les recettes en argent des chanoines de Leicester, le produit des redevances excédait encore celui des ventes en 1254 : 44 % contre 41 % ; mais en 1297, les rentes ne représentaient plus que 32 %, les ventes de grain 27 %, celles de laine 35 %. A cette époque, dans quinze manoirs anglais de l'abbaye du Bec, le rapport se décomposait ainsi : deux cent soixante-dix-huit livres provenaient des cens et rentes, trois cent soixante de l'exploitation directe [2].

1. MILLER, 187, p. 85 et suiv. ; RAFTIS, 190.
2. HILTON, 19, p. 25-26 ; MORGAN, 374.

Dès lors pourtant, celle-ci se trouvait déjà en retrait dans les plus grandes seigneuries monastiques. Le domaine avait procuré à l'église d'Ely la moitié de ses ressources en 1255 ; il n'en livrait plus que 40 % en 1298. L'analyse très poussée que l'on a faite des compte manoriaux de l'abbaye de Ramsey montre que, sur ces terres, les seigneurs se détachèrent rapidement de la mise en valeur du domaine pendant le troisième quart du XIIIe siècle. Malgré le maintien des rendements agricoles, et bien que la hausse prolongée des prix incitât toujours plus vivement à produire des excédents, les agents des moines cessèrent de vendre le grain ; les villains purent de nouveau racheter leurs services en travail, inemployés. Cette défaillance de l'exploitation domaniale semble bien ici déterminée par le poids de la fiscalité royale et pontificale. Couverts de dettes, les seigneurs d'Église cherchèrent de nouveau à monnayer leurs droits, fût-ce en sacrifiant l'avenir, pour échapper à des difficultés insoutenables. Ils revinrent aux formules du XIIe siècle : laisser à la paysannerie dépendante de plus larges initiatives économiques ; la mettre à même d'accroître sa propre production et d'en vendre les surplus ; prélever sur ces profits une large part en renforçant considérablement les perceptions de numéraire. Dans la deuxième moitié du XIIIe siècle, on voit s'amorcer dans la seigneurie d'Ely une réduction de l'étendue du domaine, aux dépens duquel se formèrent des tenures nouvelles [1].

*
* *

Les sources éclairent de manière particulièrement vive l'évolution économique des grandes seigneuries monastiques de l'Angleterre centrale et orientale. Il ne faudrait pas en déduire que des procédés d'exploitation identiques aient été appliqués alors sur tous les domaines de la campagne anglaise. Ces méthodes en vérité étaient archaïsantes et constituaient, au contraire, un cas fort aberrant. Associer encore les tenanciers au travail de la réserve apparaissait au XIIIe siècle comme un régime anachronique qui se conservait figé dans les seules communautés canoniales et monastiques, traditionalistes de nature. D'ailleurs, même dans les manoirs

1. RAFTIS, 190, p. 217 et suiv. ; MILLER, 187, p. 110 et suiv.

des anciens établissements religieux, le retour à la gestion directe du domaine impliquait un recours plus accentué au travail salarié, l'emploi permanent de valets domestiques et l'embauche saisonnière de journaliers. Tel manoir de l'église d'Ely employait, en 1316, une *familia* de onze hommes qui travaillaient aux labours, aux charrois, à l'entretien du bétail ; le blé était battu par des ouvriers payés aux pièces ; on avait embauché en outre un semeur, deux garçons chargés d'étendre le fumier, cinq laboureurs enfin pendant cent quarante-sept jours, aux gages d'un denier par journée. Dès les premières années du XIIIe siècle, les administrateurs de la seigneurie épiscopale de Winchester dépensaient tous les ans des centaines de livres en salaires. Dans un manoir de l'abbaye de Crowland en 1322, les corvées, fort lourdes, valaient quatre livres dans le bilan annuel, mais plus de neuf livres étaient distribuées à des travailleurs mercenaires. Ajoutons que, dans les comtés les plus occidentaux, lorsque les responsables des seigneuries ecclésiastiques développèrent le faire-valoir direct, ils le firent sans exiger de nouveau les services en travail des villains. C'est ainsi que sur les terres de l'église de Worcester, l'essor de l'économie domaniale reposa entièrement sur un meilleur équipement des manoirs en bêtes de trait et en main-d'œuvre gagée. Enfin, les grandes enquêtes royales de la fin du siècle permettent d'entrevoir que la grande majorité des seigneuries foncières d'Angleterre, celles des chevaliers et de beaucoup de maisons religieuses, présentaient une structure fort différente de celle des entreprises épiscopales et monastiques, immenses mais vétustes [1].

Des documents très riches, comme les *Hundred Rolls* — le recensement effectué en 1279 de tous les seigneurs du royaume, de leur domaine, de leurs revenus, des hommes qui leur étaient soumis, et qui fait écho à deux siècles de distance au *Domesday Book*

1. MILLER, 187, p. 90 ; F. M. PAGE, *The estates of Crowland Abbey : a study in manorial organisation*, Cambridge, 1934 ; *The red book of Worcester*, 386. Le cas de l'Angleterre du XIIIe siècle doit être médité par les historiens de la seigneurie carolingienne : les types d'exploitation décrits par les polyptyques ne sont-ils pas au IXe siècle eux aussi exceptionnels, par rapport à la grande majorité des seigneuries foncières de moindre importance, que nulle source ne permettra jamais d'approcher ?

— ou comme les enquêtes *Post mortem*, menées pour évaluer la fortune des feudataires royaux et mieux asseoir les taxes successorales, montrent d'abord que la plupart des manoirs de ce temps étaient de petite taille. Dans le sud des Midlands, 36 % seulement des manoirs décrits par les *Hundred Rolls* couvraient plus de deux cents hectares de terre arable. Pour cela de très nombreux villages (un sur deux dans le Leicestershire) contenaient plusieurs seigneuries foncières ; dans tel d'entre eux, on en comptait cinq, deux laïques, trois d'Église. Les enquêtes générales montrent aussi que les manoirs d'étendue restreinte exploitaient un domaine proportionnellement beaucoup plus vaste et, en revanche, réunissaient des tenures en villainage beaucoup moins nombreuses. On a pu calculer d'après les *Hundred Rolls* que les terres du domaine n'occupaient que 26 % de la superficie des grandes seigneuries et les tenures en villainage 51 %, tandis que dans les petites, 33 % seulement des terres étaient concédées à des villains, mais 41 % conservées en réserve. Dans les manoirs de faible dimension, enfin, les services étaient pour la plupart perçus en argent [1]. Le registre de comptes de Henri de Bray, chevalier de fortune modeste, montre que les corvéables ne participaient pratiquement pas à l'exploitation du domaine, qui incombait tout entière à des mercenaires [2]. Temporaire, puisqu'on la voit nettement fléchir après 1275 dans les grandes seigneuries monastiques, et de portée restreinte puisque les corvées n'apportaient jamais qu'un renfort aux salariés du manoir, la reviviscence du travail forcé dans l'Angleterre du XIIIe siècle apparaît donc, en définitive, comme un phénomène fort limité.

Pourtant, la vitalité du faire-valoir direct était tout à fait générale. Dans les petites seigneuries, c'est-à-dire dans la très grosse majorité des manoirs, elle ne manifeste aucun signe d'affaiblissement dans le troisième quart du XIIIe siècle. Mais elle prenait appui sur un usage étendu du salaire. Il faut considérer alors, en effet, les villains eux-mêmes comme des demi-salariés, puisqu'on les nourrissait dans la maison du maître certains des jours où ils y venaient travailler, et puisqu'on les autorisait quelquefois à emporter chez eux

1. Voir, en particulier, le tableau dans KOSMINSKY, 369, p. 100.
2. *Henry de Bray's estate book* (éd. D. WILLIS), Londres, 1916.

le soir une gerbe de blé qu'ils avaient moissonné. Les conditions nouvelles de l'économie condamnaient, en effet, la remise en vigueur des services en travail, et invitaient, au contraire, à recourir davantage au salariat. Elles conviaient à appliquer plus largement les méthodes inaugurées au XIIe siècle, c'est-à-dire à « vendre » leurs journées aux corvéables et à payer avec l'argent ainsi perçu des travailleurs librement engagés. Bien que les corvées de villainage fussent minutieusement réparties au long du calendrier agricole, le salariat offrait, en effet, l'avantage de la souplesse, d'une flexibilité qui permettait d'ajuster beaucoup plus exactement l'emploi aux besoins de main-d'œuvre, très variables d'une saison à l'autre. Ajoutons enfin, et c'était la condition déterminante, que les salaires en argent restèrent à peu près stables pendant tout le XIIIe siècle et la première moitié du XIVe siècle : en période de hausse lente et continue des prix agricoles, cette stabilité favorisait évidemment les employeurs.

En définitive, la vigueur de l'exploitation domaniale qu'attestent de très sûrs témoignages dans tous les villages d'Angleterre, apparaît étroitement liée à l'existence d'un marché de la main-d'œuvre avantageux pour les maîtres, et liée, par conséquent, au surpeuplement des campagnes. Les « cottiers », les « bordiers », tous les *freeholders* que leur tenure amenuisée par les partages successoraux ne parvenait plus à faire vivre, tous les fils de vilains qui ne pouvaient pas s'employer sur la tenure paternelle, constituaient un prolétariat partout répandu et de plus en plus misérable, dans un pays où les villes restaient petites, où les espaces susceptibles d'être essartés avaient presque disparu, où les terres anciennement défrichées perdaient peut-être de leur fertilité. Souvent exclus de la communauté villageoise et des droits collectifs de pâturage, incapables, par conséquent, de profiter des ressources d'appoint que procurait le petit élevage, quantité d'hommes et de femmes faméliques offraient leur travail aux hobereaux et aux régisseurs des manoirs. Voilà ce qui maintenait fort bas le niveau des gages, ce qui rendait profitable l'exploitation de la réserve, non seulement pour approvisionner la maison, mais pour vendre. Car la présence même de tous ces journaliers qui devaient acheter leur provende contribuait aussi à soutenir les prix du grain. Si l'on ajoute à ces conditions très favorables du marché la présence en ce pays d'une monarchie très puissante qui avait considérablement freiné l'extension d'une fiscalité privée et qui maintenait dans des limites étroites le profit des exactions, on s'explique aisément que les maîtres des manoirs anglais ne soient pas devenus des rentiers, mais soient tous demeurés au seuil du XIVe siècle des producteurs agricoles. Ils ne pratiquaient pas seulement l'élevage pour profiter des hauts cours de la laine à l'exportation, ils vendaient aussi du blé sur le marché intérieur. L'embauche facile, le pays surpeuplé et rempli de paysans sans terre entretenaient leur très sûre prospérité.

2. Le continent

L'histoire de l'exploitation domaniale demeure beaucoup plus obscure sur le continent, où l'exploration des documents seigneuriaux est poussée beaucoup moins loin. On devine à peine dans l'état actuel de la recherche les dimensions du domaine, et si celles-ci tendaient alors ou non à se restreindre.

Il convient d'examiner à part le cas des grandes exploitations conduites par les ordres religieux dont la règle imposait le travail manuel et la mise en valeur directe du patrimoine foncier. Comme les seigneuries monastiques anglaises, elles représentaient, en effet, un type que les sources mettent clairement en évidence, mais qui s'écartait notablement des pratiques les plus communément appliquées. On aperçoit que ces grands domaines souffraient fortement dès 1200, en France comme en Allemagne, d'une crise de main-d'œuvre. Les maisons religieuses avaient peine à recruter des frères convers. Il est difficile de reconnaître ce qui détourna alors les fils de paysans d'une vocation qui avait attiré tant d'hommes aux générations antérieures. Faut-il attribuer cette désaffection à la modification lente des attitudes de piété dans le monde rural? A l'attrait de la vie urbaine? A la séduction d'autres engagements religieux? Le fait est que les cisterciens et les autres ordres travailleurs durent engager de plus en plus de mercenaires. Cette embauche plaça les budgets abbatiaux en déséquilibre à partir du XIIIe siècle. L'obligation faite à ces moines de cultiver eux-mêmes toute leur terre était depuis longtemps déjà subrepticement tournée dans la plupart des monastères cisterciens. Les chapitres généraux l'atténuèrent officiellement après 1200. Ils autorisèrent, en 1208, la concession à cens des terres « peu utiles », puis en 1224, de toutes les « granges »[1]. Beaucoup d'entre elles furent donc loties. On n'avait alors aucune difficulté à trouver des paysans disposés à prendre la terre en tenure. Souvent les moines s'associèrent par pariage au seigneur du pays et fondèrent avec lui un nouveau village sur l'emplacement de leur « désert ». Ici donc, le faire-valoir direct subit, à cette époque, un recul très marqué. Une nette modification dans les conditions de la main-d'œuvre le provoqua.

Dans les archives des autres seigneuries, on découvre aussi quelques traces d'un lotissement des domaines. Elles s'avèrent incontestablement plus nombreuses que dans les documents du XIIe siècle, ce qui tient sans doute à la plus grande abondance des sources, mais aussi à la plus vive mobilité de la terre. Les aliénations partielles morcelèrent d'innombrables seigneuries, transférant en d'autres mains des portions du domaine. Les nouveaux acquéreurs n'étaient pas toujours en mesure de les exploiter eux-mêmes. Ils les transformaient en censives. Aussi peut-on repérer dans les inventaires, dans les « rentiers » de la fin du siècle, nombre de parcelles dont le nom même ou celui du quartier dans lequel elles se trouvent situées atteste que jadis elles avaient appartenu au domaine. Beaucoup de « condemines », de « crouées », de « coûtures », de « dimanche-prés » furent ainsi disloqués et concédés par bribes à des exploitants paysans, en échange d'un cens ou bien d'un prélèvement sur la récolte. Telle charte, par exemple, permet d'apercevoir vers 1230 quelques terres qui avaient constitué naguère le domaine d'un chevalier mâconnais : les champs étaient maintenant tenus par des bourgeois de la bourgade voisine sous de fortes rentes en argent ; des tenanciers se partageaient le clos de vigne et portaient au maître, outre un petit cens, le quart des vendanges. A ces fragments de la terre domaniale, les seigneurs préféraient, en effet, imposer des redevances à part de fruit, qui les faisaient participer à la récolte ; ils avaient le

1. JONES, 623.

sentiment ainsi de demeurer en quelque sorte associés à l'exploitation. Au début du XIIIe siècle, des redevances de cette nature étaient appliquées aux portions loties de la réserve dans la seigneurie du monastère de Baumburg en Bavière, comme dans celle de Saint-Bavon de Gand [1].

Tous ces indices cependant ne dissipent pas l'impression que le lotissement n'affecta jamais, au XIIIe siècle comme au XIIe, qu'une portion fort limitée du domaine. L'entreprise, en effet, heurtait trop de préventions psychologiques, les réticences des maîtres à se séparer de la terre qu'avaient exploitée leurs pères, la force des coutumes qui ne parvenaient pas à traiter de la même manière, dans le terroir, les anciens champs du seigneur et les parcelles traditionnellement concédées à des exploitants paysans. En outre, les documents écrits montrent que les amputations de la terre domaniale se trouvaient largement compensées. Ce que tels domaines perdaient ici, d'autres le gagnaient ailleurs. Le plus souvent par la culture des friches : on a dit déjà que la réserve arable d'innombrables maisons chevaleresques d'Ile-de-France, établies en lisière des bois, venait vraisemblablement au milieu du XIIIe siècle d'être aménagée, en partie au moins, par l'essart. On voit, par exemple, en 1219, de petits nobles prendre à cens du chapitre de Notre-Dame de Paris cent arpents de bois à défricher sous un cens de quatre deniers l'arpent, outre une dîme à la onzième gerbe ; il leur était strictement interdit d'y établir des hôtes ; il appartenait donc à leurs valets de créer la terre et de la cultiver [2]. D'autres domaines s'étendaient par achat. Entre 1220 et 1270, les administrateurs des monastères lorrains acquirent à prix d'argent beaucoup de terres par petits lots, ils les remembrèrent, constituèrent peu à peu de petits domaines enclos, qu'ils vouèrent en partie à l'élevage du mouton, mais surtout à la culture ; un peu plus tard, des entreprises analogues furent menées par les bourgeois. Le hasard des sources fait apercevoir en cette même région un seigneur de village qui par-

1. *Recueil de chartes de Cluny*, VI, n° 4655 ; telle coûture rapporte 14 sous, telle autre 15, un moulin 20 sous, les vignes 14 sous et le quart de la vendange ; le seigneur ne conserve en sa main que la dîme et une vigne nouvellement plantée qu'il louera sans doute lorsqu'elle sera en plein rapport.

2. *Cartulaire de Notre-Dame de Paris*, II, p. 287.

vint à réunir ainsi à sa réserve entre 1302 et 1320, vingt-trois tenures paysannes dont il avait acheté la possession complète [1]. L'animation croissante du marché de la terre favorisait de tels remembrements.

Si bien que le domaine apparaît partout à la fin du XIIIe siècle en position très solide, sauf peut-être en Italie. Certes, les plus grands seigneurs laïcs étaient-ils alors entièrement détachés de l'exploitation directe. On connaît, par un inventaire dressé en 1289, les vingt-cinq seigneuries du comte de Namur ; neuf d'entre elles ne contenaient plus de réserve, et celle-ci dans l'ensemble du patrimoine couvrait seulement 9 % de la terre. La proportion apparaît encore plus faible dans le « Veil Rentier » qui décrit les possessions de très riches seigneurs flamands de Pamele-Audenarde [2]. Toutefois, une restriction poussée du domaine ne s'observe guère que dans les seigneuries princières. Les plus grands établissements religieux exploitaient encore à cette époque des champs, des prés, des vignes de bonne taille. Sans doute dans le village de Thiais, dépendant de l'abbaye de Saint-Germain-des-Prés, la réserve se trouvait-elle au XIVe siècle presque trois fois moins vaste qu'au temps du polyptyque d'Irminon. Toutefois, elle s'étendait encore sur quatre-vingt-dix hectares. Et l'abbaye de Saint-Martin de Tournai conservait en son domaine cinq mille hectares distribués en trente-sept cours. Les dégâts que les bourgeois d'Arles firent subir vers 1250 aux labours et aux prés de l'archevêque furent estimés à vingt mille sous. A Tremblay en Ile-de-France, où ses censives couvraient mille quatre cents hectares, l'abbaye de Saint-Denis exploitait en réserve deux cents hectares de champs et trois cent soixante-quinze hectares de prés. Rédigée en 1296, la description des terres relevant du prieuré wallon de Grand-Bigard montre que le domaine occupait encore le quart de tout le patrimoine [3].

Encore s'agit-il là de vastes seigneuries. Or, comme en Angleterre, l'étude des fortunes foncières plus modestes permet d'y déceler une vitalité plus forte encore de la terre domaniale. Vers 1300, les seigneuries

1. SCHNEIDER, 333, p. 355.
2. GENICOT, 178, p. 99 et suiv. ; DUBY, 408.
3. FOURQUIN, 510 *a* ; HAENENS, 618, p. 56 ; Archives des Bouches-du-Rhône, III, G 3, nº 208, éd. par. ; ENGELMANN, 318, p. 191 ; GODDING-GANSHOF, 447.

les plus nombreuses, celles des familles de moyenne noblesse, des petites communautés religieuses, des quelques bourgeois enrichis qui avaient pris pied à la campagne, contenaient avant tout une « grange » bien munie de bétail, équipée d'un fort personnel permanent, et constituée par de larges prairies de fauche et de vastes labours, dont les remembrements avaient récemment renforcé la cohésion. A ce type appartiennent, par exemple, toutes les « maisons » que possédaient en France les Templiers, au moment où cet ordre fut condamné ; le domaine faisait la valeur principale de la commanderie de Sainte-Eulalie du Larzac, qui élevait de vastes troupeaux, comme de celle de Caen, dont une vingtaine de valets domestiques labouraient les cent quinze acres de champs, soignaient les trente-trois bêtes bovines, les vingt-six chevaux, les deux cent quatre-vingts moutons, les cent huit porcs. A cette même époque, les templiers de Berlin faisaient cultiver un domaine de vingt-cinq *Hufen*, c'est-à-dire cinq ou six fois plus étendu que les exploitations paysannes de dimensions moyennes. Certaines de ces « granges » se trouvaient d'ailleurs en pleine création. Les prémontrés de Gergovie constituèrent la leur par de multiples petits achats dans le cours du XIIIe siècle, tandis qu'à Ouges, en Bourgogne, les cisterciens réunissaient peu à peu cinq cent cinquante journaux de labours, dont les deux tiers groupés en larges « corvées », des prés, plus de quatre cents journaux de bois. En Toscane, en dépit d'amputations récentes, l'abbaye de Settimo conservait en domaine en 1338 une grange, un jardin, un verger, une vigne, des moulins, des pêcheries, un four, un beau troupeau. Et le peu qui se laisse entrevoir du patrimoine seigneurial laïc permet d'affirmer que la plupart des maisons de la noblesse rurale commandaient une exploitation de semblable structure. Dans celle que Pierre d'Orgemont possédait à Gonesse près de Paris, on dénombrait au milieu du XIVe siècle six cents moutons, deux charrues, plusieurs chevaux de labour. Sur les hautes bruyères qu'il avait tenté de faire défricher dans la montagne beaujolaise une quarantaine d'années plus tôt, et qu'il dut vendre en 1286, un petit noble s'était réservé une coûture de deux à trois hectares, et les cinquante hectares de bois qu'il maintenait dans son domaine étaient dans son intention destinés à l'essartage. Voici une seigneurie appartenant à des chevaliers mâconnais en 1267 : les terres du domaine leur rapportaient tous les ans dix livres, celles concédées en tenures cent sous seulement. Tout porte à croire que, comme les petits seigneurs anglais des Midlands, les chevaliers, les « damoiseaux », les *Ritter*, tous les ministériaux de France et d'Empire tirèrent leur principale ressource du domaine pendant tout le XIIIe siècle et au-delà [1].

***

Vers 1300, le maître dirigeait lui-même la mise en valeur de la plupart de ces domaines, aussi souvent en tout cas qu'il résidait sur sa terre et pouvait la surveiller constamment, tenir à l'œil sa domesticité, ou du moins se reposer sur des mandataires fidèles. Le cas de Thierry d'Hireçon est tout à fait caractéristique de ce commun attachement à l'exploitation directe. Homme d'Église (et pour cela peut-être administrateur plus soigneux), conseiller de la comtesse d'Artois, il espaça dans son âge mûr les séjours qu'il faisait dans son hôtel parisien ; il vécut de plus en plus dans les maisons qu'il avait acquises en Artois même. Il s'occupait personnellement de celle de Roquetoire ; dès 1310, il prit « en sa main » le domaine de Bonnières, grosse exploitation de quatre cent cinquante journaux de labours ; et, en 1325, dès que la fin du bail lui permit d'évincer le fermier, il décida de faire valoir lui-même sa terre de Sailly et y établit une « mesnie » de douze valets et deux servantes. Il employait des intendants, dont il exigeait qu'ils tinssent des comptes exacts pendant ses absences, ce qui fait que nous connaissons assez bien la gestion de cette fortune rurale de moyenne ampleur [2].

Dans la plupart de ces domaines, la part ménagée aux terres labourables demeurait fort large. Le seigneur tenait, en effet, à produire son pain ; pour cela il étendait largement les emblavures afin que, même en cas de mauvaise récolte, son grenier fût suffisamment approvisionné. Mais il s'intéressait aussi très directement à la vente des grains. Ainsi Thierry d'Hireçon

1. HIGOUNET-NADAL, 421 ; DELISLE, *Normandie*, p. 721 ; CARSTEN, 7, p. 34 ; FOURNIER, 414 ; MARTIN-LORBER, 627 ; FOURQUIN, 510 *a* ; PERROY, 255, p. 141 ; DUBY, 247, p. 507.
2. RICHARD, 437.

expédiait-il tous les ans des céréales en Flandre, et les hospitaliers de Provence négociaient une forte proportion du blé produit par le domaine [1]. Or, l'exploitation céréalière exigeait un fort équipement en outils et en bêtes de trait, et surtout une abondante main-d'œuvre. Aux moissons, aux labours d'été et d'automne, un petit nombre de corvées amenaient encore au XIIIe siècle quelques tenanciers et quelques hommes de corps sur les champs du domaine, avec leurs chevaux ou leurs bœufs [2]. En quelques régions même, en Normandie, en Flandre, le lotcorvée demeurait en usage. Dans leur domaine de Vliezde en 1227, les moines de Saint-Bavon de Gand distribuaient un hectare et demi de champs à chaque manse dépendant pour y effectuer cinq labours ; la tenure devait aussi fournir deux manœuvres au mois de mars, accomplir en juin deux journées de sarclage, moissonner pendant seize journées, mettre enfin deux hommes et un char deux fois par an à la disposition du maître pour répandre le fumier sur les champs [3]. Cet exemple montre, dans le nord au moins du continent, que le travail forcé occupait encore au début du XIIIe siècle dans l'économie domaniale une place qui, en certains cas, n'était pas tout à fait négligeable.

Ces obligations pourtant étaient bien loin de suffire à assurer entièrement la mise en valeur des terres arables. En outre, seigneurs et paysans s'entendaient parfois maintenant pour substituer aux corvées de labour des prestations en argent. Les services en travail s'amenuisèrent très rapidement en certaines seigneuries dans le cours du XIIIe siècle : en 1290, les tenanciers du domaine flamand de Vliezde n'étaient plus astreints qu'au seul service de fumure. Les indications numériques précises que l'on commence à cette époque à découvrir dans certains documents seigneuriaux permettent de mesurer la faible valeur attachée aux corvées. Dans les grands domaines de Thuringe, on estimait à la moitié ou même au tiers du travail d'un salarié, celui qu'effectuait le corvéable. Or, cette tâche n'était pas tout à fait gratuite,

1. RICHARD, 437 ; DUBY, 409 *a*.
2. En 1234, par exemple, les templiers de Manosque s'étaient entendus avec la commune pour limiter à deux journées par an le travail dû par les dépendants et par leurs bêtes, *Livre des privilèges de Manosque* (éd. ISNARD), Digne, 1894, p. 20.
3. VERHULST, 197, p. 370.

il fallait généralement nourrir l'homme de peine. Celui qui venait herser sur les terres de l'église de Bayeux réclamait un pain blanc, un pain bis, une mesure de bière, trois harengs ou cinq œufs. Ces dépenses de nourriture excédaient souvent la valeur du travail accompli. En 1315, les onze charrues corvéables de quatre chevaux qui venaient labourer une seule matinée sur la terre de Thierry d'Hireçon coûtaient en fait trente sous, c'est-à-dire le tiers du gage annuel d'un valet domestique. Dans un inventaire de 1338, les services dus aux hospitaliers de Provence par leurs corvéables valaient moitié moins que ceux qu'aurait effectués à leur place un journalier, mais le repas qui leur était servi, deux ou trois fois plus que la ration d'un domestique [1]. Dans l'intérêt du seigneur, bien des corvées disparurent donc. Il n'en restait plus guère sur les domaines provençaux de l'Hôpital que dans les cantons montagneux les plus reculés ; encore étaient-elles loin d'être toujours exigées : aux yeux des administrateurs, seules conservaient quelque valeur les corvées de charroi, pour le transport des excédents de récolte vers les bourgades marchandes. Dans le « Veil Rentier » d'Audenarde, les rares corvées de labour encore imposées aux tenures (les plus lourdement chargées devaient trois journées par an) étaient sans exception rachetées, et très bon marché, par les paysans [2]. La mise en valeur des terres labourées incombait donc, sur le continent comme en Angleterre, à des salariés, permanents ou temporaires.

Les trois domaines qu'exploitait Thierry d'Hireçon en employaient un grand nombre. Pour les semailles, on embauchait un homme dont le gage était proportionnel à la superficie des emblavures. Des femmes, payées de quatre à six deniers par jour, sarclaient les blés au printemps. La moisson ouvrait de multiples emplois temporaires, rétribués, soit à la journée, soit au forfait, soit à la surface, soit à la pièce, les travailleurs recevant la onzième, la quinzième, la vingtième gerbe récoltée. L'hiver enfin, les batteurs touchaient un salaire en grain et en argent. Toutefois, les serviteurs domestiques qui travaillaient à temps complet dans la maison

1. LÜTGE, 338 ; DELISLE, *Normandie*, p. 80 ; RICHARD, 437 ; DUBY, 409 *a*.
2. DUBY, 408 et 409.

effectuaient le gros du travail agricole, c'est-à-dire le labour et le hersage. Vingt-trois personnes vivaient dans la cour de Bonnières, dont douze valets de charrue qui, outre leur nourriture (du pain, de la bouillie d'avoine, des pois, des harengs au Carême et pendant les gros travaux d'août, de la viande le dimanche) recevaicnt chacun entre quarante-cinq et cent sous par an. Personnel assez instable : à Sailly, entre 1325 et 1328, neuf postes sur quinze avaient changé de titulaires. La situation de la main-d'œuvre était tout à fait semblable dans les seigneuries provençales des hospitaliers en 1338. L'une d'elles employait toute l'année vingt domestiques qui consommaient pour quatre-vingts livres de nourriture, et dont l'entretien et les gages exigeaient encore une dépense de trente-six livres en deniers. Ils étaient aidés pour le sarclage des blés, pour la moisson et pour le transport des grains par des travailleurs temporaires des deux sexes ; pour ces mille deux cent quatre-vingts journées, la maison déboursait chaque année cinquante livres [1].

***

Offrir aux paysans d'alentour des emplois fixes, distribuer sous forme de gages à la journée de fortes quantités de numéraire (plus de cent livres se trouvaient ainsi tous les ans réparties, denier par denier, entre de multiples travailleurs saisonniers dans la commanderie de Comps en Provence), transférer de la sorte dans les couches les plus déprimées de la population rurale une portion notable des gains réalisés par la commercialisation des excédents, constituaient l'une des fonctions économiques de l'exploitation seigneuriale, et non des moindres. En grand nombre, des travailleurs de petite condition trouvaient ainsi dans le domaine un surcroît considérable de ressources. La situation qui leur était faite apparaît souvent fort avantageuse. On peut calculer que les valets de condition supérieure, les « premiers bouviers » employés dans les maisons provençales de l'Hôpital, jouissaient de ressources au moins équivalentes à celles d'un cultivateur en possession d'une exploitation de bonne taille ; en outre, ils vivaient dans une sécurité économique beaucoup plus ferme : nourris

1. RICHARD, 437 ; DUBY, 409 *a*.

à la table du maître, ces hommes avaient la certitude, même pendant les disettes les plus aiguës, de pouvoir manger toujours à leur faim [1]. Quant aux gages temporaires, ils apportaient un complément indispensable dans la maison des paysans mal pourvus de terre, des « brassiers », des *Söldner*, de *Gartner*, de tous ces tenanciers de maigre lopin qui occupaient, dans les campagnes françaises et allemandes, la situation même des *cottiers* d'Angleterre. Les salaires gagnés par les femmes et les filles au sarclage, par le père et tous les hommes de la maison à la saison des récoltes ou pendant les battages, sauvaient la famille de la totale misère. On devine, en lisière des pays de montagne, les migrations saisonnières qui s'organisaient pour les moissons. Elles transportaient depuis les plaines, où les épis avaient mûri plus tôt, jusqu'aux champs les moins bien situés, des équipes de salariés qui amassaient en quelques semaines, à raison de seize ou vingt-quatre deniers par jour, de quoi passer l'hiver. La relative cherté de la main-d'œuvre embauchée pour les tâches saisonnières, et surtout pendant les grands travaux de l'été, n'a rien qui puisse surprendre : ces besognes s'accomplissent dans la hâte et, toutes manuelles, exigent une forte concentration d'ouvriers. Les gros exploitants se disputaient alors les journaliers, et les structures économiques de la société paysanne s'organisèrent en fonction de ces exigences. À l'accumulation de l'emploi en quelques périodes courtes du calendrier agricole répondait l'existence d'un prolétariat de manœuvres, assurés de gagner en peu de temps leur pitance. Entre le domaine et la paysannerie, que l'abandon des corvées avait détachés l'un de l'autre, le salariat établissait une liaison nouvelle, infiniment plus souple, mais, à l'un comme à l'autre, aussi nécessaire.

Cependant, la grosse masse des gages, ainsi que les frais d'entretien du matériel et du bétail, amenuisaient beaucoup les rapports de l'exploitation céréalière, sauf dans les domaines qui, voisins des grandes villes ou des voies d'embarquement, bénéficiaient d'une situation commerciale très favorable, et dans ceux dont les rendements ordinaires s'élevaient nettement au-dessus de quatre pour un. Aux alentours de 1300, les inventaires et les comptes, que les dépôts d'archives contien-

1. DUBY, 409 *a*.

nent en plus grande abondance qu'on ne croit, commencent à fournir des indications numériques assez précises pour que l'on puisse établir le bilan de certaines exploitations agricoles. Ils donnent à penser que la marge des profits était souvent des plus réduites. Dans telle commanderie des hospitaliers de Provence, la moisson valait en année normale deux cent soixante-six livres ; mais les dépenses affectées proprement au travail des champs et au traitement des récoltes s'élevaient à deux cent vingt-deux livres, absorbant donc 84 % de la recette brute [1]. Sans doute, en année stérile, certaines dépenses pouvaient-elles être comprimées. On engageait moins de moissonneurs, et l'on devine que les larges écarts de la production céréalière se répercutaient sur la condition économique de la petite paysannerie, autant au moins par l'ouverture plus ou moins large de l'emploi saisonnier que par les variations du prix des denrées alimentaires. Mais il n'était pas possible après une mauvaise récolte de débaucher tous les valets, de vendre les bœufs ou les chevaux. Les plus gros frais se révélaient incompressibles, et rendaient alors l'entreprise, en année d'intempérie, très nettement déficitaire. En fait, les bribes de comptes seigneuriaux qui ont été conservées communiquent le sentiment que les prés et les clos de vigne constituaient dans le domaine des éléments de rapport beaucoup plus sûr, et qui paraissaient aussi les plus précieux aux yeux du maître.

Au XIIIe siècle et au début du XIVe en effet, la vente du bétail sur pied, du cuir, de la laine procurait de gros bénéfices et, sur le continent comme dans les seigneuries monastiques anglaises, conduisait bien plus d'argent que la vente des blés vers les coffres seigneuriaux. J'ai parlé déjà des très gros profits que rapportaient à Thierry d'Hireçon les moutons qu'il achetait chaque automne pour les revendre à la bonne saison, ainsi que des efforts soutenus des bourgeois de Metz pour édifier de fortes exploitations pastorales [2]. Même lorsque le seigneur n'entretenait pas délibérément des affaires suivies avec les bouchers et les acheteurs de laine, il conservait volontiers la gestion directe des « breuils » pour nourrir les bêtes de labour et pour élever ses chevaux. L'élevage était, en effet, l'entreprise la moins

1. DUBY, 409 *a*.
2. Voir T. I, p. 256 et 259.

coûteuse. Les valets s'occupaient des étables. Seule la coupe des prés réclamait une importante main-d'œuvre d'appoint. Fait significatif, les corvées de fenaison se montrèrent en France et aux Pays-Bas les plus tenaces. Elles furent les dernières à être réellement exigées par les ministériaux des sires de Pamele-Audenarde ; des corvéables fauchaient la plus large part des prairies de Saint-Bavon de Gand ; à la Saint-Jean, les vilains de Verson en Normandie travaillaient longuement dans les prés seigneuriaux [1]. Mais, même lorsque le maître devait embaucher des hommes et des femmes pour ces tâches, la dépense demeurait faible relativement à la valeur du foin.

Quant au jardinage et à tous les soins nécessaires pour produire le vin, ils exigeaient une très abondante main-d'œuvre. On sait que les travaux du vignoble furent les premiers confiés à des salariés rétribués à la journée, à ces « ouvriers de vignes », nombreux surtout dans la banlieue des villes, où se rassemblaient la plupart des clos. A la masse des gages s'ajoutaient les grosses dépenses imposées chaque automne par l'entretien et le renouvellement des cuves et des tonneaux, de toute la « vaisselle vinaire ». Les frais de la viticulture pesaient donc fort lourd. Cependant les seigneurs les supportaient allégrement, car ils tenaient à servir à leurs hôtes et à offrir en cadeau du vin produit sur leur terre et par leur soin propre. D'autre part, nulle production rurale ne se vendait mieux que le vin. Si bien que d'ordinaire, les hauts gages des travailleurs de la vigne n'atteignaient pas la moitié de la valeur de la vendange. Dans les régions où la culture de la vigne se trouvait très largement répandue, où le vin ne se distinguait pas par une noblesse particulière et tentait peu les marchands, les seigneurs renoncèrent parfois à exploiter directement leur clos. Celui du château de Rivoli, en Piémont, fut loti en 1337 [2]. Mais d'ordinaire, la vigne fut avec le pré clos la dernière pièce du domaine dont les maîtres acceptèrent de se séparer. Les livres d'agronomie rédigés au XIVe siècle, comme celui que composa dans la région de Bamberg Gottfried von Franken [3], traitent surtout de l'art des jardins et du soin des vignes, qui

1. DUBY, 408 ; VERHULST, 197 ; DELISLE, *Normandie*, p. 678.
2. DAVISOD DI CHARVENSO, 609.
3. SÜDHOF, 124.

intéressaient plus que tout autre labeur paysan les gens de qualité.

***

Exploitation céréalière par tradition, viticole par attachement de cœur, pastorale par intérêt, le domaine demeurait donc au seuil du XIVe siècle, sur le continent tout comme en Angleterre, l'objet d'une gestion directe dans les seigneuries de taille petite et moyenne. Dans les plus vastes, toutefois, celles dont le maître vivait fort éloigné de ses biens, on n'exploitait pas directement les terres domaniales. Non point qu'elles fussent loties. Elles conservaient leur étendue, et leurs éléments restaient nettement distincts des censives. Mais le seigneur, qui gardait souvent « dans sa main » les prairies, les enclos et les vignobles, confiait à des fermiers la mise en valeur des champs labourés. Il ne s'occupait plus lui-même de la culture des blés qui demandait le plus lourd travail pour les moindres profits.

On a vu combien la pratique du fermage général était ancienne. Au début du XIe siècle, rares étaient les monastères qui n'avaient pas confié pour un temps à un mandataire la direction complète de telle ou telle seigneurie en échange d'une « pension » annuelle. Au XIIIe siècle, l'usage de cette méthode se modifia très sensiblement. On a vu que les grandes seigneuries ecclésiastiques d'Angleterre l'abandonnèrent pour un temps. Sur le continent, au contraire, le bail à ferme progressa, mais en s'adaptant de deux manières. D'une part, le domaine seul, dont l'économie se trouvait maintenant beaucoup plus indépendante des tenures, fut d'ordinaire mis en fermage. D'autre part, la durée de la concession se restreignit peu à peu, à mesure que, dans le monde seigneurial, on prenait plus claire conscience de la mobilité des prix et de la production. L'étude des sources demeure trop partielle encore pour qu'il soit possible de saisir à ses débuts cette adaptation du fermage. Il semble que l'usage de bailler à ferme le domaine seul commença de se répandre un peu partout, en Normandie et dans le Maine comme en Flandre, en Bourgogne ou en Roussillon, dans l'Italie du Nord, le Hainaut et la basse Saxe, pendant les dernières années du XIIe siècle ou au début du XIIIe. En Namurois, il fut appliqué d'abord à la réserve des plus grands seigneurs : vers 1200, seules les terres du comte et celles des chapitres étaient affermées ; les abbayes ne suivirent, et non sans hésitation, qu'après le milieu du siècle [1].

La pénétration s'opéra partout sans doute de la même manière, par imitation des méthodes qu'avaient employées les premiers les princes, les évêques, les seigneurs les moins proches de leur terre. Vers 1300, du très vaste domaine de Saint-Lambert de Liège seuls quelques prés n'étaient pas encore mis en fermage, alors que celui du prieuré voisin de Grand-Bigard, de taille beaucoup plus modeste, restait presque tout entier en faire-valoir direct. Toutefois, les pratiques nouvelles s'installèrent plus ou moins vite selon les régions. Vers 1250, des *conductores* géraient en Lombardie un très grand nombre de domaines, alors que cinquante ans plus tard, en Ile-de-France, les administrateurs des monastères et des collégiales s'avisaient à peine d'appliquer, et à leurs seuls labours, un semblable mode de gestion. Aux alentours de 1280 (au moment même où en Angleterre l'usage du bail du domaine s'introduisait de nouveau sur les terres de l'abbaye de Ramsey) les moines de Saint-Bavon de Gand l'adoptèrent pour leurs terres de Zélande ; mais ils tardèrent beaucoup plus longtemps à abandonner la gestion directe des anciennes *villae* de la Flandre intérieure [2]. Les études demeurent encore trop peu poussées pour que l'on puisse apercevoir d'où vinrent les incitations à délaisser ainsi l'exploitation directe. Les administrateurs furent-ils d'abord sensibles au mouvement des prix, ou bien à la détérioration locale du marché de la main-d'œuvre, à la difficulté plus grande ici et là de recruter des ouvriers agricoles ? Il conviendrait aussi d'observer de près le genre de vie des seigneurs. N'est-ce pas alors que beaucoup d'entre eux cessèrent de faire d'aussi fréquents séjours dans leurs résidences campagnardes ? Si l'histoire du bail à ferme depuis 1180 était plus avancée, et mieux connue dans sa géographie comme dans sa chronologie, on discer-

1. GENICOT, 178, p. 107.
2. DERVEEGHDE, 446 ; GODDING-GANSHOF, 447 ; FOURQUIN, 410 *a* ; CIPOLLA, 566 ; RAFTIS, 190, p. 124 ; VERHULST, 197.

nerait sans doute plus clairement les raisons profondes de son succès.

Celui-ci fut précipité, semble-t-il, par la progressive réduction de la durée des baux. En France, l'usage se maintient pendant toute la première moitié du XIIIe siècle de confier l'exploitation au fermier pour sa vie entière, et souvent la concession se prolongeait encore pendant la vie de l'un de ses héritiers. Mais le bail « à deux vies » recula rapidement après 1250 devant l'expansion des contrats à court terme [1]. Ces derniers d'ailleurs étaient entrés, semble-t-il, plus tôt dans l'usage en Allemagne du Nord et dans les Pays-Bas. Adaptée au rythme des rotations de culture, la concession durait pendant six, neuf, douze, vingt-quatre ans ; elle s'étendait rarement davantage, car au-delà de ce terme, il importait de marner la terre, opération coûteuse qui ne pouvait être laissée à la charge du fermier. Toutefois, dans les campagnes italiennes, et peut-être aussi dans la France méridionale, les baux étaient d'ordinaire de durée beaucoup plus courte, de trois ans, et même très souvent d'un an seulement ; ceci sans doute parce que les paysans s'y trouvaient en moins bonne posture économique.

Il arrivait parfois que la terre du domaine fût affermée par lots. Douze paysans, en 1280, se partageaient par portions inégales les vingt-quatre bonniers de labours que jadis les chanoines de Saint-Lambert de Liège exploitaient eux-mêmes dans un village ; et dans le rentier des sires de Pamele-Audenarde, telle condemine se trouvait affermée chaque année, bonnier par bonnier, telle autre, découpée en plusieurs parcelles [2]. Mais ce fermage par morcellement paraît bien avoir été tout à fait exceptionnel au XIIIe siècle. L'usage commun consistait à bailler l'exploitation tout entière (à la seule exception, fréquente, des prés, des vignes et de la maison du maître) garnie de tout l'équipement nécessaire, des outils et du personnel domestique, sans en détacher les quelques corvées qui continuaient d'être requises, munie enfin du bétail. Souvent un accord spécial concernant le cheptel complétait le contrat et fixait la dévolution particulière des profits de l'élevage. Il n'était pas rare enfin que le seigneur avançât au

1. SCHNAPPER, 438.
2. DUBY, 408 ; DERVEEGHDE, 446, p. 30-31.

fermier de l'argent ou des semences. De la sorte, la « grange » conservait toute sa cohésion ; rien ne venait modifier sa structure économique ; seule changeait la personne du gérant. Encore cette substitution ne se produisait-elle pas toujours, puisqu'il n'était pas rare que le fermier fût l'ancien maire, l'intendant, le *villicus* et même parfois la communauté des domestiques.

De ceux qui assumaient à sa place les soucis de l'exploitation, le seigneur attendait souvent une portion de la récolte, que l'on mettait de côté pour lui dans le grenier après le battage : le contrat instituait ainsi un métayage. Cette pratique avait été de longue date appliquée à certains domaines. Déjà au milieu du XIIe siècle, dans l'une de leurs seigneuries, les moines de Cluny avaient conclu un accord de ce genre avec un villageois, lui concédant temporairement quelques arpents de labour, lui confiant la semence et les deux bœufs qui lui manquaient pour équiper une charrue convenable, et se réservant en échange la moitié de la récolte. Et dès avant 1149, les maires de Notre-Dame de Chartres devaient promettre à leur seigneur de ne pas pratiquer de *medietates* avec les paysans [1]. En tout cas, au XIIIe siècle, le contrat de métayage, ou de « facherie » comme on l'appelait en Provence, connut partout la plus grande faveur. Ses stipulations étaient très diverses. Il conférait au maître une part des fruits très variable, selon la qualité de la terre et la condition du fermier : parfois c'étaient les deux tiers de la récolte, souvent la moitié ou le tiers ; mais parfois le prélèvement seigneurial demeurait beaucoup plus limité, notamment lorsque le sol était peu fertile : les hospitaliers provençaux en 1338 ne trouvaient pas de paysan qui acceptât de prendre certaine terre de leur domaine à bail, même en lui offrant de garder pour lui les dix-neuf vingtièmes de la production.

Aux maîtres, le métayage offrait un avantage majeur : il les faisait bénéficier de l'accroissement de productivité espéré du domaine, ainsi que de la hausse des prix agricoles. Avantage plus précieux encore peut-être, il les mettait en possession des fruits mêmes de leur propre terre, dont ils se sentaient ainsi moins détachés.

1. DUBY, 407 ; *Cartulaire de Notre-Dame de Chartres*, I, n° 58.

Même lorsque la part du seigneur se trouvait minime, le contrat lui assurait une importante participation aux profits nets. N'oublions pas, en effet, que le métayer prélevait les semences et parfois la dîme sur la portion qui lui était laissée. Lourde charge, si l'on considère la faiblesse commune des rendements agricoles. Toutefois, ce système présentait des inconvénients auxquels les seigneurs étaient fort sensibles. Les très forts écarts qui affectaient le montant des récoltes obligeaient à surveiller de très près l'exploitation. Aussi, pour s'épargner les soucis, beaucoup de maîtres, dès que la périodicité des baux fut réduite et qu'il devint possible de procéder fréquemment au réajustement des taux de perception, préférèrent-ils un fermage fixe, acquitté soit en blé, soit en argent, soit les deux ensemble, et que complétaient d'ordinaire quelques livraisons accessoires, ainsi qu'une taxe d' « entrée ». Fréquemment, on calculait le montant du fermage en fonction de la surface ensemencée. Ainsi dans le domaine de Sailly, avant que Thierry d'Hireçon ne le reprît en main : le fermier devait fournir six mesures de froment et cinq mesures d'avoine par mesure de terre semée en céréales [1].

Par le bail, le domaine ne se trouvait en rien aliéné. Il restait la « terre du maître », que celui-ci pouvait un jour reprendre. Le seigneur ne s'en sentait pas frustré. Dégagé de toutes les charges de la gestion, il ne cessait pas de profiter de la hausse éventuelle des revenus, soit que le bien fût tenu en métayage, soit que l'on adaptât périodiquement le fermage à la valeur croissante des profits. Les comptes du domaine capétien en Normandie, tout entier affermé en 1260, montrent que le taux de la rente suivit fidèlement la montée des prix et du loyer de la terre dans la seconde moitié du siècle [2]. Il importait seulement de pouvoir tenir le fermier, l'empêcher d'abîmer la terre en la forçant trop et de laisser ruiner les édifices. Les contrats fixaient donc très soigneusement les devoirs de l'exploitant, le contraignaient à ne pas rompre le rythme des rotations, à utiliser sur le domaine tout le fumier, toute la paille et le travail de toutes les bêtes, à entretenir les outils. Un

1. RICHARD, 437.
2. STRAYER, 439.

système d'obligations et d'hypothèques vint garantir les maîtres contre les exploitants de mauvaise foi.

***

Ainsi les premiers contrats de fermage se révélèrent-ils sans doute plus profitables aux seigneurs du sol qu'aux cultivateurs qui se chargeaient de le mettre en valeur. On ne peut dire en tout cas qu'ils aient desserré la prise de la seigneurie sur l'économie rurale. Les seigneurs avaient si claire conscience des avantages de leur position, qu'ils tentèrent d'appliquer aux tenures les procédés juridiques aménagés pour la gestion indirecte du domaine. Ils y parvinrent lorsque la situation de la paysannerie se prêtait à ces modifications de la coutume. Ainsi les *Hofe* d'Allemagne occidentale et les *podere* d'Italie firent-ils dans la seconde moitié du XIIIe siècle l'objet de concessions à court terme, en fermage ou en métayage [1]. Souples et sûres, ces formules nouvelles avaient apparemment toute la faveur des administrateurs seigneuriaux.

Les recherches d'histoire économique ont jusqu'ici prêté peu d'attention à la condition des fermiers. D'où venaient les hommes qui acceptèrent de diriger les travailleurs du domaine et d'écouler les surplus? Dans quelle situation se trouvaient-ils pour en attendre des profits? Gardèrent-ils longtemps ces fermes? S'enrichirent-ils? L'étude sociale demeure tout entière à faire dans le détail. Il est permis d'en attendre des résultats de première importance. Beaucoup des « amodiateurs », des « grangiers », des *Meyern* appartenaient, semble-t-il, au clergé, à la bourgeoisie et même à la petite noblesse, tout comme les *locatores* qui avaient dirigé les défrichements dans la première moitié du XIIIe siècle. Beaucoup aussi sortaient de la ministérialité. Il ne manque pas d'exemples enfin, en Allemagne notamment, de fermes qui furent baillées à la communauté des villageois. Mais combien de paysans purent-ils prendre en charge individuellement l'exploitation du domaine? A moins que celui-ci ne fût morcelé (mais, sauf en Italie peut-être, le cas, répétons-le, semble avoir été rare) la plupart des villageois manquaient d'expérience et de moyens pour assumer

1. WITTICH, 199; LUZZATO, 186; voir p. 498.

la direction d'une entreprise de cette envergure ; ils manquaient d'autorité pour commander à l'équipe des valets et pour requérir les corvées. Si quelques paysans devinrent fermiers des domaines, il ne put jamais s'agir que des plus aisés, de ceux qui s'élevaient déjà nettement au-dessus du commun. De toute manière, l'ensemble de la paysannerie ne fut nullement intéressé par l'abandon du faire-valoir direct, lequel demeurait d'ailleurs au début du XIVe siècle strictement limité aux plus vastes seigneuries.

En fait, on ne voit pas que le plus grand nombre ait tiré quelque profit de l'affermage du domaine. Il ne permit pas, en tout cas, aux paysans pauvres d'obtenir en concession les quelques lopins qui leur faisaient défaut pour que leur exploitation pût nourrir leur famille. Sauf exceptions, il ne modifia nullement les rapports économiques entre la maison seigneuriale et les hommes du village, pas plus que le régime de la main-d'œuvre, les conditions d'emploi des domestiques permanents ou des journaliers, si ce n'est en hâtant peut-être la disparition des corvées. Le bail à ferme engendra tout au plus un transfert de responsabilités dans les rares cas où il substitua au seigneur lui-même ou à ses intendants le plus riche paysan du village, celui qui petitement, en prêtant sur gages, en achetant des rentes, commençait à étendre sa domination économique sur ses voisins. Cet homme alors s'installa dans la situation même du maître. Ce fut lui qui désormais traita avec les négociants, tenta de profiter de la disparité entre les salaires et les prix, d'exploiter les embarras des petits exploitants qui devaient vendre leurs bêtes à l'automne. Il adopta l'attitude du maître en face de la communauté de village : il s'en écarta. Il s'efforça, pour étendre ses profits, de soustraire davantage les champs et les prés du domaine aux contraintes collectives, à la vaine pâture, aux obligations du troupeau commun. Plus près de la terre, moins dépensier que le noble, plus retors, il accrut ainsi sa fortune. De la sorte, le premier progrès du fermage eut pour principal effet de desserrer les solidarités agraires et d'accentuer les tensions entre riches et pauvres au sein de la société paysanne.

Conclusion

Les paysans et la seigneurie au seuil du XIVe siècle

A qui tente d'embrasser d'un seul regard l'ensemble de l'Occident, l'économie seigneuriale présente ici et là, au début du XIVe siècle, des traits fort divers. L'inégal avancement de la recherche historique dans les différents pays européens accentue peut-être les oppositions régionales ; celles-ci semblent cependant profondes, et tenir en grande partie à des discordances d'évolution. C'est ainsi, pour considérer le cas le plus net, que d'un bout à l'autre du Moyen Age, l'histoire de la seigneurie italienne semble devancer d'un bon siècle celle de la seigneurie française. Qu'il s'agisse du recul du faire-valoir direct ou de la diffusion du métayage, on voit en Milanais et en Toscane se mettre en marche, dans la deuxième moitié du XIIIe siècle, des mouvements qui n'ont gagné les campagnes du Toulousain ou de l'Ile-de-France que trois ou quatre générations plus tard. Il est tentant de mettre en rapport cette précocité avec la puissance plus tôt affirmée de l'économie urbaine. Inversement, en effet, en Thuringe, pays sans ville, les seigneuries paraissent très archaïques, très proches encore des modèles carolingiens. En Angleterre même, où les agglomérations urbaines demeurent rares et de dimensions restreintes, l'évolution de l'économie seigneuriale manifeste, en certains points, un net retard par rapport aux phénomènes continentaux, et particulièrement sur les patrimoines monastiques plus attachés aux traditions. Les formes anciennes de l'esclavage semblent bien, sur la terre des abbayes d'outre-Manche, être restées vivantes plus longtemps que partout ailleurs. Elles laissèrent, dans les rapports entre paysans et seigneurs, des résidus tenaces, et notamment cette vigueur de corvées qui, dans ces seigneuries, prolongea peut-être quelque peu la durée de l'entreprise agricole de large envergure.

Toutefois, la diversité de l'institution seigneuriale se révèle localement plus profonde encore. Dans une même province, les différences de structure économique apparaissent souvent considérables. Voici, par exemple, saisies au même moment par un inventaire dressé en 1338, situées dans la même région, incorporées dans la même fortune foncière, celle de l'ordre de l'Hôpital, trois unités seigneuriales : Sallier, près d'Arles ; le Poët-Laval, dans les collines voisines de Montélimar ; Puimoisson, sur le plateau entre Durance et Verdon. La première procure de très larges bénéfices : cent cinquante livres de dépenses, l'entretien des seigneurs inclus, sept cent vingt livres de recettes ; cette prospérité vient de la situation des terres à blé sur des sols fertiles, et à proximité d'un gros marché exportateur de grains ; elle repose surtout sur l'application délibérée du bail en métayage aux champs du domaine : très faibles frais d'exploitation, très grosses rentrées de denrées négociables. Le Poët, où la maisonnée seigneuriale est trop nombreuse, le domaine arable presque inexistant, où la plupart des recettes proviennent des dîmes et des droits seigneuriaux, ce qui impose d'entretenir un gros personnel de perception, est au contraire déficitaire : six cent treize livres de revenus, six cent cinquante-six de débours. Quant à Puimoisson, on la voit comme une forte entreprise de production céréalière, que le bas niveau des salaires rend lucrative ; mais les seigneurs dépensent beaucoup plus de deniers qu'ils n'en perçoivent, ce qui fait de la vente des excédents de récolte la clé de l'économie domaniale.

Il importe d'abord de bien marquer dans cette conclusion la complexité des positions économiques seigneuriales. Le danger dans cette histoire serait bien, en effet, de parler de « la » seigneurie et de masquer, en accentuant trop les traits généraux, l'originalité des physionomies individuelles. Chaque seigneurie avait son destin propre. Son organisation interne lui était particulière, et les problèmes de gestion qu'elle posait réclamaient des solutions originales. Les hommes qui eurent à les résoudre le firent plus ou moins bien, mais toujours en fonction de leur propre caractère et de leur propre expérience, et dans un certain terroir, face à certaines coutumes, à certaines routines paysannes. Ceci dit, il est bien évident que toutes les seigneuries, au long de cette ample période d'expansion rurale qui prit son départ avant l'an mil, s'adaptèrent progressivement aux modifications du milieu économique et social. D'une manière générale, à l'orée du XIVe siècle, on ne discerne nulle faiblesse dans l'économie seigneuriale. Partout, au contraire, se manifeste la vigueur des exploitations de taille moyenne, gouvernées par les petits nobles demeurés sur la terre de leurs ancêtres, par les intendants des princes et des prélats et, de plus en plus, par des fermiers, dont quelques-uns sortaient de la paysannerie du village. Cette aisance reposait sur la prospérité générale des campagnes. Mais tous les ruraux participaient-ils également à cette prospérité ?

***

Très certainement, le rapport de la plupart des petites exploitations s'était élevé, au cours du XIIIe siècle, à la faveur d'une ouverture générale des horizons économiques, de l'expansion de l'élevage et de la viticulture, des facilités nouvelles qui permettaient à tous, riches ou pauvres, de vendre au-dehors, soit la force de leurs bras, soit les excédents de la production domestique. Malgré l'impossibilité totale où se trouve l'historien d'estimer le poids des exigences seigneuriales en même temps que la part des profits que prélevait le possesseur éminent du sol ou le maître de la justice et du ban [1], on peut penser que la plus-value des exploitations paysannes ne fut pas tout entière épuisée par l'alourdissement des redevances et des taxes. En fait, on voit nettement que, sauf exception, les seigneurs fonciers ne parvinrent jamais à hausser le taux des cens aussi vite que s'élevaient la valeur des terres et leurs profits. On voit plus clairement encore que les paysans ne mettaient aucun empressement à s'acquitter envers les seigneurs de leur tenure, envers les détenteurs des rentes qu'ils avaient vendues sur leurs fonds, ni envers les percepteurs de la taille. Ces créanciers demeuraient, en vérité, fort mal armés pour triompher de leur passivité. Tous les comptes seigneuriaux, tous les registres de justice montrent avec

1. Toute tentative pour reconstituer le budget des familles paysannes (voir, par exemple, ABEL, 542, p. 157 et suiv.) se heurte à l'indigence des sources. On peut utiliser quelques inventaires mobiliers, dressés par les percepteurs seigneuriaux et les indications beaucoup plus nombreuses sur la superficie des terres que telle famille tenait d'un maître. Mais comment évaluer les moyens et les besoins réels de tel ou tel petit exploitant, lorsqu'on ignore à peu près tout des cycles de culture, des rendements, du prix des grains, de la composition même du ménage, de son régime alimentaire, de l'appoint constitué par les gages ? Une énorme marge d'incertitude entoure donc toutes les hypothèses qui peuvent être à ce sujet formulées.

évidence que la plupart des prestations étaient perçues après de très longs retards, au prix de beaucoup de menaces et criailleries. Ces documents attestent aussi que le seigneur devait souvent transiger et remettre aux paysans une large part de la dette. Il est évident enfin que la communauté villageoise formait bloc contre les exacteurs, et que les agents chargés d'opérer une saisie ou de confisquer une terre trouvaient parfois toute la population soulevée pour les empêcher d'accomplir leur mission. La mauvaise volonté des ruraux, leur inertie et parfois leur résistance active comptent parmi les facteurs les plus déterminants de toute cette histoire. Ainsi fut sensiblement freiné le transfert des gains paysans vers les coffres des seigneurs et de leurs ministériaux.

Cependant, les très rares textes qui font entrevoir la position économique individuelle des villageois de ce temps ne donnent pas à penser que la plupart d'entre eux aient vécu dans l'aisance. Au début du XIVe siècle, les maisons paysannes que décrivent les inventaires étaient encore de pauvres cabanes à peu près vides. Pas de meubles ou presque, un coffre parfois, une caisse, une broche, une ou deux couvertures, très exceptionnellement un pot de cuivre ou d'étain, de petites réserves de blé, mais jamais d'argent, tel est d'ordinaire le « catel », l'équipement mobilier qu'ont enregistré les sergents chargés de percevoir la mainmorte dans les masures des villains d'Angleterre [1]. Sans doute ces listes furent-elles dressées par les hommes du seigneur, dans le dessein de s'emparer d'une part au moins de ces meubles ; devant eux on dissimulait, et il convient de ménager une place à ces fraudes qui faussent le témoignage de toutes les sources d'origine fiscale. Mais celui, moins suspect, des inventaires après décès, des testaments et des contrats de mariage que contiennent les registres des notaires ruraux de la France méridionale ou de l'Italie, ne paraît pas sensiblement différent. Il atteste lui aussi que le niveau de la vie matérielle des rustres ne s'était guère relevé entre le XIe et le XIVe siècle, singulièrement moins en tout cas que celui des nobles. On voit très rarement des familles paysannes parvenir à épargner des quantités importantes de monnaie. Leur fortune se trouvait à peu près tout entière constituée par des terres

1. STENTON, 260, p. 249 ; BENNETT, 139, p. 233.

d'une part, par l'équipement de travail d'autre part, et par le bétail. On a conservé plus d'indications directes sur la condition économique des prêtres de village, qui sans doute ne s'abaissait pas au-dessous de la situation moyenne des paroissiens. Tel prêtre du Beaujolais mort en 1269 ne laissait pas du tout d'argent à ses héritiers : il léguait à sa sœur le seigle qu'il lui avait prêté, à sa nièce une jument, à son neveu une vache [1]. Au début du XIVe siècle, dans toutes les campagnes d'Europe, c'est le nombre des bêtes du troupeau qui d'abord manifeste extérieurement le niveau des fortunes paysannes.

Quant aux dimensions moyennes des exploitations elles apparaissent souvent fort réduites. En Namurois, en Flandre, en Angleterre, le plus grand nombre des ménages paysans cultivaient entre deux et trois hectares de champ, pas davantage. En 1305, par exemple, 70 % des tenanciers de l'abbaye de Saint-Bertin, à Beuvrequem, disposaient de moins de quatre hectares, et 43 % de moins de deux [2]. Maîtres d'un train de charrue et de quelques moutons, ces « laboureurs » formaient le corps de cette communauté d'habitants qui s'était partout notablement renforcée depuis la fin du XIIe siècle et qui, par l'entraide, par la jouissance des possessions collectives, leur offrait un sûr refuge contre l'adversité. Il n'est pas douteux que le resserrement des solidarités agraires contribua efficacement à protéger les exploitants moyens contre l'appauvrissement aussi bien que contre les excessives prétentions seigneuriales. Toutefois le fait remarquable est qu'il existait désormais, au-dessous et au-dessus de ce niveau moyen, deux groupes, l'un de pauvres, l'autre d'enrichis, qui l'un et l'autre tendaient à se situer à l'écart de la communauté villageoise. Les premiers avaient été souvent rejetés par elle, les seconds s'en étaient dégagés pour mieux garantir leur indépendance économique.

***

On peut, en effet, considérer la disparité croissante des fortunes comme le changement le plus net qui ait

1. Archives du Rhône, G 3, nº 2.

2. COOPLAND, 397, p. 77. Cette exiguïté des possessions foncières implique que la plupart des ménages paysans trouvaient des ressources complémentaires dans l'activité pastorale, dans l'artisanat ou dans le salariat.

affecté les structures de la société paysanne pendant la période d'expansion agricole, dans sa phase finale qui couvre le XIIIe siècle. Les hiérarchies, jadis, s'ordonnaient en fonction des distinctions juridiques héréditaires qui distinguaient libres et non-libres. En 1300, ce sont les différences de condition économique qui comptent. Dans les régions où les frontières entre liberté et servitude ne sont point effacées de la conscience collective, ou s'y sont de nouveau introduites, elles n'imposent pas des distinctions aussi nettes, aussi quotidiennement vécues que les divers degrés de la hiérarchie des fortunes. Ainsi dans les campagnes anglaises, où la prospérité de bien des villains contraste avec la pauvreté d'un nombre croissant de francs-tenanciers [1]. Sur le continent, les conditions nouvelles de la dépendance personnelle font généralement que les liens de la servitude n'emprisonnent que les malheureux, et laissent aisément s'évader les riches. La situation économique gouverne maintenant tout à fait le statut juridique individuel.

La vivacité nouvelle des échanges et la mobilité plus grande des tenures provoquèrent l'ouverture de l'éventail des fortunes paysannes. Mais celle-ci fut accélérée par la multiplication des perceptions en numéraire. L'évolution qui tendait à fonder de plus en plus sur la monnaie les rapports entre seigneurs et ruraux obligeait en effet les exploitants les moins aisés à vendre à tout prix. En même temps qu'elle vivifiait le commerce au village, elle précipitait donc le mouvement qui faisait glisser une bonne part de la population des campagnes dans la sujétion économique des manieurs d'argent et des négociants des bourgades. Elle offrait en revanche une prime aux plus habiles des rustres qui savaient profiter des occasions du marché. Favorisant les riches au détriment des pauvres, elle contribuait à aviver les disparités économiques au sein de la société paysanne, que les exactions arbitraires au contraire avaient fortement nivelé pendant le premier âge féodal.

On s'explique donc que seuls quelques signes avant-coureurs de la différenciation sociale se discernent dans les documents de la seconde moitié du XIIe siècle. Dans l'un des manoirs dépendants de l'abbaye de Shaftesbury

1. MILLER, 187, p. 113 et 149.

qu'un premier inventaire décrit vers 1130-1135, deux hommes seulement, dont le prêtre du village, possédaient des terres nettement plus vastes que celles de leurs voisins ; cinquante ans plus tard, une nouvelle enquête révèle l'existence d'un troisième gros tenancier. Parmi les paysans qui furent condamnés aux assises de Northampton en 1176 à la confiscation de tous leurs biens, les écarts de fortunes étaient déjà larges : l'un ne possédait que six deniers, un autre plus de soixante-dix sous. Mais ce fut dans le cours du XIIIe siècle que partout s'étendit la distance entre les riches et les pauvres. Dans tel village des plaines de la Saône, où tous les habitants paraissaient vers 1180 placés au même niveau économique, on pouvait voir cent ans plus tard prospérer cinq familles nettement plus fortunées, et qui commençaient à acquérir des rentes sur le patrimoine des paysans voisins moins heureux [1]. A la fin du XIIIe siècle, toutes les enquêtes seigneuriales, en France comme en Italie ou en Angleterre, mettent en évidence de nettes disparités dans la superficie des exploitations dépendantes. Des témoignages convergents peuvent être extraits des registres de notaires. Voici deux paysans qui vers 1330 marièrent leur fille dans le même village de haute Provence ; l'un dota la sienne de soixante-quinze livres en monnaie, d'une tunique de drap de Chalons, d'un manteau de drap d'Ypres garni de fourrure, d'un coffre, de deux garnitures de lit ; l'autre ne put offrir que deux toiles et une couverture, et laissa le gendre payer la tunique et le manteau de drap dont la coutume imposait de vêtir l'épousée. Dans ce même village, il semble bien qu'à cette époque, certains gros paysans qui pouvaient donner en dot à leur fille une cinquantaine de florins d'or s'élevaient presque au niveau des hobereaux les moins aisés [2].

On rencontre à la vérité encore fort peu de paysans riches dans les documents rédigés aux alentours de 1300. Mais ceux-ci commencent à constituer de petites seigneuries, et à s'imposer en maîtres à leurs voisins moins heureux. Ce très petit groupe englobe avant tout les ministériaux (plaçons parmi ceux-ci les prêtres qui, parfois, lorsqu'ils ont affermé leur église et les dîmes, se montrent gros acheteurs de rentes foncières)

1. POOLE, 256, p. 73 ; DUBY, 247, p. 518.
2. Archives des Bouches-du-Rhône, 396 E 18, f° 75, et 17, f° 27.

et les quelques paysans fermiers de domaines ecclésiastiques ou nobles. Tout près d'eux enfin se tiennent certains tenanciers entreprenants. Ces derniers ont profité de la disparition des obstacles à l'aliénation des tenures pour adjoindre à la leur, fragment par fragment, de nouvelles parcelles. Ils ont loué à bail les lopins prélevés sur la réserve du seigneur. Ils parviennent ainsi à exploiter plusieurs dizaines d'hectares de bonne terre. Or la conjoncture favorise les moyens entrepreneurs de culture et d'élevage. Ce sont eux qui vendent aux marchands de la bourgade voisine la plus grosse part des excédents de production du village, les produits des dîmes et des terrages, leur propre récolte, celle de la terre seigneuriale, celle aussi des paysans moins riches qui leur ont vendu sur pied leur moisson ou leur vendange pour se procurer vite les deniers nécessaires au paiement des redevances et des tailles. Eux seuls, dans le monde paysan, profitent vraiment des conditions favorables du marché. Ils placent habilement le numéraire qu'ils gagnent. Ils s'associent par des contrats de gasaille aux exploitants plus modestes du village, pour des opérations d'élevage dont ils tirent les meilleurs profits. Ils pratiquent l'usure autour d'eux. Ils avancent à leur voisin de l'argent à diverses conditions, qui toutes sont très avantageuses. Voici deux frères, deux gros paysans d'un hameau des Alpes de Provence ; en 1334, ils achetèrent pour douze livres à un pauvre cultivateur du même village toute la récolte que pendant quinze ans il tirerait d'une certaine terre ; ils prêtèrent l'année suivante quatre livres et dix sous à deux voisins ; la somme devait être employée à semer et à labourer deux champs dont les créanciers se réservaient, bien sûr, toute la moisson [1].

Souvent, ces enrichis envoyaient l'un de leurs fils aux écoles. Ils lui préparaient ainsi une carrière d'Église ou d'administration. Et ce fut de cette manière que le monde paysan commença de s'immiscer dans les cadres supérieurs de la société ecclésiastique. En Italie, dans la France méridionale, les hommes de ce groupe cherchèrent souvent à immigrer dans la ville voisine, à s'introduire dans la société des marchands ou des notaires. Ceux de France parvinrent parfois à épouser

1. Archives des Bouches-du-Rhône, 396 E 17, f° 71, 18, f° 73.

une fille noble, à prendre pour gendre un homme de bourgeoisie. Beaucoup, comme tel paysan aisé d'Autriche qui affectait de boire du vin [1], avaient contracté certaines habitudes de la société chevaleresque. Mais dans les campagnes françaises, au moins, on voit très rarement qu'ils aient réussi à se faire admettre tout à fait dans la noblesse. A vrai dire, cette exclusion les protégea contre les tentations de gaspillage mondain, et assura en fait leur aisance. En tout cas, le mouvement d'ascension économique qui les entraînait ne cessa de s'amplifier. Ils furent poussés à s'élever toujours davantage, à surenchérir dans les ventes de bois ou dans les amodiations de domaines. Bref, on peut voir en eux, à cette époque, les agents les plus actifs d'une poursuite de l'expansion.

Mais inversement, au seuil du XIVe siècle, s'accélère la dépression d'un groupe beaucoup plus nombreux de paysans vulnérables. Toute l'évolution de l'économie rurale s'est accomplie, on l'a vu, au détriment des plus pauvres. L'abonnement des tailles et la vente des franchises, la diffusion de la rente foncière, les facilités mêmes de l'emprunt de consommation, toutes les formes par lesquelles s'effectua la pénétration de l'économie marchande ligotèrent les paysans les moins fortunés dans un lacis de dettes, qui les rendit véritablement esclaves de la ville ou de leurs voisins plus aisés. Les destinées de la dépendance personnelle, la hausse du prix des bêtes de labour, et jusqu'au remplacement des services par des versements de monnaie placèrent dans une condition plus précaire les *cottiers* anglais, les « manouvriers » ou les « malservis » des campagnes françaises, comme les *Höldner* d'Allemagne, et tous ces hommes dont la terre trop petite pour les nourrir ne pouvait évidemment leur procurer de quoi vendre et trouver les deniers que le seigneur et leurs créanciers attendaient. Le petit élevage eût pu les aider, mais ces tenanciers se trouvaient souvent exclus des communaux et des droits de pacage collectifs par le seigneur, par les plus gros exploitants et même par la communauté de village. Avec la fin du siècle, disparurent les dernières possibilités de défrichement et d'établissement sur les mauvaises terres des lisières.

1. E. PATZELTT, *Oesterreich bis zum Ausgang der babanbergerzeit*, Vienne, 1946 ; p. 154-155.

Lorsqu'ils avaient vendu les bribes de leur héritage, beaucoup partaient pour la ville, en quête de gains plus faciles. Cet exode prenait parfois le caractère de migrations saisonnières : tel homme qui, l'hiver, fabriquait des outres à Toulouse, retournait, l'été, travailler la terre dans le village où il était serf ; dans un village des Alpes méridionales, une enquête fiscale recensa dans l'hiver 1340 cent dix maisons habitées et quarante-deux fermées : les familles qui y résidaient étaient descendues passer la mauvaise saison dans la plaine pour y gagner un peu d'argent [1]. Le meilleur recours contre le complet dénuement restait pour ces gens l'entrée en service. Tous ces manœuvres attendaient leur pain d'une embauche, permanente ou temporaire, sur les champs, les prés et les vignes des grosses exploitations. On a vu que cette masse de travailleurs disponibles stimula très vivement l'abandon des corvées, en même temps que le maintien du faire-valoir direct. Toutefois la stabilité des salaires conjointe à la hausse du prix des grains, provoquées l'une et l'autre par la présence de cette foule toujours plus nombreuse en quête d'emploi, maintenaient ces journaliers en état de sous-alimentation chronique. L'étude précise des taux de mortalité que certaines archives manoriales anglaises, particulièrement riches, ont permis de conduire récemment, montre que ces paysans, sans terre ou presque, subissaient beaucoup plus fortement le coup des mauvaises récoltes. Celles-ci les frappaient trois fois : en les forçant à acheter davantage de grains, en les obligeant à les payer beaucoup plus cher, enfin en supprimant certains emplois à la moisson et au battage. Pour ces pauvres, les années de maigre moisson étaient des années de maladie et de mort. Et la hausse du taux moyen de mortalité que ces documents révèlent à partir de la fin du XIIIe siècle procède sans conteste de la multiplication rapide des villageois misérables [2].

Effet second provoqué depuis le milieu du XIIe siècle par l'essor de l'économie rurale, la différenciation des catégories sociales au sein de la paysannerie fut d'abord favorable aux seigneurs qui en tirèrent parti. Ce faisant, ils l'accentuèrent encore. Mais elle devint à

1. WOLFF, 658, p. 67 ; BARATIER, 84, p. 73.
2. POSTAN-TITOW, 500.

son tour l'un des facteurs les plus actifs des modifications que commençait à subir vers 1300 l'économie seigneuriale. Le lent dérangement des structures engageait en tout cas l'avenir. Prospères, vidées de presque toutes leurs friches, pleines de travailleurs et couvertes de moissons, les campagnes d'Europe étaient en réalité au seuil du XIVe siècle surpeuplées et chargées d'un nombre croissant de paysans faméliques. On peut penser même que l'activité productive, vivement poussée par un petit groupe d'entrepreneurs, par les seigneurs, leurs mandataires et ces gens des villes qu'attiraient les spéculations sur les grains ou les bestiaux, épuisait peu à peu certains sols et de manière définitive, abaissait le niveau des salaires, et réduisait les possibilités d'achat de presque toutes les familles paysannes. Ainsi dans ce monde sans grosses réserves de richesses et au fond très vulnérable, se préparaient insensiblement des lendemains difficiles. Premier symptôme : en 1258, la disette qui s'abattit sur l'Angleterre prenait des allures de famine. En 1309-1311, les campagnes d'Allemagne souffrirent d'une pénurie de subsistance beaucoup plus cruelle [1]. Le temps des difficultés commençait.

1. CURSCHMANN, 561.

LIVRE IV

LA MUTATION DU XIVe SIÈCLE

Les documents qui éclairent la vie économique des campagnes après le milieu du XIVe siècle sont considérablement plus nombreux, dans la plupart des dépôts d'archives de l'Europe occidentale, que ceux dont disposent les historiens des époques antérieures. Ces grosses masses accumulées, toujours de lecture malaisée, souvent mal classées et de manipulation difficile, se montrent au premier abord fort rebutantes. Leur abondance encombre les voies de la recherche. Elle impose des techniques d'investigation particulières, le recours aux sondages, au choix d'échantillons. Elle requiert le travail en équipe, l'invention de procédés nouveaux de dépouillement et de mise en fiches. Ces sources enfin ne se prêtent guère à la publication. En fait, elles sont encore très mal explorées. Ajoutons en effet que, sauf en Angleterre et dans l'Allemagne du Nord-Ouest, les historiens intéressés par l'économie des deux derniers siècles du Moyen Age ont concentré à peu près exclusivement leur attention sur les villes, sur les marchands, sur les « affaires » de commerce et d'artisanat. Pour ces raisons, les structures rurales de ce temps, en dépit d'une documentation beaucoup plus riche, demeurent en réalité plus obscures que celles des XIIe et XIIIe siècles.

On s'aperçoit aussi que les sources ont changé de nature, et plus encore de provenance. Les actes dressés pour le seigneur, les inventaires, les comptes s'avèrent après le premier quart du XIVe siècle relativement plus rares qu'aux époques immédiatement antérieures. Ils existent encore très nombreux. Beaucoup ont été repérés et exploités en Angleterre, et les chartriers des seigneuries allemandes, françaises et italiennes en contiennent d'épaisses liasses. Toutefois, par rapport à la richesse des fonds seigneuriaux, en certaines contrées au moins, à la fin du XIIIe siècle et pendant les premières décennies du XIVe, le fléchissement apparaît très net. En revanche, on voit se multiplier alors les documents rédigés par les fonctionnaires des états et des principautés, et notamment les registres fiscaux ou judiciaires, les dénombrements, les « estimes » des fortunes. Ainsi le point d'observation se déplace-t-il progressivement. Le monde rural est entrevu dorénavant sous un angle différent. Le chercheur se doit d'en tenir compte s'il veut éviter que les phénomènes mêmes ne lui paraissent transformés du seul fait de ce changement de perspective. Enfin, il n'est pas jusqu'au ton des textes qui, dans une certaine mesure, ne se soit modifié. Dans les actes conclus entre les seigneurs et les paysans pour l'aménagement de leurs relations économiques, comme dans les suppliques adressées à la puissance publique pour obtenir un dégrèvement fiscal, un secours, une lettre de pardon, abondent les plaintes, les allusions à la misère des temps et aux catastrophes. La défaillance de l'institution seigneuriale, dont témoigne au premier regard le contenu même des fonds d'archives, jointe à cette tonalité pessimiste, et confrontée à la tension politique incontestable qui régnait alors entre les états et à la permanence de la guerre, communique le sentiment d'une nette et rapide détérioration de l'économie rurale. Entre l'ample période de croissance qui se prolongeait encore au seuil du XIVe siècle et le départ d'une nouvelle grande vague ascendante qui, aux approches de 1450, vint ranimer partout la prospérité, ne faut-il pas considérer le long siècle intermédiaire comme une phase de recul, à tout le moins de stagnation ?

Soucieux les premiers de transposer dans l'observation des campagnes médiévales les modèles construits par les économistes pour expliquer les changements de conjoncture aux époques contemporaines, les historiens anglais ont naguère proposé de reconnaître dans l'économie rurale deux tendances successives de longue durée, l'une positive, l'autre négative. Le passage de l'une à l'autre se serait situé pendant la première moitié du XIVe siècle. Il y a douze ans, un bel article d'E. Perroy, analysant de plus près ce renversement en Angleterre et dans le nord de la France, construisait un schéma plus complexe. Diverses « crises », frumentaires, monétaires, démographiques, se seraient enchaînées depuis 1315 jusqu'en 1370, pour ouvrir finalement une longue période de récession. L'auteur conviait les historiens à vérifier dans les documents ces hypothèses. En fait, des études plus récentes ont engagé à nuancer encore davantage, à distinguer dans l'interprétation de la conjoncture de profondes diversités géographiques, à délimiter les multiples zones où les rapports économiques évoluèrent selon des rythmes particuliers. Elles ont interdit de se représenter l'Europe occidentale comme un ensemble homogène, et donc d'étendre sans précaution des conclusions fondées seulement sur des faits décelés dans les pays riverains de la Manche et de la mer du Nord. Elles ont invité surtout à observer, sous les grandes oscillations, des fluctuations de moindre amplitude. Ne peut-on discerner bien avant la fin du XIIIe siècle de premières impulsions dépressives ? Et en revanche, des poussées temporaires de prospérité au sein du marasme du XIVe siècle finissant ? Il convient enfin de faire cas de la critique des historiens marxistes. Rejetant les modèles cycliques, condamnant l'explication par les catastrophes démographiques ou par le mouvement des prix, ceux-ci convient à voir dans les difficultés que les documents mettent en évidence, non point un malaise de l'économie rurale tout entière, mais le signe seulement d'un effondrement de la « féodalité » — entendons, de l'exploitation seigneuriale. Par le transfert des forces productives qu'elles déterminèrent, ces transformations ne seraient révélées finalement favorables à la paysannerie. Elles auraient directement préparé l'ample mouvement de reprise que l'on voit s'amorcer dès le milieu du XVe siècle [1].

1. Voir notamment les discussions sur le rapport d'histoire économique de la fin du Moyen Age, présenté au Congrès de Rome en 1955, *X° Congresso internazionale di science storiche; Roma*, 1955, *Atti*, Florence, 1955 ; PERROY, 523 ; HILTON, 513 ; KOSMINSKY, 516 ; GRAUS, 511.

CHAPITRE PREMIER

CARACTÈRES NOUVEAUX DE L'ÉCONOMIE RURALE

Il est nécessaire de répéter au seuil de cette esquisse que toute étude de la conjoncture doit, à cette époque, être conduite dans un cadre géographique restreint. Les documents du XIVe siècle, qui, beaucoup plus serrés, permettent lorsqu'on les interroge systématiquement une analyse nettement plus fine des conditions qui commandèrent l'évolution de l'économie rurale, montrent en effet combien le monde des campagnes demeurait encore cloisonné. Il apparaît d'abord très clairement que certaines grandes régions de l'Europe continuèrent de jouir pendant cette période d'une prospérité soutenue, qui prolongeait pour elles le mouvement ascendant du XIIIe siècle. Ce fut le cas de la Hollande, où la croissance des villes marchandes, l'effort inlassable pour reconquérir des terres périodiquement ravagées par les transgressions marines et pour en gagner de nouvelles, l'essor de l'élevage et de la fabrication de la bière, stimulèrent sans fléchissement la vitalité de l'économie rurale. Ce fut aussi le cas de la basse Lombardie. Dans la deuxième moitié du XIVe siècle, c'est-à-dire au moment où les difficultés s'aggravaient en France et en Angleterre, ce pays bénéficia à la fois d'un net élan démographique et d'une large expansion agricole et pastorale, que vivifièrent des investissements massifs et l'activité de toute une génération d'entrepreneurs. La situation enfin des pays de l'Est allemand apparaît singulière. Ils connurent d'incontestables difficultés, et subirent en particulier une forte dépopulation. Mais certains éléments favorables, notamment une meilleure tenue des prix agricoles, préparèrent ici la mise en place d'exploitations céréalières de grande envergure dont la prospérité s'affirma à l'époque moderne.

On doit tenir compte d'ailleurs d'une diversité régionale beaucoup plus menue. De vifs contrastes opposaient alors de petits pays très voisins. Les dénombrements contenus dans des documents fiscaux comme, dans le royaume de France, l'*État des Paroisses et des Feux* de 1328, ou les registres de la *Poll Tax* qui fut levée en Angleterre au dernier quart du XIVe siècle, révèlent ces discordances. On les voit se maintenir, s'accentuer même pendant les crises. Tout au long du XIVe siècle, des différences vigoureuses s'accusent entre les coteaux forestiers et presque déserts du Hurepoix et la grasse plaine de France, entre les comtés du sud de la Tamise et la zone opulente qui entoure le Wash[1]. Les sources donnent à penser qu'une organisation de l'économie des campagnes par petites unités régionales, solidement constituées autour d'une bourgade, s'était mise en place pendant la période d'expansion et d'essor commercial du XIIIe siècle. L'armature en était constituée par un réseau serré de liaisons, qui ne se relâchèrent pas toutes au bas Moyen Age. Certaines au contraire se nouèrent plus fortement. Dans chacune de ces régions, le comportement démographique, les conditions de l'emploi, de l'occupation du sol et de la production, l'allure des marchés, les structures agraires et même familiales, présentaient des caractères particuliers. Fondées sur la large abondance des sources, et notamment sur les enquêtes des archives princières qui embrassent de grands ensembles et qui se déploient sur un champ beaucoup plus large que ne le font les documents de la seigneurie, conduites en recourant constamment à l'observation géographique, des monographies qui s'attacheraient à l'analyse de ces unités économiques et de leurs singularités, ouvriraient sans doute des perspectives très neuves. Elles permettraient de repren-

1. FOURQUIN, 533 ; voir la carte des densités de la population rurale anglaise, établie d'après les données de la *Poll Tax* de 1377 par PELHAM, dans DARBY, 33, p. 232.

dre, de rectifier les grandes impressions d'ensemble, de les expliquer peut-être, en tout cas de poser plus justement les problèmes de l'économie rurale si dépendante des conditions locales. Force est pour le moment de se contenter d'une observation plus rapide et plus floue et d'en rester au témoignage le plus général des sources. Or celui-ci, pour l'ensemble de l'Occident, et pour l'Italie même (en Toscane, en Ligurie, on cherche en vain des traces évidentes d'une croissance comparable à celle qui animait alors autour de Milan la vie économique des campagnes [1]) atteste bien le repli des activités au sein de difficultés croissantes.

I. Les fléaux

De ces malaises, les indices apparaissent multiples, même si l'on se défie, comme il le faut, des exagérations qui tiennent à la nature des sources, et plus encore peut-être à la sélection qui fut parfois faite parmi elles par les érudits trop attentifs aux témoignages de désolation. Il convient d'abord de considérer tous les signes de catastrophes, tout ce qui évoque des ruptures brutales, des chocs extérieurs venant détruire les réserves de richesse, disperser les forces de production et perturber les circuits d'échanges. Les documents du temps sont d'excellents témoins de ces calamités, que l'on peut ranger en trois catégories.

Les troubles de l'approvisionnement en subsistance se montrent les plus précoces. Menée dans des conditions climatiques généralement peu favorables et sur des sols souvent médiocres, ou qu'épuisaient des pratiques agraires trop primitives, la production du blé, aliment de base, avait toujours présenté de fortes irrégularités. Au XIIe, au XIIIe siècle, les années de disette succédaient aux années grasses, et dans les meilleures saisons, beaucoup d'hommes devaient se contenter, à la fin du printemps et en attendant la moisson prochaine, de nourritures de hasard. Mais enfin, depuis les décennies qui suivirent l'an mil, l'Europe semble bien avoir échappé aux grandes famines, aux crises de subsistance assez graves pour faire périr une partie

1. Intervention de R. Lopez, dans *X° Congresso internazionale di scienze storiche, Roma, 1955, Atti*, p. 401, 402.

notable de la population. A vrai dire, ce secteur de l'histoire de l'alimentation demeure, lui aussi, très insuffisamment exploré. Il faut bien reconnaître d'ailleurs que son étude est des plus difficiles. Les chroniques monastiques de l'époque féodale fourmillent d'allusions aux pénuries alimentaires ; mais elles ne donnent jamais le moyen de mesurer même approximativement la gravité de ces crises, ni de délimiter les zones où elles sévirent. Néanmoins, on peut suivre l'opinion des historiens qui considèrent que les difficultés de ravitaillement s'aggravèrent dans les dernières années du XIIIe siècle, au moins dans les contrées les plus occidentales de l'Europe, et qu'une ère de pénurie catastrophique s'ouvrit après 1300.

Il semble en particulier qu'une succession d'années trop pluvieuses rendit beaucoup plus aiguës des difficultés chroniques, et déclencha en 1309 dans le sud et l'ouest de l'Allemagne, une crise frumentaire, qui s'étendit ensuite sur l'ensemble de l'Europe de l'Ouest. Son point d'extrême gravité se situerait dans les années 1315-1317. De mai à août 1316, un habitant sur dix mourut de faim dans la ville d'Ypres ; furent frappés bien sûr les plus pauvres, qui ne possédaient pas de réserves et qui ne purent esquiver une hausse des prix d'amplitude extraordinaire. Les documents des villes attestent le retour périodique de famines semblables : on peut en repérer sept à travers les archives toulousaines entre 1334 et le milieu du XVe siècle [1]. Partout, en Italie comme en Languedoc ou en Allemagne, le ravitaillement devint au XIVe siècle un souci permanent et d'une constante acuité pour tous les corps municipaux.

Notons bien toutefois que ces inquiétudes alimentaires apparaissent toujours dans les sources de cette époque comme des phénomènes spécifiquement urbains. Les documents ruraux, beaucoup plus laconiques, n'ont jamais été interrogés sur ce point. Que livreraient-ils ? On peut penser que les campagnes étaient moins vulnérables, et que la plupart des paysans trouvèrent toujours aux pires années de quoi ne pas mourir d'inanition. Dans quelle mesure la partie misérable de la population villageoise fut-elle touchée ? On a vu que, dès la fin du XIIIe siècle, la mortalité s'élevait

1. Van Werveke, 565 ; Capra, 560.

notablement en temps de mauvaises récoltes parmi les *cottiers* des seigneuries anglaises qui ne possédaient pas de terre, vivaient d'un salaire et devaient acheter leur pain [1]. Il n'est donc pas impossible que le prolétariat des campagnes ait été lui aussi décimé par ces vagues de pénurie. Celles-ci, en tout cas, troublèrent fortement l'économie des villages. L'oscillation désordonnée du prix des céréales qu'elles provoquaient sur le marché urbain perturbait à la campagne les conditions de vente, et par contrecoup celles de la production et de l'emploi.

***

D'autres dérangements extérieurs vinrent des guerres. Les hostilités, les pillages, les incendies de récoltes avaient toujours été accidents fort communs aux temps féodaux. Cependant, depuis la fin du XIIIe siècle, la croissance des principautés qui s'affrontèrent, la constitution d'un groupe de soldats professionnels vivant des combats et intéressés à ce qu'ils durent, ainsi peut-être que des modifications plus profondes qui restent imparfaitement analysées, entretinrent dans toute l'Europe des tensions militaires plus aiguës. La guerre devint désormais à peu près permanente, se rallumant ici dès qu'elle s'éteignait là. En outre, ses pratiques se modifièrent et gagnèrent en efficacité destructrice. La lutte demeurait fort localisée, et n'engageait jamais que des bandes infimes de combattants. Mais les compagnies de soldats de métier, mal rétribuées par les princes, se nourrissaient sur le pays qu'elles exploitaient à fond. Elles dévastaient surtout les campagnes, car les villes se trouvaient bien protégées par leurs remparts et les milices bourgeoises. En outre, le « dégât », la destruction systématique des richesses, encore une fois surtout rurales, fut fréquemment employé comme tactique d'agression ou de parade. Peut-être les historiens ont-ils tort de ne pas attacher plus d'importance aux faits de guerre, dans l'analyse des conditions économiques pendant les XIe-XIIIe siècles : un examen attentif du *Domesday Book* incite à penser qu'ils purent dès cette époque déterminer des effets

1. POSTAN-TITOW, 500.

profonds [1]. Il est sûr, en tout cas, qu'après 1300, leur intervention put localement infléchir de manière sensible l'évolution de l'économie rurale.

Il n'est pas de province d'Occident dont les villages n'aient souffert périodiquement des passages de troupes, pour la plupart heureusement rapides et fort espacés. Dans certaines régions, comme la Flandre au début du XIVe siècle, comme les environs de Paris, ou le Bordelais plus tard, la prolongation des opérations militaires accumula les ruines. Dans le patrimoine de Saint-Martin-de-Tournai, vingt-deux « cours » et sept moulins avaient été détruits par l'incendie en 1302. Dans la région parisienne, la dîme des grains qui rapportait normalement à Antony trente-cinq muids était tombée à vingt en 1384, et celle du vin de cent vingt queues à vingt seulement ; ces chiffres montrent dans quelle proportion une chevauchée de gens d'armes pouvait détériorer la production d'un village. La même année et par l'effet des mêmes opérations militaires, on dut laisser en friche vingt-deux arpents de vigne sur trente-deux, et quatre-vingt-dix arpents de champs sur cent quatre-vingt-dix sur les terres de l'abbaye du Lys près de Melun. Par suite d'une semblable restriction des cultures provoquée par des événements de même nature, les moines de Saint-Denis, qui avaient vendu, en 1342-1343, cent trente-trois muids de blé, ne purent pas en offrir aux marchands plus de quatre en 1374-1375 [2].

Toutefois, si l'économie rurale pâtit incontestablement de la guerre, ces dommages restèrent la plupart du temps moins graves qu'il n'apparaît à travers des sources trop pathétiques. Ils affectèrent plus légèrement les exploitations modestes. La population paysanne, prompte à s'enfuir et qui attendait à l'abri, dans les

1. DARBY, dans 33, p. 166 et suiv. La défaillance du pouvoir royal, les luttes ardentes entre seigneurs se disputant les prérogatives régaliennes, entretinrent dans l'Allemagne du XIIIe siècle des conflits qui désolèrent les campagnes de ce pays. Les sources ici sont pleines d'allusions aux ravages de récoltes, aux paysans réduits à la pauvreté et à l'exode, EPPERLEIN, 486, p. 136. Des destructions de cette ampleur n'ont certainement pas été sans incidences sur l'évolution économique ; elles ont peut-être favorisé dans le nord-ouest de l'Allemagne les progrès du bail à ferme. En fait, il n'y a guère qu'en France que le contraste soit vif entre la paix du XIIIe siècle et les désordres militaires du XIVe.

2. HAENENS, 615 ; FOURQUIN, 510 *a*.

bois ou les marais, la fin des alertes toujours brèves, ne souffrait pas physiquement des hostilités, sauf exception tout accidentelle. Il faut considérer aussi que le matériel d'équipement agricole était alors si rudimentaire, qu'il fallait très peu de temps pour le remettre en état. La paix revenue, on reprenait le labourage. Après un repos forcé, la terre portait à nouveau moisson. Les incursions des gens de guerre n'affectèrent jamais durablement la production des céréales. En revanche, les cultures de jardinage subissaient des dégâts moins superficiels, et notamment la vigne ; lorsque les ceps avaient été détruits ou laissés trop longtemps à l'abandon, il fallait replanter et soigner quelques années le vignoble avant qu'il ne rapporte à nouveau. Le bétail surtout constituait une proie tentante pour les gens de guerre. Lorsque les villageois n'avaient pas eu le temps de disperser leurs troupeaux dans les cachettes forestières, les passages de troupes détruisaient d'ordinaire une partie du cheptel. La guerre portait de cette manière à l'économie paysanne les coups les plus graves. Lorsque bœufs et chevaux d'attelage étaient ainsi décimés, le choc se répercutait sur le travail agricole et sur son rendement.

En fait ce furent surtout les demeures seigneuriales qui souffrirent, plus exposées en raison même de leur relative richesse, ainsi que leurs annexes, les moulins, les fours, les clos, les vergers, bref tout ce qui faisait le luxe des campagnes. Le fait mérite d'être noté : la guerre éprouva plus durement l'économie seigneuriale. Frappant davantage les riches, elle contribuait à niveler dans les campagnes les écarts de fortune. Les pertes de capital qu'elle détermina se répartirent en tout cas fort inégalement dans la société rurale.

Même inégalité entre les régions. Partout on entreprenait avec acharnement les réparations aussitôt que le danger s'éloignait. Très vite ainsi tous les organes de production, et jusqu'aux installations les plus fragiles, se trouvaient restaurés. On s'aperçoit par exemple que, dans les campagnes bordelaises, des phases de reconstruction alternèrent avec les phases de ravages [1]. On s'explique ainsi que même dans les régions les plus profondément saccagées, les coups portés par la guerre furent rarement assez rudes pour déranger durablement

1. BOUTRUCHE, 508, p. 193 et suiv.

la répartition de l'habitat ou les structures agraires. Mais il apparaît aussi très nettement que les pays pauvres et moins peuplés souffrirent plus profondément des destructions, et surtout qu'ils s'en remirent bien plus lentement. En effet, moins robustes, ils fléchirent davantage sous l'épreuve. S'ils tardèrent autant à se remonter, c'est que l'effort de la réparation et les investissements se portèrent d'abord vers les contrées plus fertiles. A la fin du XVe siècle, les bonnes terres à blé du Valois se trouvaient depuis fort longtemps tout à fait restaurées, aussi pleines d'hommes et aussi productives qu'avant les troubles militaires, alors que dans les mauvais pays de la Brie toute proche, les plaies de la guerre attendaient encore d'être pansées [1].

***

A la famine et à la guerre s'ajoutèrent encore d'autres calamités qui, celles-ci, ébranlèrent plus profondément les structures de l'économie rurale. Il s'agit des mortalités, des épidémies, des « pestes », et en particulier de la plus brutale d'entre elles, qui en 1348 et 1349 ravagea l'Europe entière, à l'exception de quelques cantons d'Allemagne : la Peste Noire. Il est probable que les villes où l'entassement de l'habitat, les très mauvaises conditions d'hygiène et les difficultés d'approvisionnement favorisaient la contagion, souffrirent davantage de ce dernier fléau. Mais il n'épargna pas les populations des campagnes. Dans un canton du Surrey, on enregistra quinze fois plus de décès que d'ordinaire en 1348-1349, et dix fois plus en 1349-1350. Les observations qui portent sur le milieu rural montrent surtout que les attaques de la peste manifestèrent une intensité très variable selon les lieux. Dans tel village anglais, sept cent quarante-sept personnes moururent en 1349, mais cinq seulement dans la localité contiguë, qui n'était pas moins peuplée. Les exemples ne manquent pas de villages que la Grande Peste apparemment épargna tout à fait. Dans le censier de Garges, près de Paris, rédigé en 1351, les deux tiers des hommes portent des noms familiaux déjà enregistrés vingt ans plus tôt, ce qui, dans les conditions de transmission des patronymes et de rédaction des inventaires, témoigne d'une forte stabilité

1. FOURQUIN, 510 *a*.

démographique [1]. Il n'en reste pas moins que le monde des campagnes subit, de par la Peste Noire, une très forte secousse, et dont les effets se prolongèrent. Pendant plus d'un demi-siècle, la maladie se réveilla en poussées périodiques qui se montrèrent, ici et là, plus meurtrières que la grande épidémie de 1348-1349. Aussi faut-il considérer que si les famines et les campagnes militaires demeurèrent des accidents de surface, les mortalités, qui déterminèrent une rupture durable dans l'évolution démographique, atteignirent vraiment les structures rurales. Par elles, nous touchons à des modifications de profondeur que révèlent de nouvelles séries d'indices.

2. Le dépeuplement des campagnes

La plus apparente de ces modifications est une baisse de population, non point celle-ci accidentelle, mais de longue durée. Cette défaillance succède, semble-t-il, de manière assez brusque à la très longue période de croissance ininterrompue. Elle est attestée par un ensemble convergent de témoignages indirects, tels que la hausse des salaires, la restriction des surfaces ensemencées et l'abandon de lieux habités. Mais elle est immédiatement visible dans les dénombrements qui se multiplient précisément à cette époque en Europe. En vérité, ces documents présentent de très fâcheuses imperfections. En premier lieu, tous ces recensements procédaient d'intentions essentiellement fiscales. Ils préparaient la répartition des subsides accordés aux princes, que l'on avait alors coutume de partager entre les villages au prorata de leur population. Il en résulte que les déclarations sur lesquelles ils se fondaient se trouvaient au départ faussées, en dépit des serments, par le désir des communautés d'alléger le poids des impôts. En outre, on ne dénombrait pas les individus, mais les unités imposables, c'est-à-dire les foyers, les « feux ». Combien d'êtres vivaient alors en moyenne dans un « feu » rural ? De forts désaccords séparent les estimations que proposent les spécialistes. Ajoutons que,

1. Fourquin, 510 *a*. Une province comme le Béarn fut presque complètement épargnée, Tucco-Chala, 637 *a*.

fréquemment, les listes conservées ne concernent que les foyers solvables, car les enquêteurs ne se souciaient pas d'alourdir leur tâche en enregistrant les feux trop pauvres pour participer à la collecte. Pour rectifier les données de ces textes, il faudrait donc connaître la proportion des misérables ; fort variable, celle-ci ne peut faire l'objet que de conjectures très hypothétiques [1]. D'autres documents qui ne concernent qu'une partie de la population rurale, comme les états de recrutement des milices, les listes des tenanciers ou des taillables utilisées par les percepteurs seigneuriaux, complètent les indications des dénombrements. Bien que de qualité médiocre, le matériel d'information autorise ainsi des observations fort utiles, et permet enfin à l'historien de l'économie rurale une observation moins décevante des mouvements démographiques. Indiquons que ces sources demeurent encore pour la plupart inexploitées, mais aussi que l'étude de la population constitue l'un des secteurs de recherche les plus actifs dans l'histoire médiévale, celui dont les progrès récents sont peut-être les plus marqués [2].

Dans l'état actuel des investigations, de fortes particularités se discernent d'abord entre les quelques régions qui ont fait l'objet d'examens approfondis. Certaines d'entre elles en effet n'accusent aucune tendance dépressive, mais au contraire des signes fort nets de croissance. Ainsi dans le nord de l'Italie, dans le Tyrol où l'on estime que la population s'éleva de moitié entre 1312 et 1427. Dans le Brabant septentrional, les dénombrements mettent en évidence une hausse du nombre des feux entre le dernier quart du XIVe siècle et la seconde moitié du XVe siècle ; selon les villages, elle varie entre 6 et 32 %. Un essor démographique est également attesté localement après le milieu du

1. Voir, sur ce point, les remarquables analyses critiques dans ARNOULD, 529, et BARATIER, 84. On connaît des cas d'extraordinaire entassement dans un même foyer. En 1484, dans une maison d'un bourg normand vivaient soixante-dix personnes, « parce qu'elles craignaient les tailles, car si chaque personne mariée tenait, comme on dit communément, un ménage particulier, ils seraient bien forcés à payer une plus forte taille... ». Preuve intéressante d'une incidence directe des méthodes fiscales sur les structures du peuplement, GUENÉE, 535 *a*, p. 321.

2. Après le rapport présenté au Congrès de Paris, 86.

XIVe siècle dans certains cantons des Midlands en cours de défrichement [1].

Toutefois, dans la plupart des provinces, les observations ont décelé un fléchissement parfois très prononcé. En Provence, dont la très riche documentation vient d'être récemment exploitée, la baisse se manifeste dès les premières années du XIVe siècle et précède par conséquent d'une bonne distance le déclenchement des grandes épidémies : dans le village de Maillane par exemple, on comptait cent « feux » au milieu du XIIIe siècle et quatre-vingts seulement en 1319 [2]. Cependant la chute de la population provençale s'est fortement accélérée après 1320, et dans l'ensemble de l'Europe occidentale, il faut semble-t-il situer la période la plus critique de l'histoire démographique pendant les vingt années qui ont suivi la Peste Noire. C'est alors que les courbes accusent les défaillances les plus brutales. Ce qui montre que le choc porté par la Grande Peste, frappant un milieu déjà déficient, avait exercé une influence déterminante [3]. Après 1370, une dépression démographique s'installa pour plusieurs décennies dans presque toutes les campagnes européennes.

On la devine très profonde. Je prends pour exemple des données qui concernent un petit village de Bourgogne [4]. Quarante et un feux en 1375, soit moitié moins qu'en 1268. Stabilisation ensuite à un niveau légèrement supérieur : cinquante-quatre feux en 1378, cinquante-trois en 1400. Ensuite effondrement brutal : en 1423, treize feux. Telle est bien l'allure générale du mouvement qui ne semble aucunement dépendre des catastrophes militaires. Un semblable recul peut s'observer partout. Le *contado* florentin se dépeupla dans les mêmes proportions ; à cette époque on ne trouvait plus à Maillane aucun feu solvable. D'une manière générale également, la courbe de population se releva dans le second quart du XVe siècle. Le village bourguignon choisi comme témoin comptait vingt-huit feux en 1436,

1. CIPOLLA, 509 ; J. CUVELIER, *Les dénombrements de foyers en Brabant (XIVe-XVIe siècles)*, Bruxelles, 1912-1913 ; HILTON, 620.

2. BARATIER, 84 (voir en particulier le tableau concernant la région de Sisteron, p. 172-173) et 387.

3. D'après les témoignages anglais utilisés par RUSSELL, 89, la mortalité des enfants semble s'être fortement relevée après 1348 ; à la fin du siècle, ce fut la fertilité qui baissa.

4. MARTIN-LORBER, 497.

quarante-deux en 1450. La poussée s'accéléra après 1460-1470 dans les régions riches de France et d'Angleterre, alors que les cantons pauvres restaient stagnants et continuaient même parfois de se dépeupler.

Quelques zones rurales exceptionnellement favorisées mises à part, la saignée avait été étonnamment forte. Ainsi peut-on penser que, dans son ensemble, le comté de Nice perdit les deux tiers de sa population entre 1320 et le début du XVe siècle ; et les secteurs les plus pauvres de haute montagne avaient davantage encore souffert de la dépopulation. Dans une bourgade de la haute vallée du Var, on recensa deux cent soixante-huit foyers en 1313 et quatre-vingt-neuf seulement en 1471. Dans la région de Senlis, la densité des feux par kilomètre carré était tombée des environs de quinze en 1328 à trois ou quatre au milieu du siècle suivant [1]. Vers 1470, alors que la reprise était déjà franchement lancée, les feux demeuraient, dans la plupart des villages d'Europe, moitié moins nombreux qu'au début du XIVe siècle.

3. Restriction de l'espace cultivé

A la raréfaction des hommes correspond le recul des cultures, une phase d'*Entsiedlung*, de repli dans l'occupation du sol, qui suivit de peu l'arrêt des défrichements. Ces modifications de l'espace agraire ont fait l'objet d'études approfondies en Allemagne et en Angleterre. On voit dans ces pays que l'abandon affecta dans de très nombreux terroirs un certain nombre de champs situés généralement dans les quartiers périphériques du finage, dans les zones que les agriculteurs avaient les dernières conquises sur les friches, et qui furent alors délaissées. Les sources écrites attestent également la désertion de certains manses, de parcelles d'habitation situées soit à l'intérieur des villages, soit dans les zones d'habitat dispersé. On voit enfin que des villages disparurent complètement avec leur terroir. Seules quelques traces en demeurent aujourd'hui dans la toponymie. Parfois le dessin des anciennes rues et des enclos, le quadrillage des longues parcelles apparaissent à ras du sol à peine marqués par un léger relief. En Angleterre, la photographie aérienne en lumière frisante a

1. Baratier, 84, p. 186 ; Guenée, 535 *a*.

révélé quelques-uns de ces vestiges sous la prairie qui les a recouverts et qui les conserve. Les recherches ont décelé l'existence d'un très grand nombre de ces *lost villages*, de ces *Wüstungen*, dont l'abandon peut être situé dans la seconde moitié du XIVe siècle et au début du XVe. On estime que quatre cent cinquante gros villages et davantage de petits hameaux, c'est-à-dire le cinquième environ des agglomérations rurales, furent ainsi délaissés en Angleterre ; la plupart se trouvaient dans les régions de l'Est, dans les campagnes les plus anciennement vouées à la production céréalière. Dans l'est et le sud-ouest de l'Allemagne, entre 20 et 30 % des localités disparurent. Le mouvement de retrait prit une ampleur beaucoup plus considérable dans le centre des pays allemands. En Thuringe septentrionale, cent quarante-six des cent soixante-dix-neuf lieux habités connus dans le haut Moyen Age s'étaient vidés complètement avant 1600. Il serait fort utile d'étendre à la France de semblables enquêtes, et d'entreprendre le repérage, région par région, des points d'occupation humaine qui furent alors abandonnés. On sait déjà qu'en Brie, en Provence, certains hameaux disparurent dans la seconde moitié du XIVe siècle [1].

Pour fournir les moyens d'interpréter de tels changements du paysage agraire, la recherche doit s'attacher aussi à établir, avec toute la précision possible, la chronologie de la désertion. En confrontant les observations archéologiques et l'enseignement des sources écrites, on a pu reconnaître que nombre de villages anglais perdirent leurs habitants lors de l'épidémie de la Peste Noire et ne furent plus réoccupés. De même, l'étude topographique, beaucoup plus délicate lorsque l'on ne cherche pas seulement à repérer les « villages perdus » mais à délimiter, dans les terroirs qui continuèrent à être partiellement cultivés, la frange de rétraction, doit mesurer le degré de fertilité des champs délaissés, prendre garde aussi à leur situation par rapport aux grands massifs forestiers ou aux agglomérations urbaines. Une particulière attention doit être également portée à la nature des formations végétales qui succédèrent aux labours. Parfois le champ fut remplacé par la prairie. Les exemples abondent en Angleterre. Le hameau de Tusmore, « village perdu » du comté

1. BERESFORD, 543 ; ABEL, 506, p. 8 ; BRUNET, 49, p. 431.

d'Oxford, dont les fondations se devinent encore au soleil couchant sous l'uniformité du gazon, comptait trente-trois ménages de paysans en 1279. En 1357, il était vide ; son seigneur fut autorisé à enclore tout le terroir et à l'utiliser pour nourrir ses troupeaux ; et le lieu ne fut plus jamais habité [1]. Cependant la plupart des parcelles qui cessèrent d'être cultivées furent gagnées par les bois et les friches, temporairement comme ce fut le cas en France aux pires moments de la guerre de Cent Ans, ou pour toujours. L'avance des forêts aux dépens des clairières ouvertes entre le XIe et le XIIIe siècle est véritablement stupéfiante dans l'Allemagne centrale. Les analyses de pollens opérées dans les tourbières de Roten Moor montrent nettement que les céréales reculèrent entre 1350 et 1420, mais aussi que ce retrait fut compensé par le progrès des espèces sylvestres. Des coudriers et des bouleaux, arbres de poussée rapide, s'installèrent d'abord sur les champs délaissés ; ils préparaient le terrain au peuplement de hêtres, à la futaie épaisse qui peu à peu s'appropria de nouveau le sol, que l'effort des hommes lui avait un moment arrachée. L'invasion de la végétation sauvage au XIVe et au XVe siècle constitue, dans l'histoire de la civilisation européenne, un épisode d'égale importance à l'aventure des défrichements.

4. L'ÉVOLUTION DES PRIX ET DES GAGES

Les dernières modifications de structures concernent la valeur respective des denrées agricoles et du travail paysan. Ces changements, à vrai dire, apparaissent beaucoup moins clairement. L'histoire des prix à l'époque médiévale se révèle en effet infiniment plus difficile et plus conjecturale que celle de l'occupation du sol, ou même de la population. Il est possible de dresser quelques séries continues en de très rares lieux isolés les uns des autres, en utilisant les comptes des quelques très grandes seigneuries, presque toutes anglaises, qui ont continué après le début du XIVe siècle à vendre régulièrement les produits de leur domaine. La plupart des données proviennent cependant de documents urbains. Or le mécanisme des prix agricoles, et spécialement des

1. BERESFORD, 36, p. 111-112, et figure 43.

prix des grains, semble avoir été beaucoup trop complexe pour que des observations conduites depuis des points aussi clairsemés puissent autoriser des conclusions étendues. Tout porte à croire que le marché des grains demeurait étroitement cloisonné, comme il l'était déjà au début du XIVe siècle, que les cours d'achat pouvaient varier du simple au double d'un village à l'autre, que les transactions s'opéraient en tout cas dans des conditions tout à fait différentes sur le marché des grosses villes et dans la grange des exploitants. Ces remarques enlèvent beaucoup de leur valeur indicative aux séries de prix que l'on a pu reconstituer d'après les archives de Montauban ou de Francfort. Il est possible d'établir toutefois, d'après ce matériel documentaire insuffisant, un certain nombre de faits fort significatifs.

Il apparaît en premier lieu que le marché des grains demeurait agité par de très fortes fluctuations de courte durée. Celles-ci semblent s'être notablement amplifiées pendant le XIVe siècle. On voit en particulier s'accuser l'amplitude, chaque année, de la variation saisonnière régulière. La tendance à la pénurie, et davantage encore une attitude psychologique nouvelle, la crainte des famines que l'on savait de nouveau possibles, rendaient en effet la demande plus sensible aux aléas de la récolte. La forte hausse de printemps, qui succédait normalement à la baisse de septembre, s'accentuait lorsque la moisson précédente avait été médiocre ; elle prenait des proportions démesurées lorsque la prochaine s'annonçait de mauvaise qualité. Et si plusieurs années stériles se succédaient, les oscillations, en s'enchaînant, finissaient par devenir monstrueuses. Pendant la crise frumentaire de l'année 1316, on paya le blé en Flandre douze et même vingt-quatre fois plus cher qu'à l'accoutumée. Sous l'effet combiné de la disette et du dérangement monétaire, le prix du setier de seigle à Paris passa, entre 1415 et 1421, de six sous à quatre cent quarante-huit ; en 1422, il retombait à vingt-huit sous [1].

Cependant, quand on observe sur une longue période les prix des diverses céréales (animés d'ailleurs généralement les uns et les autres par des fluctuations très parallèles), on s'aperçoit qu'ils étaient stagnants ou qu'ils se trouvaient en certains points en diminution régulière. On saisit ici le principal changement par rap-

1. Van Werveke, 565 ; Fourquin, 510 *a*.

port à la période d'expansion agricole des XIIe et XIIIe siècles, qu'entraînait, on le sait, une montée lente et prolongée des cours. Il semble bien que le changement d'orientation ne résulta pas de bouleversements brusques ou de chocs extérieurs. La tendance se renversa lentement après 1300. Les famines de la seconde décennie du XIVe siècle, qui suivirent plusieurs années de forte abondance, n'exercèrent sans doute pas, même dans les pays riverains de la mer du Nord, des répercussions aussi prolongées qu'on l'a cru sur le mouvement des prix agricoles. Au moment de la grande pénurie, les cours accusèrent une nette élévation sur le marché parisien, mais ils rejoignirent ensuite aussitôt le niveau moyen d'avant la crise, et s'y maintinrent : les prix demeurèrent bas et étales entre 1320 et 1342 dans les comptes de l'abbaye de Saint-Denis. En Angleterre, le prix des blés s'abaissa rapidement après 1325 ; il se trouvait en moyenne en baisse de 20 % dans le deuxième quart du XIVe siècle par rapport au premier. La Peste Noire détermina une brusque chute de production qui un moment releva sensiblement le niveau. Celui-ci était retombé après 1370 [1].

Dans les comptes du monastère de Saint-Denis, les cours à la vente ont peu varié entre 1374 et 1410 ; ils paraissent animés de mouvements désordonnés entre 1410 et 1440, bousculés par l'effet des opérations militaires et par le remuement des monnaies ; on les voit ensuite stagner, puis s'affaisser lentement jusqu'aux approches du XVIe siècle. On peut reconstituer en d'autres régions des courbes d'allure quelque peu différente. Certaines séries dressées d'après des documents anglais témoignent d'un rapide effondrement pendant les années 1375-1380. A Francfort, les prix revinrent en 1371-1380, après une hausse sensible, au niveau de 1351-1360, baissèrent d'un quart dans la décennie suivante et remontèrent ensuite de 15 %, pour fléchir régulièrement tout au long du XVe siècle. Toutefois, dans l'ensemble, une chute des cours est attestée par toutes les sources ou presque, et s'avère souvent profonde. Si, dans les comptes de la seigneurie normande du Neufbourg, la valeur de la mesure de froment se tient sensiblement au même niveau entre 1325 et 1400, on a pu calculer que le blé valait, à Caen, en

1. FOURQUIN, 510 *a* ; POSTAN, dans 5, p. 198.

1428, moitié moins qu'en 1270. On estime la perte de valeur entre le milieu du XIVe siècle et le milieu du XVe à 35 % en Basse-Autriche, à 63 % en Angleterre, à 73 % à Francfort. La faiblesse des prix de la nourriture fondamentale parut sans doute d'autant plus sensible que les cours du vin et des autres productions paysannes se maintinrent solidement pendant toute cette période. On a calculé que les prix moyens du bétail baissèrent seulement de 11 % en Angleterre entre 1350 et 1450. Ceux du beurre s'élevèrent pendant le XIVe siècle [1].

Dans les exploitations agricoles de grandes et de moyennes dimensions, les conséquences du fléchissement des prix des céréales se trouvèrent aggravées par la hausse notable des salaires ruraux. Il s'agit, ici encore, d'un renversement complet de la tendance, et celui-ci s'opéra d'une manière plus brutale, car le taux des gages subit directement les répercussions du mouvement démographique. Dans les campagnes anglaises, la surabondance de la main-d'œuvre prolongea jusque vers 1320 la stabilité des salaires en argent. On les voit ensuite s'élever un peu ici et là. Ce fut pourtant la Grande Peste qui, d'un coup, précipita la hausse. Sur les domaines de l'abbaye de Tavistock, un laboureur qui recevait trois deniers et demi par semaine en 1298, en exigeait déjà quatre en 1334 ; mais on dut lui en donner six en 1373, sept en 1381, huit en 1385 [2]... Calculé d'après les données que fournissent les archives épiscopales de Winchester, l'indice des gages en argent passa de cent en 1300-1319 à cent vingt-quatre en 1320-1339, puis à cent trente-trois en 1340-1359, à cent soixante-neuf en 1360-1379, à cent quatre-vingt-huit en 1380-1399 ; il se stabilisa ensuite à ce niveau. Dans les comptes de l'abbaye de Saint-Denis, les salaires doublent entre 1349 et 1370, puis ne bougent plus [3].

1. PLAISSE, 631 *a*, p. 229 ; ABEL, 506.
2. FINBERG, 176.
3. POSTAN, 539 ; FOURQUIN, 510 *a*. Voici quelques indications précises sur l'évolution du salaire journalier des vignerons à Marseille :

	1306	*1331 1336*	*1349 à 1363*	*1409 et 1439*	*1480*
Salaire masculin	10 à 15 d.	15 à 18 d.	4 à 5 s.	5 à 6 s.	7 s. 6 d.
Salaire féminin	5 à 6 d.	7 à 8 d.	2 s. à 2 s. 8 d.	2 s. 8 d.	3 s. 4 d.

BARATIER, 90 *a*.

On observe d'autre part, et partout, que l'éventail des salaires se referma. En effet, ce furent les gages des manœuvres sans qualification qui réagirent le plus vivement à la hausse. A la fin du XIIIe siècle, on payait à Winchester un couvreur trois fois plus cher qu'un journalier de moisson ; dans la première moitié du XVe siècle, le premier recevait seulement un tiers de plus que le second. L'important pour les destinées de la grande entreprise agricole est que l'enchérissement de la journée de travail se produisit au moment même où s'effondraient les cours des grains : dans les manoirs de l'évêché de Winchester, alors que l'indice des salaires doublait entre le début et la fin du XIVe siècle, celui du prix des blés évoluait en sens inverse et passait de cent à soixante-cinq. La distorsion s'accentua encore vers le milieu du XVe siècle : si l'indice des salaires ne se modifia pas sensiblement, celui des prix se mit à baisser de nouveau après 1440 ; on peut l'établir à cinquante-trois pour la période 1440-1459, à quarante-sept pour 1460-1479 [1]...

5. Essai d'interprétation

Voici les faits. Comment les interpréter ? On ne peut nier qu'au XIVe siècle et dans la première moitié du XVe l'économie rurale n'ait été ébranlée de l'extérieur et de manière accidentelle par des calamités. L'hypothèse même de certaines altérations climatiques ne peut être éliminée sans examen. Considérant que, de manière concomitante, on abandonna la culture des céréales en Islande, que les colonies scandinaves du Groenland cessèrent de pouvoir subsister, que la limite des forêts en altitude s'abaissa dans les Sudètes, que la viticulture recula en Angleterre et devint plus hasardeuse en Allemagne, certains savants ont en effet supposé que le climat de l'Europe du Centre et du Nord s'était refroidi entre le début du XIVe siècle et 1460 [2]. Certes, on peut rétorquer que la plupart de ces phénomènes peuvent s'expliquer par la seule modification des circuits commerciaux. Mais il conviendrait que fût poussée davantage l'histoire des fluctuations climatiques. Celle-ci se

1. Postan, 539.
2. Steensberg, 527.

trouve encore à la recherche de ses sources, qui sont rares et peu précises pour les époques anciennes. De bons indices relatifs aux variations climatiques de longue durée peuvent être fournies par la chronologie des débits glaciaires. Or les observations, en ce domaine, manquent de sûreté pour le Moyen Age. Il semble bien, preuve d'une détérioration durable des conditions atmosphériques, que les glaciers européens aient en effet progressé, mais plus tard, entre 1450 et 1600. Toutefois l'étude de la croissance séculaire des grands arbres conduite en Amérique a permis de déceler que la pluviosité devint plus abondante au XIVe siècle dans l'ouest des États-Unis. Peut-on penser que cette modification des conditions pluviométriques se répercuta sur tout l'hémisphère nord et, par conséquent, que l'excès d'humidité, si préjudiciable à la culture des céréales, s'aggrava alors dans les campagnes européennes? Il n'est pas impossible en tout cas que l'Occident soit entré vers 1300 dans une longue période d'adversités climatiques, qui pourrait expliquer en partie le retour des pénuries alimentaires et l'abandon de certains terroirs [1].

Une autre modification extérieure aux structures rurales affecta celles-ci directement. Il s'agit de la croissance des états et de ses séquelles : la recrudescence des guerres et le très large développement des fiscalités princières. Dans un monde qui déjà ne disposait pas d'un stock monétaire à la mesure de ses besoins, les exigences financières démesurément accrues des princes et de leurs serviteurs, les pillages et les rançons, l'avidité des hommes de guerre vinrent pendant un siècle et demi bouleverser la répartition des fortunes, perturber la circulation des monnaies, introduire le désordre dans les prix. Le sentiment général d'instabilité et d'insécurité qui s'ensuivit contracta toutes les activités économiques. Il incita à thésauriser, à restreindre la production, à limiter les échanges. Tous ces troubles furent certainement ressentis beaucoup plus fortement dans les villes, mais ils n'épargnèrent pas les campagnes. Dernier coup porté du dehors, et que l'on peut considérer comme accidentel : la Peste Noire et le regain de morbidité qu'elle implanta pour un demi-siècle en Europe.

1. LE ROY LADURIE, 63 et 64.

***

Ces catastrophes ne sauraient toutefois expliquer à elles seules les mutations qui affectèrent l'économie des campagnes. Celles-ci résultèrent dans une bien plus large mesure d'une évolution interne qui affecta les rapports de production et de consommation. Il faut sans doute chercher assez loin dans le passé les ressorts les plus profonds du renversement de la conjoncture. Il fut préparé pendant les dernières années du XIIIe siècle par l'appauvrissement progressif d'un secteur toujours plus étendu de la paysannerie et par le surpeuplement qui poussait à étendre exagérément les défrichements, à solliciter des terres trop pauvres. Épuisées et définitivement après quelques récoltes, celles-ci durent bientôt être abandonnées à jamais. Les premiers replis de l'espace agricole aux approches de 1300 se produisirent sur les marges des terroirs, aux pointes extrêmes et téméraires de l'essart [1]. D'autre part, dans la masse des manouvriers, mal nourrie, soumise aux contrecoups des variations de récoltes et des aléas climatiques, le taux de mortalité se trouvait, semble-t-il, en voie d'élévation dès 1290 [2]. Comme le recul agraire, la défaillance démographique s'amorçait donc antérieurement au début du XIVe siècle.

Ces deux mouvements atteignirent leur plein développement entre 1320 et 1370, où doit être placé le moment décisif de la mutation. Dans ces campagnes beaucoup trop peuplées (chargées de deux mille huit cent vingt-huit feux, les montagnes stériles de l'Oisans devaient nourrir autant d'hommes au moins en 1339 qu'en 1911 [3]) la tension démographique dès lors se relâcha très vite et le groupe économique des paysans les plus défavorisés se résorba en quelques décennies. Cette évolution précipitée, dont on trouve les traces évidentes dans les dénombrements, résulta apparemment d'impulsions multiples. Le taux de mortalité dans les

1. L'examen des comptes manoriaux de la fin du XIIIe siècle, les chutes de rendement et le déplacement des champs du domaine seigneurial qu'ils révèlent, ont amené M. POSTAN à penser que la détérioration du sol avait en Angleterre affecté également les parties centrales du terroir.
2. POSTAN-TITOW, 500.
3. ALLIX, 32.

couches inférieures de la société rurale se tenait vers 1300 à des niveaux tellement élevés qu'une hausse même légère, comme celle que reflète aux dernières années du XIIIe siècle le profit des taxes sur les successions dans les archives anglaises, put suffire en une génération à inverser le rapport entre le nombre des naissances et celui des décès. Ceux-ci l'emportèrent, ce qui pendant quelques années freina la croissance de la population, puis en détermina le déclin. En certaines régions, le trouble des guerres aggrava les conséquences de cet épuisement biologique. Le passage des armées, les réquisitions de troupes emportèrent avec eux les moins enracinés des paysans et les entraînèrent dans leur mouvement désordonné ; ils les arrachèrent aux villages et les éparpillèrent. Place doit être faite également à l'exode rural vers les agglomérations urbaines. Presque partout en Europe on voit en effet les villes grossir fortement au début du XIVe siècle. Elles se peuplèrent par immigration, car ce qu'on entrevoit du taux des naissances montre qu'il s'y trouvait beaucoup trop bas pour assurer même le renouvellement naturel de la population. Beaucoup de villageois s'y transportèrent pour jouir d'une meilleure protection : les villes encloses en effet constituaient des refuges en temps d'alerte, et l'on sait par exemple que, pendant les crises politiques, entre 1358 et 1360, entre 1410 et 1420, des foules de ruraux des environs vinrent s'entasser dans Paris [1]. Beaucoup de travailleurs des campagnes émigrèrent aussi à la ville dans l'espoir d'y trouver un gain meilleur, un emploi plus lucratif. Les salaires urbains atteignaient alors en effet des taux moyens nettement plus élevés. En Artois au début du XIVe siècle, un bûcheron gagnait de neuf à douze deniers par jour, un maçon lorsqu'il travaillait en ville en recevait de quinze à dix-huit. Ainsi le nombre des journaliers diminua lentement dans les décennies qui suivirent 1300. Cette résorption du prolétariat rural contribua sans doute à l'abaissement des prix du grain comme à la hausse des gages, mouvements qui se dessinaient au seuil du XIVe siècle et qui allèrent peu à peu en s'accentuant. Les

1. Fourquin, 510 *a*.
2. Richard, 437.
3. Fossier, 562.

changements qui modifièrent à la campagne les conditions de l'emploi déterminèrent peut-être en certaines régions (et notamment en Artois et dans le sud de la Flandre, que secouèrent alors plus brutalement les opérations militaires et les répercussions des crises frumentaires) un premier affaissement de la production céréalière.

Survint alors la Peste Noire. Terriblement violente, l'épidémie de 1348-1349 porta des coups d'une extrême rudesse à des structures démographiques en situation de fragilité. Il faut cependant considérer que les effets immédiats du choc se trouvèrent quelque peu amortis : les gens d'âge moyen résistèrent mieux que les autres à la maladie, et l'on entrevoit qu'un gros flux de naissance succéda aussitôt à la grande mortalité et combla rapidement les vides. De conséquences beaucoup plus prolongées furent sans doute les accès périodiques de « peste » qui suivirent : ils inclinèrent d'une manière décisive la courbe démographique. Dans la population rurale, tout donne à penser que les grands vides se creusèrent entre 1350 et 1380.

Ce fut pendant cette période que le nombre des prolétaires se réduisit de manière décisive dans les campagnes. Les pauvres disparurent en partie par élimination physique : l'épidémie les frappa plus que les autres. En tout cas, les survivants trouvèrent l'occasion de s'établir dans les exploitations que la mortalité avait rendues vacantes. Des familles qui, depuis des générations, vivaient dans la misère et sous la domination économique des employeurs, purent prendre des terres en location, et des meilleures : on leur en offrait de toute part. Selon toute apparence aussi l'évacuation des quartiers infertiles, l'abandon des villages mal situés se produisirent pendant ces trois décennies. Non que les décès aient été plus nombreux dans les zones de *Wüstungen*, mais parce que les hommes que la peste avait épargnés quittèrent ces sols plus ingrats. Seule une pression démographique intense avait peuplé les espaces les moins doués pour la culture des grains ; dès que cette pression s'allégea, ils se vidèrent. Ainsi l'exode rural et les poussées catastrophiques de mortalité déterminèrent dans les campagnes un aménagement nouveau des forces productives, un vaste reclassement qui affecta à la fois les conditions de l'emploi et la mise en valeur de la terre. L'effectif des catégories de travailleurs les moins favorisées s'amenuisa considérablement. Les parcelles médiocres, les régions arides, les montagnes, les « pays au bois » devinrent de nouveau déserts.

Ces conditions incitent à interpréter dans un sens moins pessimiste tous les indices d'un repli de l'espace arable. Dans la plupart des cas, celui-ci résulta directement de la dépression démographique, mais il manifestait aussi une concentration de l'agriculture sur les sols les plus propices. Les recherches les plus récemment menées sur les *Wüstungen* d'Allemagne montrent d'ailleurs, qu'en certaines provinces retardataires au moins, le retrait fut certainement en fait moins considérable que ne le laisserait croire la simple recension des écarts ou des quartiers réoccupés durablement par la forêt. La plupart de ceux-ci n'avaient jamais été en effet que des établissements précaires, des points temporairement exploités par une agriculture itinérante, largement extensive, et dont la fonction dans l'économie rurale se trouvait en réalité subordonnée à celle de l'espace boisé. On doit par conséquent se garder de considérer leur abandon, et le regroupement aux XIVe et XVe siècles de tous les champs en quelques terroirs cohérents et soumis à de strictes contraintes agraires, comme les signes d'un malaise économique, d'une faillite agricole et d'un déclin très prononcé de la population. Au contraire, ce transfert topographique traduit une crise de croissance de l'économie céréalière, plus tardive d'un siècle ou deux, mais très comparable dans son déroulement et dans sa nature à celle dont l'Ile-de-France avait été le théâtre pendant le XIIIe siècle. Ainsi, dans la Germanie du Nord-Ouest, les seigneurs cantonnèrent-ils leurs bois dont la valeur ne cessait de croître ; ils les cernèrent de haies, les fermèrent aux porcs des paysans et interdirent d'y procéder désormais à des écobuages périodiques. La puissance seigneuriale, en opérant ce cantonnement, fit refluer les familles qui dans ces zones sylvestres tiraient en majeure partie leur subsistance de la forêt, de l'élevage et accessoirement de quelques cultures. Elles les obligea à modifier leur genre de vie. Le *Waldbauer* devint un *Ackermann*, un véritable cultivateur établi sur des champs fixes. Par une concentration de tous les écarts, l'habitat se renforça en gros villages, ceinturés de ces chênes dont les glands dès lors nourrissaient les porcs. Autour de ces agglomérations, le défrichement créa des terroirs très homogènes que ces pays n'avaient jamais connus [1].

***

En France, en Angleterre, dans les Pays-Bas, les divers mouvements qui modifièrent les structures de la société paysanne réduisirent durablement le nombre des hommes qui sollicitaient un emploi salarié. Toutes les ordonnances des princes ne parvinrent donc jamais à rabaisser les salaires à leur niveau d'avant la Grande Peste. Bien au contraire, ils continuèrent de s'élever pendant tout le XIVe siècle. Ce qui permit aux paysans demeurés en service (les registres de la *Poll Tax* montrent que les domestiques, *servientes*, et les ménages de journaliers, *laboratores*, constituaient encore en 1377 un bon tiers de la population des campagnes anglaises) de hausser singulièrement leur niveau d'existence.

D'une manière générale, dans le nouvel équilibre qui semble peu à peu s'établir autour de 1380, après le grand bouleversement des conditions démographiques dans les régions qu'il affecta, après les migrations et les transferts de peuplement dans les autres, il semble bien que la plupart des ruraux vivaient dans une situation économique un peu moins précaire que celle de leurs ancêtres. Plus exposée peut-être aux dégâts passagers, aux calamités. Sans doute aussi plus contractée, plus repliée sur elle-même. En définitive stabilisée. Les courbes de population, les indices des prix incitent en effet à considérer les quelque soixante années qui suivirent comme une période de stagnation, traversée seulement par endroits de catastrophes fugitives. Si l'on tente l'analyse grossière de cette conjoncture nouvelle, on remarque qu'elle se caractérise en premier lieu par un net affaiblissement de la vitalité démographique. Il se peut que la réduction du nombre relatif des journaliers privés de terres ait contribué à restreindre les possibilités de croissance. Les paysans établis sur un fonds se soucièrent sans doute davantage de limiter l'extension de leur famille, pour préserver leur patrimoine de l'émiettement. Ils y parvinrent en autorisant seulement certains de leurs enfants à se marier, en poussant les autres à quitter l'exploitation et à tenter l'aventure ur-

1. TIMM, 528, p. 98 et suiv.

baine. On ressent une fois de plus cruellement le défaut de bonnes études sur les familles paysannes. Les sources du XIVe et du XVe siècle permettraient en certaines régions de les conduire assez loin. Ainsi a-t-on pu observer aux environs de Fribourg en Suisse que le nombre moyen d'enfants par ménage était alors sensiblement moins élevé (2,5) parmi les cultivateurs restés aux champs, que parmi ceux (2,9) qui, venus s'installer à la ville, se trouvaient détachés davantage de la possession foncière [1]. Il apparaît en tout cas que la densité humaine se maintenait légère dans bien des campagnes de la fin du XIVe siècle. La terre restait relativement abondante, son loyer bas, la main-d'œuvre chère.

La baisse durable de la population rurale paraît avoir également prolongé dans les campagnes la stagnation du commerce des céréales : beaucoup moins nombreux que jadis, les salariés des entreprises agricoles vivaient désormais pour la plupart en condition domestique ; nourris par leur employeur, ils n'avaient pas à acheter leur pain. Par ailleurs, dans les villes, le volume des achats de grain demeurait faible pour diverses raisons. En premier lieu, la plupart des agglomérations urbaines d'Europe, secouées plus brutalement par les épidémies dont l'entassement des habitants aggravait la malignité et qui souffraient aussi du resserrement général de l'économie d'échange, se dépeuplèrent sensiblement à la fin du XIVe siècle et au début du XVe, malgré l'afflux constant des gens de la campagne. En outre, dans ces villes en déclin, le ravitaillement des ménages était devenu moins dépendant des marchands de céréales : la crainte de la famine avait en effet poussé nombre de citadins à s'assurer un approvisionnement direct en achetant de la terre ou des rentes, ou en concluant avec les producteurs ruraux des contrats de fourniture de céréales [2]. Peut-être faut-il enfin tenir compte des modifications qui paraissent avoir affecté alors le régime alimentaire. On aperçoit en effet que le mouvement tendant à réduire en certaines régions la consommation du pain et à accroître inversement les sommes consacrées à l'achat des aliments d'accompagnement, qui se discer-

1. F. BUOMBERGER, « Bevölkerungs-und Vermögensstatistik in der Stadt und Landschaft Freiburg um die Mitte des 15. Jahrhunderts », dans *Zeitschrift für Schweizerische Statistik*, 1900.
2. Voir T. II, p. 264.

nait déjà dans les documents du XIIIe siècle, s'est ensuite poursuivi régulièrement. On peut l'observer dans les *Weistümer* de l'Allemagne méridionale, qui fixaient les quantités de viande et de fromage que le régisseur de la seigneurie devait servir aux travailleurs du domaine. Il transparaît aussi à travers les comptes domestiques. On voit tel petit noble saxon dépenser des sommes relativement très fortes pour ravitailler sa maison en saucisses, en poisson, en miel ; même répartition des achats de nourriture dans les registres du collège parisien de l'Ave Maria ou dans ceux de l'hôtel du roi de France, dont l'approvisionnement en viande coûtait en 1417 huit fois plus cher que l'approvisionnement en blé [1].

Tous ces phénomènes conjoints permettent d'expliquer le marasme prolongé du prix des grains, qui surprend au premier abord en un temps où l'on voit l'espace consacré à la culture des céréales se restreindre partout de manière considérable. C'est ici qu'il convient de ne pas oublier aussi que seuls les sols médiocres furent désertés et que la concentration de l'agriculture sur les terrains les plus favorables provoqua vraisemblablement la hausse des rendements moyens. De la sorte, dans l'intervalle des disettes saisonnières ou périodiques, l'offre sur le marché des blés se maintenait supérieure à l'état de la demande. Ajoutons que les écarts de récolte incitaient tous les exploitants à étendre très largement les emblavures en prévision des moissons mauvaises, et que d'autre part, le poids toujours plus lourd de la fiscalité obligeait tous les ménages paysans à produire des excédents négociables. Pour ces raisons, toutes les exploitations agricoles, dont la purge démographique avait accru la productivité, mettaient en vente en temps normal d'abondantes quantités de céréales.

Toutefois, l'affaissement toujours plus accusé du prix des grains par rapport aux salaires ruraux, que la concurrence des métiers urbains et la large diffusion de l'artisanat textile dans bien des campagnes d'Europe maintenaient à un niveau fort élevé, condamnait les entreprises de culture de trop grande envergure. En fait, il semble bien que l'abandon du domaine et le grand recul du faire-valoir direct dans les seigneuries se

1. ABEL, 506, p. 147 et suiv. ; REY, 636.

soient produits, en France et en Angleterre au moins, dans les années qui suivirent 1380. Il importe cependant de bien considérer que ce fléchissement de l'économie seigneuriale ne signifie nullement que les exploitations agricoles de dimensions moyennes, employant une main-d'œuvre toute familiale ou épaulée seulement par deux ou trois domestiques et, de loin en loin, par quelques tâcherons à la journée, aient alors en quelque manière perdu de leur vitalité.

CHAPITRE II

LA DÉFAILLANCE DE L'ÉCONOMIE SEIGNEURIALE

En fait, si l'économie rurale des deux derniers siècles du Moyen Age apparaît sous des couleurs aussi sombres, c'est que les sources n'éclairent toujours à peu près que les entreprises seigneuriales, et que celles-ci se sont trouvées alors fort défavorisées par la conjoncture. Il est permis de penser que la récession du XIVe siècle se manifesta avant tout dans les campagnes par une défaillance de la seigneurie. Ajoutons que, plus touchées par la détérioration du marché des blés et des conditions de l'emploi, les exploitations seigneuriales souffrirent plus que les autres de l'ébranlement provoqué par les troubles d'origine politique.

On a vu déjà que les opérations de guerre détériorèrent surtout les manoirs et le capital seigneurial. En outre, après les passages de la guerre, il fallait que le maître aidât les paysans à reconstruire leur propre exploitation, s'il ne voulait pas les voir émigrer et déserter durablement sa terre, ou tout simplement s'il voulait se conformer à l'image exemplaire du seigneur, et continuer à remplir au milieu des rustres le rôle tutélaire que le sentiment collectif attendait qu'il tînt. Les fortunes nobles et ecclésiastiques souffrirent ainsi lourdement. Elles pâtirent aussi, et plus qu'on ne le pense communément, du rapide appesantissement de la fiscalité. Une étude récente donne à penser que les exigences pontificales furent très largement responsables de la détérioration économique de telle grande abbaye flamande pendant les premières décennies du XIVe siècle : les pertes que subirent alors ses finances du fait des ponctions fiscales furent trois fois plus lourdes au moins que celles consécutives aux dégâts militaires [1]. Plus dommageables encore peut-être, parce qu'ils perturbaient en profondeur les rouages de l'économie seigneuriale, se révélèrent enfin les mouvements tumultueux qui agitèrent alors le monde des seigneurs laïcs. Ces derniers, étroitement mêlés aux événements politiques, se trouvèrent entraînés dans l'aventure guerrière. Beaucoup y perdirent leurs biens, momentanément ou pour toujours. Presque tous furent contraints à des éloignements prolongés, qui les détachèrent de leurs terres. Les études de R. Boutruche montrent admirablement combien, dans les campagnes bordelaises que la guerre il est vrai ravagea fort cruellement, la gestion du domaine, les relations entre maîtres et paysans, la loyauté des tenanciers, la fidélité des régisseurs purent souffrir de ces longues absences, comme de l'arrivée de nouveaux seigneurs inconnus, souvent avides et qu'une affection héréditaire n'attachait point de cœur au sol et aux hommes [2]. Il est sûr enfin que les soubresauts qui remuèrent alors les structures politiques hâtèrent en bien des provinces le lent transfert qui, depuis le XIIIe siècle, attirait vers la ville les aristocraties rurales. Un grand nombre de nobles, de religieux, de dignitaires de l'Église espacèrent à cette époque leurs séjours dans les demeures champêtres. Ils s'éloignèrent par là de leur terre et des soins qu'elle réclamait ; ils devinrent plus étrangers aux habitants de la seigneurie. Cet exode des maîtres vers les demeures urbaines détermina de profondes modifications dans les procédés d'exploitation et dans la circulation des produits de la terre. Il transforma davantage encore les conditions psychologiques de la gestion, dont l'histoire économique ne saurait se désintéresser.

Plus complexe, plus vulnérable, associée au destin plus instable des élites de la société, mêlée enfin par ses assises les plus profondes aux structures féodales que disloquaient et balayaient les convulsions du Moyen Age finissant, la seigneurie fut donc soumise à des

1. HAENENS, 618, p. 124 et suiv.
2. BOUTRUCHE, 508, p. 233 et suiv.

heurts très violents et les supporta beaucoup plus mal que les exploitations paysannes. Certes, il faut encore une fois se garder d'exagérer la dépression de l'économie seigneuriale. On doit considérer en premier lieu que les calamités et les mouvements de la société éprouvèrent beaucoup moins durement la propriété ecclésiastique, laquelle, en bien des villages, paraît même après les troubles mieux assise. En outre, lorsque les seigneurs durent aliéner de larges portions de leur patrimoine, les terres les mieux situées et les plus productives demeurèrent généralement entre leurs mains. Aux pires moments, ils conservèrent d'ordinaire des ressources suffisantes pour faire face, pour rebâtir, pour investir de nouveau après chaque vague de destruction. N'oublions pas que, dans la seconde moitié du XVᵉ siècle, nobles et gens d'Église participèrent très largement au nouveau mouvement d'expansion et, dans la plupart des cas, en prirent la tête. A ce moment-là, le monde des campagnes restait dominé d'aussi haut par l'aristocratie, et la pièce maîtresse de l'économie rurale demeurait bien toujours la seigneurie. Parlons de sa défaillance, mais à condition de bien sentir que celle-ci resta limitée, temporaire et relative. Ajoutons enfin qu'elle ne fut pas partout uniforme.

***

Les troubles politiques ne remuèrent pas aussi profondément toutes les provinces d'Occident, et certaines, on l'a vu, bénéficièrent d'une conjoncture plus favorable. Trop d'études comparatives font encore défaut pour qu'il soit possible de distinguer clairement les traits originaux que revêtit, ici et là, l'économie seigneuriale. On discerne cependant certaines régions où la seigneurie demeura plus vigoureuse et prospère. Ainsi l'Italie septentrionale. A vrai dire, on ne connaît encore que par de rares sondages la vie des campagnes dans cette portion de l'Europe dont les archives sont si riches, mais si dispersées et parfois d'accès malaisé. Du moins entrevoit-on, par exemple aux environs de Gênes, la solide persistance au XVᵉ siècle de l'exploitation domaniale et des corvées. On peut reconnaître aussi que, sur les terres de telle abbaye cistercienne toscane, la perception des rentes ne fléchit nullement pendant tout le XIVᵉ siècle et le début du XVᵉ, et que les cadres de l'économie seigneuriale furent fort peu dérangés par la Peste Noire. Même impression de stabilité dans l'aisance sur les biens fonciers que possédait l'évêque de Pavie près de Bobbio, où le nombre des tenanciers s'accrut pendant cette période [1]. Des investigations plus profondes permettront sans doute de discerner bientôt ce que la prospérité des seigneuries italiennes doit d'une manière générale à la persistance de la tendance expansive dans toute cette zone, où la vitalité démographique et l'ouverture des marchés stimulèrent durablement l'économie rurale. Mais elles devront aussi analyser de près les conditions sociales, qui présentaient d'une région à l'autre de notables diversités. La robustesse prolongée d'une seigneurie de type ancien dans les montagnes de Ligurie ou du haut pays niçois s'appuyait, semble-t-il, sur le profond enracinement des dominations féodales dans des contrées closes et attardées. Dans les plaines, le long des routes, c'était au contraire la puissance de l'économie urbaine qui entraînait et vivifiait la prospérité seigneuriale, en apportant des capitaux, en ouvrant des débouchés, et qui adaptait et renouvelait les relations entre seigneurs et paysans en proposant des contrats d'association de types très souples. Les efforts stimulants des entrepreneurs de la ville, la véritable urbanisation des campagnes qu'ils provoquèrent, se sont traduits en particulier dans le cours du XIVe siècle par l'extension continue dans le *contado*, et notamment sur les collines, d'un système d'exploitation du sol qui s'était formé d'abord dans la banlieue des grandes cités : la *coltura promiscua*, qui mêle étroitement aux cultures sur parcelles irriguées les plantations de vigne et d'arbres nourriciers en une alliance, très artisanale, des productions fruitières et céréalières. On peut voir dans la construction du nouveau paysage, qu'ont représenté pour la première fois les peintres toscans du *trecento*, le plus clair symbole de la prospérité soutenue que la vitalité urbaine infusa dans ces campagnes [2]. Ici, les seigneurs étaient presque tous des citadins, nobles du

1. J. HEERS, *Gênes au XVe siècle*, Paris, 1961, p. 511 et suiv. ; JONES, 623 ; LUZZATTO, 19.

2. SERENI, 76 *a*, p. 93. Autre signe de l'influence prédominante de l'économie urbaine, l'expansion à la même époque, dans les contrées environnantes, du système métrologique propre aux grandes communes lombardes, TOUBERT, 603 *a*.

plat-pays transplantés dans la ville voisine, ou fils de la cité qui avaient acheté des terres ou loué celles de l'Église à des conditions très avantageuses [1]. Ces gens des villes appliquaient-ils à gérer leurs biens ruraux le même esprit d'entreprise qui les animait dans les affaires de commerce et de banque? Contribuèrent-ils ainsi à la poursuite de l'expansion? Ou bien, fascinés par les styles de vie traditionnels de l'aristocratie, s'installèrent-ils au contraire dans les attitudes anciennes de la mentalité seigneuriale, oisive et négligente? Bénéficièrent-ils alors passivement d'une prospérité qui ne devait rien à leur propre initiative? La controverse est ouverte entre les historiens [2]. Seules des études minutieuses portant sur des cas précis pourront un jour les départager.

***

L'évolution de l'économie seigneuriale se révèle également très particulière sur le flanc oriental des pays germaniques. Dans ces pays neufs, ce furent les profonds bouleversements liés au dépeuplement et à la désertion de la terre cultivée qui suscitèrent dans l'institution seigneuriale un renouvellement de vitalité. Dans les larges vides ménagés par les *Wüstungen*, s'installèrent solidement de vastes exploitations domaniales. Le *Landbuch* qui décrit en 1375 la structure agraire du Brandebourg montre clairement que la terre noble se trouvait alors encore beaucoup moins étendue encore que la terre paysanne. Sur leur domaine qu'exploitaient des journaliers de condition libre [3], les hobereaux, détenteurs de la seule justice inférieure, apparaissaient comme les « voisins » des paysans, qui ne leur devaient point de corvées. Mais pendant le dernier quart du XIVe siècle, les seigneurs virent leur réserve s'accroître malgré eux de toutes les terres abandonnées, laissées désertes par une brusque dépression démographique. En même temps disparaissait la main-d'œuvre qui aurait permis d'étendre un type d'exploi-

1. CIPOLLA, 509.
2. SAPORI, 25 ; FIUMI, 132.
3. Dans les cent quarante-huit villages de l'Uckermark, on dénombra cette année-là deux mille six cent quatre-vingt-quinze ménages de *Kossäten*, paysans pauvres qui se louaient sur les grosses exploitations, ZIENTARA, 559 *a*.

tation fondé sur le salariat. Une dissolution politique tardive, comparable à celle qu'avait connue la Gaule de l'an mil, permit alors à la seigneurie de réagir. Le facteur décisif fut, dans ces contrées, la faiblesse de l'état. Pour obtenir des seigneurs des subsides en argent, les princes leur abandonnèrent les droits régaliens. Ils soumirent les paysans à l'entier pouvoir de contrainte du hobereau local. Ainsi les maîtres purent-ils attacher les rustres à la glèbe, freiner de la sorte l'émigration vers les villes, et imposer les lourds services en travail que réclamaient leurs domaines démesurément élargis. Par la défaillance de la puissance publique, ce fut ici la seigneurie qui profita du dépeuplement. Un strict servage s'appesantit peu à peu pendant le XVe siècle sur toute une paysannerie, qui jadis vivait dans une plus large liberté que partout ailleurs en Europe. Il préparait la forte prospérité dont jouirent aux temps modernes les vastes entreprises agricoles du clergé et de la noblesse [1].

***

Il convient donc de mettre à part quelques secteurs où l'économie seigneuriale paraît dans son ensemble en croissance. Il importe également de reconnaître que, dans les autres régions d'Europe, la régression ne fut point aussi profonde pour toutes les seigneuries. Conservons en effet l'image d'une extrême diversité des organismes seigneuriaux. Leur structure interne les défendit plus ou moins bien contre les forces dissolvantes. Leur destin dépendait aussi de la personnalité de leur chef, de ses besoins, de ses désirs, du soin qu'il mettait à remplir sa tâche, de l'attachement qu'il ressentait pour la terre. On le voit très nettement sur les domaines de l'Église, où les phases de prospérité et de marasme se trouvent presque toujours en étroite correspondance avec le renouvellement des dignitaires responsables de l'économie domestique [2]. Dans les Pays-Bas, en Angleterre, en France, dans tous

1. CARSTEN, 7, p. 23 ; TYMINIECKI, p. 29.
2. Étude très convaincante, à propos de l'abbaye Saint-Martin de Tournai, par HAENENS, 618, p. 98 et suiv.

les pays où les calamités et les troubles politiques aggravèrent les effets du renversement de conjoncture, le hasard épargna certains domaines, qui échappèrent aux dévastations et purent même se renforcer de l'affaiblissement des voisins. D'innombrables châteaux furent tenus sans rupture pendant toute cette période par la même lignée. La continuité de l'administration seigneuriale n'y connut pas de ces fâcheuses éclipses qui desserrèrent ailleurs les liens entre le maître et les travailleurs.

D'une manière générale, il semble que, comme les seigneuries ecclésiastiques, celles des princes et des très grandes familles aient moins durement pâti. Des procédés de gestion moins désordonnés, des archives mieux tenues, une volonté plus farouche de préserver l'intégrité du patrimoine et de revenir coûte que coûte à l'état ancien fortifiaient les seigneuries d'Église contre la désorganisation. Quant aux seigneuries princières, elles profitèrent d'abord de la concentration des pouvoirs de contrainte, qui les protégèrent et facilitèrent les remises en ordre ; elles reçurent aussi les renforts d'une fiscalité envahissante qui les alimentait en métaux précieux ; une part de ces capitaux servit à stimuler l'économie seigneuriale. Enfin, on voit alors un peu partout la très haute aristocratie laïque se réduire en nombre, et sa puissance par là se concentrer. Par ce mouvement, la fortune foncière de chaque grand lignage tendait à s'accroître. En Angleterre, où le phénomène a été observé de près, les patrimoines de la plus riche noblesse s'agrandirent sans cesse au XIVe et au XVe siècle par le jeu des alliances et des héritages, ainsi que par le placement des gros profits en numéraire que valaient aux grands seigneurs leur familiarité avec le souverain ou leur seule puissance politique [1]. Il est également permis de supposer que les nobles les plus humbles, les plus mêlés à la vie paysanne, purent gérer leurs biens dans des conditions moins défavorables. On pourrait sans doute, dans les archives notariales des régions méridionales, vérifier cette hypothèse. Dans l'état actuel de la recherche en tout cas, c'est bien au niveau moyen des fortunes seigneuriales que les signes les plus apparents du malaise se manifestent.

1. HOLMES, 621.

1. Le recul du faire-valoir direct

D'un bout à l'autre de la hiérarchie des fortunes, il apparaît très clairement à travers toutes les sources que les seigneurs du XIVe siècle demeuraient, non moins que leurs ancêtres, attachés de cœur à la terre domaniale. Ils souhaitaient tous voir leur table alimentée par leurs champs, leurs vergers, leurs vignes, et ces étangs qu'un peu partout des spécialistes aménageaient à proximité des résidences aristocratiques [1]. Tout homme riche entendait vivre de son bien et du travail de ses domestiques. Cette attitude d'esprit explique que l'intérêt pour la littérature agronomique n'ait en rien tiédi pendant les deux derniers siècles du Moyen Age, qu'il apparaisse si vif dans ces hôtels urbains où vivaient désormais beaucoup de notables, et jusque dans les cours princières les plus calfeutrées. Charles V de France ne fit-il pas traduire pour sa bibliothèque le *Ruralium commodorum opus* de Pietro de' Crescenzi ? Ne commanda-t-il pas à Jean de Brie un traité *De l'état, science et pratique de l'art de bergerie ?* L'image idéale que le souverain se formait de sa position dans le monde impliquait en effet qu'il gouvernât sagement l'exploitation de son domaine.

En fait, les maisons nobles ou religieuses dont les documents de ce temps fournissent la description se montrent toutes encore entourées des terres qui devaient les ravitailler en pain et en vin, peuplées d'une domesticité nombreuse, et équipées de tous les instruments nécessaires aux travaux rustiques. On voit clairement dans les comptes des seigneuries anglaises que le faire-valoir direct parvenait encore à la fin du XIVe siècle à couvrir très souvent tous les besoins des maîtres : telle maison religieuse du comté de Leicester tirait sa nourriture des trois domaines qu'elle conservait en exploitation directe ; la vente des laines du troupeau dominical lui procurait de quoi solder les achats domestiques [2]. A la même époque, les seigneurs de l'Allemagne méridionale disputaient avec âpreté les terres commu-

1. Sur l'importance des revenus des étangs au XVe siècle dans les profits des seigneuries de Sologne, voir Guérin, 512, p. 131 et suiv.
2. Hilton, 619, p. 131-133 (abbaye d'Owston).

nales aux paysans ; ils s'acharnaient à courber ceux-ci sous l'exigence de corvées nouvelles ; en effet ils ne pouvaient admettre que leur domaine, qu'avaient amenuisé les partages successoraux, ne parvînt plus à approvisionner leur maisonnée ; ils ne pouvaient imaginer un autre système de subsistance. En France, une semblable conception de l'économie domestique ranimait le courage des seigneurs dans les régions les plus ravagées par la guerre ; elle les faisait s'exténuer, dès l'alerte passée, à recruter des travailleurs pour labourer leurs propres « coûtures », à remettre patiemment en état leurs clos et leurs prairies. Ce même souci poussa nombre de maîtres à entreprendre des défrichements ; tel ce supérieur d'un prieuré rural du Boulonnais qui, vers 1440, avait « fait essarter, derrechier et mis en labour de nouveau cent cinquante journaux ou environ, tout en une pièce et en trois soles... lesquels de vie, d'âge et de mémoire d'homme... ne furent en labour [1] ». On voit clairement dans la seigneurie normande du Neufbourg, dont les comptes ont été fort bien analysés, quelle fonction remplissait le domaine. Son rapport en 1397-1398 n'excédait pas 6 % du revenu total. Mais le vaste potager et la basse-cour ravitaillaient presque entièrement la table du maître. Le complément nécessaire d'avoine et de froment venait des redevances paysannes qui, selon que la récolte sur les quelques champs domaniaux avait été bonne ou mauvaise, étaient perçues en argent ou en nature [2]. Les seigneurs de ce temps tenaient tous avant tout à ne rien débourser pour l'approvisionnement de leur maison. Que l'on ne s'étonne donc pas de voir, à travers des enquêtes successives, la superficie des champs, des prairies, des vignobles domaniaux s'étendre pendant le XVe siècle dans les seigneuries de Saint-Germain-des-Prés [3] : les traditions, les convenances, leur goût le plus profond conviaient alors les plus riches possesseurs fonciers à exploiter eux-mêmes, à regarder mûrir leur moisson et croître leur troupeau, à boire le vin de leur vigne.

1. *Chartes de Lucheux*, n° 53.
2. PLAISSE, 631 *a*, p. 222 et suiv. Cette indication sur la flexibilité des redevances doit inciter, remarquons-le, à tempérer toute affirmation trop tranchée quant au mouvement de conversion en argent des perceptions en nature.
3. FOURQUIN, 510 *a*.

***

L'historien des campagnes médiévales doit donc considérer ces résistances psychologiques comme un élément fondamental des structures économiques, comme un puissant facteur de stabilité, un obstacle majeur opposé aux sollicitations de la conjoncture. Ce frein toutefois ne parvint pas à ralentir la lente évolution qui s'était amorcée au XIIIe siècle dans les plus vastes seigneuries de France et des Pays-Bas, et qui vouait à une disparition progressive les entreprises agricoles de large envergure. Les études monographiques de seigneuries montrent en effet la poursuite au cours du XIVe siècle du mouvement qui éloignait les seigneurs de leurs champs, insensiblement et sans qu'ils en prissent conscience. Dans l'état actuel des recherches, il paraît se décomposer en deux phases successives.

Le retrait du faire-valoir direct se prolongea sur le même rythme lent jusque vers 1350. Mais on le voit dans le second quart du XIVe siècle s'opérer de deux manières différentes. En premier lieu, comme auparavant, par la mise à ferme de l'ensemble du domaine. Déjà largement appliqué vers 1320 dans les plus grands patrimoines de la France du Nord-Ouest, ceux des princes et des plus puissants monastères, ce mode de gestion continua de se répandre peu à peu. Et l'on ne voit pas que les premières modifications de la conjoncture aient si peu que ce fût contrarié sa pénétration. On ne discerne aucun changement notable entre 1290 et le milieu du siècle suivant dans les stipulations des baux par lesquels les abbayes de la région parisienne confiaient pour quelques années à des fermiers l'exploitation globale d'une « cour ». Il n'apparaît pas non plus que les brusques perturbations qui affectèrent alors en certaines villes de cette partie de l'Europe le marché des céréales se soient répercutées sur le montant des fermages. Des observations récentes, qui portent sur le domaine du monastère de Saint-Martin de Tournai, manifestent la continuité des usages pendant toute la première moitié du XIVe siècle. Les religieux prirent seulement des précautions pour éviter que les mutations monétaires n'affaiblissent les revenus seigneuriaux. Ils exigèrent que les fermages fussent acquittés partiellement en blé. Ils établirent dans le bail que les sommes qui restaient à payer seraient calculées par référence à la valeur marchande du numéraire et non à sa valeur légale. Simple adaptation à l'instabilité monétaire [1]. Mis au point et introduit dans l'économie seigneuriale pendant la pleine prospérité du XIIIe siècle, le bail à ferme se révélait en réalité d'une suffisante souplesse. Son extension progressive au niveau des plus grosses fortunes foncières ne fut ni ralentie ni précipitée par les premières difficultés de l'âge nouveau.

On remarque toutefois que, parallèlement, l'exploitation domaniale commença aussi après 1320 environ à se contracter selon de nouvelles modalités qui troublèrent davantage les structures de l'économie seigneuriale. Certains maîtres poussèrent plus vivement le lotissement des franges périphériques du domaine, y découpant des tenures nouvelles. Il semble qu'ils aient ainsi répondu aux vœux des paysans pauvres, dont l'évolution démographique n'était point encore venue réduire sensiblement le nombre. Ces gens souhaitaient ajouter quelques parcelles à leur exploitation familiale trop restreinte. Ils étaient prêts à payer des cens élevés pour recevoir la disposition de ces terres labourables. Il devenait ainsi plus avantageux de louer ces parcelles que de les faire valoir. Les seigneurs le sentirent. Ils se débarrassèrent des champs les plus éloignés de leur maison, où se dispersaient les efforts de leur personnel. Ils abandonnèrent également les essarts récemment conquis sur des terres marginales dont la productivité baissait rapidement. Ils décidèrent de concentrer sur les meilleures terres leur exploitation et toutes les forces productives dont ils disposaient. Une telle rétraction des champs domaniaux est surtout visible en Angleterre dans l'état actuel des recherches. Elle prend l'allure d'un mouvement de très longue amplitude dont le départ se situe, lui aussi, au cœur de la période prospère de l'économie agricole. Ainsi dans huit manoirs dépendant de l'évêché de Winchester, la superficie des labours seigneuriaux diminua régulièrement de 37 % pendant la seconde moitié du XIIIe siècle, de 24 % pendant la première moitié du XIVe siècle, de 20 % dans la seconde.

Toutefois, lorsqu'on l'observe de près, la courbe des accensements semble accuser entre 1320 et 1340 une

1. HAENENS, 616.

très brusque élévation. Ce fut à ce moment que les domaines que possédait en Angleterre le monastère normand du Bec subirent les plus lourdes amputations, tandis que les franges marginales de la terre domaniale relevant de l'abbaye de Leicester étaient concédées par petits lots à des paysans. Les revenus tirés du domaine s'abaissèrent alors des deux tiers dans tel manoir de l'église d'Ely ; dans tel autre, on les voit tomber de quatre-vingts livres en 1319 à dix livres en 1333-1334 [1]. Il s'agit bien là d'une crise, d'une première et vive secousse. Le repli de l'exploitation domaniale, dont témoignent les données numériques puisées dans les archives des grandes seigneuries ecclésiastiques anglaises, résulta sans doute à la fois du désordre que la famine de 1316 avait introduit dans les prix des grains, et de la hausse des salaires que provoquait le lent amenuisement du prolétariat rural. Ces troubles détournèrent les administrateurs du domaine du faire-valoir direct. Ils les incitèrent à se décharger des soucis de l'exploitation sur des paysans tenanciers, que touchait moins la distorsion des salaires et des prix agricoles. Mais la crise fut en vérité passagère. Dans la plupart des seigneuries ecclésiastiques d'Angleterre, la superficie du domaine se stabilisa après 1340.

*
* *

Dans tous les pays d'Europe où l'étude des entreprises seigneuriales est suffisamment poussée, l'Italie du Nord et l'Allemagne orientale mises à part, il apparaît clairement que le recul du faire-valoir direct revêtit une allure toute nouvelle après le milieu du XIVe siècle. D'une part, il s'accéléra. Il s'opéra d'autre part de telle manière que les incidences du phénomène sur l'économie générale des campagnes se modifièrent très sensiblement.

La première tâche qui incombe aux historiens consiste à établir avec plus de précision une chronologie de ce mouvement. Les résultats acquis demeurent très épars, mais ils communiquent l'impression que celui-ci atteignit sa plus vive intensité dans les années soixante-dix et quatre-vingts du XIVe siècle. On peut situer entre 1350 et 1370 le moment où, dans le pays de Liège comme en Brandebourg, les abbayes cisterciennes

1. HILTON, 619, p. 88 ; MORGAN, 374 ; MILLER, 187, p. 105.

abandonnèrent la mise en valeur directe des dernières granges qu'elles exploitaient encore. Les accensements de terres prélevées sur les réserves des seigneuries ecclésiastiques se multiplièrent dans la région parisienne après 1346. Ainsi les chanoines de Notre-Dame de Paris, qui exploitaient un beau domaine dans le village de Mitry-Mory, l'amputèrent-ils d'une trentaine d'hectares entre 1346 et 1348, puis d'une centaine entre 1352 et 1356 ; l'effritement s'arrêta un moment ensuite, mais reprit de plus belle entre 1380 et 1390. On voit les prémontrés affermer leur grange de Gergovie en Auvergne en 1381, les cisterciens celle d'Ouges en Bourgogne en 1382. Ce fut à ce moment que les hospitaliers de Provence confièrent à des fermiers la plupart des terres de leur réserve. Et si l'on observe les campagnes anglaises, on découvre que les moines de Ramsey commencèrent autour de 1370 à concéder les champs domaniaux de leurs manoirs à des paysans ; vingt ans plus tard leur domaine se trouvait tout entier affermé ; celui de la collégiale de Leicester et de beaucoup d'autres établissements religieux fut abandonné à des fermiers au début du XVe siècle [1]. Situer plus exactement le phénomène dans le temps et dans l'espace favoriserait l'approche d'un aspect plus profond de ce problème : pourquoi les résistances tenaces qui, dans la mentalité aristocratique, faisaient obstacle à l'abandon du faire-valoir direct avaient-elles cédé ?

Que ce fait se soit produit dans beaucoup de seigneuries autour de 1380 le rend plus explicable au premier coup d'œil. A cette époque en effet, sans même faire état des accidents militaires locaux, l'économie seigneuriale subissait les ébranlements les plus violents et se trouvait bouleversée par l'effondrement démographique, le marasme des prix agricoles et la hausse des salaires. Ici et là subsistent encore des inventaires, des fragments de comptes qui permettraient de mieux comprendre la décision des seigneurs et d'en pénétrer les motifs.

On est en droit de douter que les maîtres, et surtout les plus humbles d'entre eux, aient pris alors clairement conscience du mouvement des prix. La dégradation

1. CARSTEN, 7, p. 75 ; VAN DEERVEGHDE, 446 ; FOURQUIN, 510 *a* ; FOURNIER, 414 ; MARTIN-LORBER, 627 ; RAFTIS, 190, p. 259 ; HILTON, 619, p. 90 et suiv.

du marché des céréales s'opérait très lentement. Leur fut-elle perceptible, alors que normalement les conditions de vente variaient si fortement de mois en mois et d'une bourgade à l'autre ? En revanche, ils ressentirent immédiatement la difficulté d'embaucher des travailleurs. La fuite des domestiques, la disparition des journaliers entraînés par les mouvements militaires ou frappés par la peste, laissaient la terre sans soin et réduisaient brusquement les rendements. Cette raréfaction de la main-d'œuvre engageait à s'en remettre à autrui des soucis de l'exploitation. En déterminant un vif relèvement des salaires, elle introduisit surtout dans le budget un déséquilibre qui condamnait l'exploitation directe. Les comptes de la seigneurie cistercienne d'Ouges le montrent fort nettement. L'année 1380, le domaine agricole ne procura presque aucun profit. Des cent trente et un setiers de grains récoltés, il avait fallu consacrer vingt-sept à la semence ; mais les travailleurs domestiques en avaient consommé quatre-vingts. La recette en argent montait à cent soixante-treize livres, mais la dépense à cent soixante-huit, dont vingt neuf livres pour l'entretien des bâtiments, trente-cinq pour l'équipement et l'outillage, cent enfin pour les salaires. Ceux-ci dévoraient tout. Aussi, deux ans plus tard, la grange toute entière était-elle amodiée et les moines dès lors, sans qu'ils eussent à s'en préoccuper, reçurent de bonnes qualités de grains. On voit également que les salaires pesaient très lourdement dans le budget des petites seigneuries saxonnes. Tel hobereau, qui par fidélité à la tradition n'avait pas abandonné l'exploitation de la réserve ancestrale, dépensait pour rétribuer ses vingt et un domestiques presque autant d'argent que pour assurer à sa table un luxe décent, pour se vêtir lui-même et donner aux siens les parures dignes de leur état [1]. Fait significatif, les régions d'Europe où l'exploitation directe demeurait plus vigoureuse, l'Allemagne orientale, certains pays germaniques du Sud-Ouest, l'Italie du Nord, étaient précisément celles où les autorités princières ou urbaines avaient pris des mesures assez énergiques pour maintenir favorables aux maîtres les conditions de l'emploi, notamment en freinant l'exode rural, en attachant le paysan à la glèbe. Déjà au XIIIe siècle, l'économie des

1. MARTIN-LORBER, 627 ; ABEL, 506, p. 147.

grandes exploitations agricoles s'avérait fragile, accablée par le poids des dépenses d'administration, par le gaspillage, les malversations des régisseurs, par les procès interminables, tout ce qui dans les années heureuses entretenait dans l'aisance, autour de chaque domaine, un groupe d'intermédiaires parasites [1]. On peut penser que les remous de la conjoncture après 1348, qu'ils fussent directement ressentis ou insensibles comme l'était sans doute l'évolution des prix, se montrèrent assez puissants pour fausser décidément les rouages, pour convaincre les seigneurs de restreindre l'étendue de leur terre propre malgré leur répugnance, et d'en confier la mise en valeur à des fermiers.

Pour expliquer le brusque recul du faire-valoir dans les décennies qui encadrent 1380, il faut sans doute tenir compte aussi des modifications qui affectèrent les structures de la société seigneuriale. Les maîtres aimaient leur terre. Mais cette affection se trouvait contrariée par d'autres préoccupations. R. Boutruche fait justement remarquer que l'adoption du bail à ferme « répond à une mentalité qui recule devant les soucis et les risques de la gestion directe comme du métayage temporaire, et qui préfère un revenu fixe à un revenu changeant, même si celui-ci est élevé ». Pourra-t-on jamais mesurer les progrès dans les consciences seigneuriales de la prudence économique ? Il est plus simple de constater déjà que l'abandon du faire-valoir direct, le recours à la censive ou à des contrats qui, pour quelque temps, confiaient le domaine à un autre exploitant, convenaient spécialement à des maîtres qui devaient s'absenter plus souvent et perdre de vue leur domaine. Or n'apparaît-il pas que, dans bien des provinces d'Occident, la société seigneuriale se trouvait soumise alors à un grand brassage, et que, pendant cette période, de nombreux seigneurs furent amenés à changer de vie, notamment à quitter leur maison des champs ? Dans les archives seigneuriales d'un village du haut pays niçois, un large vide s'ouvre entre 1353 et 1453 : ces montagnes étaient alors plongées dans une complète désolation ; lorsque la famille reparaît, on la trouve établie à Nice où elle exploitait de très loin ses droits [2].

1. DUBY, 409 *a*.
2. DURBEC, « Chartes du val de l'Esteron », dans *Provence Historique*, 1953.

Quelle fut l'incidence de telles migrations sur l'économie domaniale ? Dans une commanderie provençale d'hospitaliers, le domaine, largement étendu en 1338, était presque tout entier affermé en 1411. Mais dans l'intervalle, la maisonnée des seigneurs, composée jadis de vingt-quatre personnes servies par huit domestiques, s'était réduite à six membres que le faire-valoir direct, bien que considérablement restreint, suffisait parfaitement à nourrir [1]. De la contraction du domaine et de celle de la « famille », quel avait été le phénomène premier ? Il serait utile en tout cas de suivre attentivement la composition des maisons seigneuriales, et de voir si les fortes compagnies qu'étaient aux temps féodaux les « mesnies » des hobereaux de villages ou des communautés religieuses rurales, ne se désagrégèrent pas pendant le XIVe siècle dans l'ensemble des campagnes d'Occident. N'oublions pas enfin l'effet de la concentration des fortunes, de l'accumulation des richesses foncières entre les mains de très hauts seigneurs qui, de tout temps, avaient régulièrement baillé leurs domaines à ferme. Tous ces transferts de résidence et de possession, encore très mal connus, pourraient bien compter parmi les plus puissantes incitations à la mise en location des terres de la réserve.

***

Il semble bien d'autre part que, pendant la seconde moitié du XIVe siècle, les seigneurs aient adopté des procédés nouveaux pour transférer à d'autres la gestion de leur terre. L'observation de ces changements doit requérir également l'attention minutieuse des historiens. Ici encore, l'enquête demeure très insuffisante, et les recherches futures devront s'attacher à préciser un schéma dont voici, fondée sur quelques données trop clairsemées, la présentation provisoire.

1° De nombreux domaines furent alors désagrégés par la concession de petites parcelles en censives, coulée dans les cadres juridiques traditionnellement

1. DUBY, 612. La structure de l'économie seigneuriale apparaît fort différente selon que le maître réside ou ne réside pas sur sa terre. En Normandie, plus de revenus en nature dès 1260 dans la seigneurie du roi ; alors qu'à la fin du XIVe siècle, les sires du Neufbourg recevaient de leurs tenanciers de fortes quantités de grain, STRAYER, 439, p. 16-20 ; PLAISSE, 631 *a*, p. 226.

appliqués aux tenures paysannes. Ce mode de décomposition des ensembles domaniaux, qui avait fortement affecté une cinquantaine d'années auparavant les seigneuries ecclésiastiques d'Angleterre, paraît se répandre dans les campagnes françaises après le milieu du XIVe siècle et au début du XVe. Ainsi l'accensement des parcelles périphériques, celui de quelques champs plus vastes en bordure des grands labours réduisit-il la superficie du domaine seigneurial d'un tiers dans le village d'Ouges en Bourgogne, d'une moitié dans celui de Lorgues en Provence. Une bonne partie du vignoble que faisaient exploiter les moines de Saint-Denis fut également distribuée par petits lots à des tenanciers après 1345. Parfois même, certains domaines se désintégrèrent complètement de cette manière, et disparurent : beaucoup de « cours » monastiques furent entièrement loties en Brandebourg dans la seconde moitié du XIVe siècle [1].

2° Toutefois, la plupart des terres domaniales que les seigneurs cessèrent d'exploiter eux-mêmes furent concédées non point en censive héréditaire, mais pour un temps limité. Certes, on observe une tendance générale à étendre un peu la durée de ces concessions temporaires. Le bail à vie, dont on avait abandonné l'usage au XIIIe siècle, regagna largement du terrain : on le voit d'utilisation fréquente après 1370 sur les terres de l'abbaye anglaise de Ramsey aussi bien que dans les villages de la région parisienne [2]. Le malheur des temps et la rareté des hommes incitaient en effet, dans les zones dévastées par les gens de guerre, à s'attacher durablement les fermiers. Il semble aussi que les seigneurs aient parfois obtenu, en prolongeant la durée de la concession, que les exploitants prennent à leur charge toutes les réparations, et notamment la remise en état des terres qui se trouvaient dévastées. Cependant, selon toute apparence, le bail à court terme, caduc après quelques années seulement, conserva partout la faveur des maîtres [3]. Les contrats de cette

1. MARTIN-LORBER, 627 ; FOURQUIN, 510 *a* ; CARSTEN, 7, p. 75.
2. RAFTIS, 190, p. 260 ; FOURQUIN, 510 *a*.
3. Les seigneurs voulaient en effet garder la possibilité de reprendre en mains leur terre. Le fait s'est produit plus souvent peut-être qu'on ne croit. Face aux 2 500 acres de tenures, les trois domaines des seigneurs normands du Neufbourg n'en couvraient que 250. A la fin du XIVe siècle, ils étaient affermés en bloc à un gros paysan. En

sorte abondent dans tous les dépôts d'archives. Convions les chercheurs à procéder en quelques points choisis aux études statistiques exhaustives indispensables. Quant à la gaine juridique qui revêtait ces concessions, elle n'accusa pas de modifications importantes. Mais deux changements notables déplacèrent à cette époque très sensiblement la position du bail à court terme parmi les mécanismes de l'économie rurale.

3° Le premier concerne les obligations du preneur. Le métayage semble avoir alors progressé rapidement dans les campagnes de l'Europe méridionale. On a vu déjà que les contrats qui associaient le maître du sol à l'exploitant, l'engageaient à fournir la moitié des semences, à rétribuer en partie la main-d'œuvre, à contribuer à l'entretien de l'outillage, parfois à avancer pour la première année les grains et jusqu'à la nourriture du métayer et de sa famille, s'étaient amplement répandus dès le XIIIe siècle en Italie. En 1316, plus des trois quarts des baux conclus dans les campagnes environnant Sienne instauraient des associations en *mezzadria*. Ce mode de faire-valoir l'emporta sur les terres de l'abbaye toscane de Settimo dans le deuxième quart du XIVe siècle, et c'est alors que les mentions de métayers, de *massarii*, de *partiarii* se multiplient dans les statuts communaux des campagnes lombardes. L'usage de la « facherie », de la « mégerie » envahit alors très largement la Provence comme le Toulousain, le Quercy et tous les pays d'Aquitaine, jusqu'au Poitou, au Limousin, à la Sologne [1].

4° De conséquences plus profondes peut-être, la seconde modification porte sur l'étendue des lots concédés en fermage ou en métayage. L'idéal pour le seigneur était évidemment de ne point morceler l'ex-

1405, à l'expiration du bail, le domaine de Canteloup fut repris en exploitation directe. Le maître engagea trois familles de domestiques qui, loués à l'année, recevaient un gage en argent payé en quatre termes et une allocation mensuelle de blé et de pois. En fait, ces salariés étaient auparavant au service du fermier. Ce qui montre, remarquons-le, que l'effet de l'amodiation ou du retour au faire-valoir direct sur les structures profondes de l'exploitation fut, au XVe siècle, souvent fort réduit, PLAISSE, 631 *a*, p. 138.

1. D'après le cadastre siennois, 6 500 des 15 000 propriétés étaient l'objet d'un contrat de location, 5 000 de ces contrats instauraient un métayage, IMBERCIADORI, 442, p. 49 ; JONES, 623 ; TOUBERT, 603 *a* ; OURLIAC, 188 ; SICARD, 635 ; GUÉRIN, 512, p. 262.

ploitation domaniale qu'il avait reçue de ses prédécesseurs, de lui laisser sa large puissance étalée dans le terroir, et de la confier tout entière au fermier en un seul bloc cohérent de labour, de prés et de vignes, avec toutes ses étables garnies et ses troupeaux. C'est ainsi, on le sait, que l'on baillait ordinairement les domaines dans les années prospères du XIIIe siècle. Beaucoup de maîtres parvinrent encore dans le dernier quart du XIVe siècle et après le milieu du XVe, à recruter des entrepreneurs de culture assez audacieux et assurés de ressources assez solides pour se charger de toute l'exploitation, seuls ou en compagnie. Mais pendant les périodes de grande misère, dans les régions les plus ravagées, sur les sols les moins fertiles, chaque fois que les conditions d'embauche et de vente rendaient l'exploitation trop onéreuse ou incertaine, les preneurs éventuels se raréfiaient [1].

En fait, les difficultés incitèrent de nombreux seigneurs à vaincre leurs réticences, et à restreindre les dimensions de l'exploitation en fractionnant le domaine. Lorsqu'ils ne se résignèrent pas à le lotir entre des tenanciers, ils durent au moins rogner ses franges, le morceler et l'offrir aux fermiers et aux métayers par portions d'étendue plus modeste, dont la mise en valeur n'excédait pas les forces d'une famille. Équipées d'une ou deux paires de bœufs, vastes tout au plus d'une quarantaine d'hectares, les « bordes » du Toulousain, issues selon toute apparence du démembrement des domaines seigneuriaux et tenues par des métayers, constituaient en effet au XVe siècle des exploitations familiales dont la gestion n'exigeait pas de gros capitaux et surtout n'obligeait pas à employer de nombreux salariés. Les métairies qui se formèrent alors dans le Poitou présentaient des dimensions semblables, et c'était également la taille moyenne des *mezzadria* de Toscane. Certes on rencontre bien ici ou là, après 1450, dans les parages fertiles du Bassin Parisien ou de l'Angleterre orientale, des fermes sensiblement plus vastes [2]. On rêve d'une vaste enquête qui, utilisant

1. Déjà, en 1338, les hospitaliers de la montagne provençale devaient conserver malgré eux dans leurs domaines certaines terres de mauvaise qualité, que nul paysan n'acceptait de prendre en « facherie », DUBY, 409 *a*.

2. SICARD, 635, p. 25 ; MERLE, 628 ; IMBERCIADORI, 442 ; FOURQUIN, 510 *a*.

une documentation devenue fort abondante, établirait, région par région, vers le milieu du XVe siècle, l'étendue moyenne des exploitations formées sur les anciens domaines seigneuriaux. Tout donne à croire cependant que celle-ci s'était en général notablement restreinte et qu'il faut situer pendant le demi-siècle qui suivit la Peste Noire le moment de cette restriction. Les entreprises de production céréalière de grande envergure qui pouvaient subsister encore en Europe occidentale disparurent à ce moment. Les dimensions de l'exploitation agricole s'adaptèrent au resserrement du marché des grains, comme à celui plus prononcé qui affectait le marché du travail. On entrevoit là une transformation fondamentale de la vie des campagnes, qui mériterait une observation très attentive.

***

Pour expliquer les progrès du métayage comme la réduction de l'étendue des fermes, il paraît nécessaire ici encore de ne pas mener l'enquête sociale, de ne point observer les changements d'attitude économique dans le seul monde des seigneurs, mais de considérer aussi la situation des exploitants. D'où venaient les hommes qui assumèrent la gestion de la terre seigneuriale, et qui coopérèrent ainsi à modifier profondément les structures de la seigneurie ? Quels étaient leurs moyens, leurs intentions, et leurs espoirs ?

D'épaisses liasses, dans tous les fonds d'archives, contiennent des réponses à ces questions. On commence à entrevoir que, parmi les preneurs de baux, les clercs, les anciens ministériaux, les hommes d'affaires se trouvaient relativement moins nombreux qu'au XIIIe siècle. Dans la région parisienne, les bourgeois affermaient alors volontiers la perception des dîmes et des droits seigneuriaux. Mais ce furent des « laboureurs » qui, le plus souvent, se chargèrent de mettre en valeur les champs domaniaux. Indications concordantes en Angleterre : parmi les fermiers des domaines ecclésiastiques, on rencontre quelques négociants en grains ou en laine ; presque tous cependant se recrutaient dans la paysannerie, et spécialement dans le groupe des tenanciers aisés. Cette dernière constatation pourrait conduire à formuler plus nettement certaines hypothèses de recherche. L'ample mouvement qui, depuis le

XIIIe siècle, élevait peu à peu au-dessus des autres quelques-unes des familles villageoises et qui fut accéléré par les troubles démographiques du XIVe siècle, n'a-t-il pas préparé la voie à la diffusion du fermage? En tout cas, si des investigations plus poussées confirment ces impressions premières, la prise en main des terres domaniales par des exploitants de condition relativement plus modeste et dépourvus de très grands moyens expliquerait à elle seule qu'il ait fallu rompre la cohésion de l'exploitation seigneuriale, en réduire les dimensions et morceler le domaine avant de le concéder à bail.

Resterait à éclairer le contraste entre les pays de fermage du Nord, et ceux du Sud, que conquit alors le métayage. Il conviendrait de s'assurer d'abord que l'opposition n'est pas exagérément accentuée par la nature des sources. Dans les campagnes septentrionales, celles-ci continuent à renseigner presque exclusivement sur les seigneuries d'Église, plus routinières, alors que les archives notariales du Midi mettent très largement en lumière les pratiques communément en usage dans les milieux les plus divers et spécialement dans les milieux urbains. Convient-il de faire également intervenir l'influence de traditions juridiques opposées? Faut-il enfin rendre responsable de ce contraste l'inégale pénétration de l'économie urbaine? Association du capital à l'exploitation de la terre, le contrat de métayage ne tentait-il pas davantage des hommes d'affaires soucieux d'investir des valeurs monétaires, habitués aux risques et aux profits, et bien placés pour pouvoir écouler les surplus de l'exploitation? Quelques indications des sources italiennes conduisent à le penser. Au milieu du XIVe siècle, alors que la plupart des citadins de Sienne avaient choisi depuis longtemps d'appliquer aux fonds du *contado* qui se trouvaient en leur pouvoir le procédé d'exploitation en *mezzadria*, les moines d'une abbaye voisine concédaient encore la plupart de leurs terres *a fitto*, c'est-à-dire contre une redevance fixe. Les archives toscanes montrent aussi que, cent ans plus tard, les bailleurs en métayage appartenaient pour les trois quarts à la bourgeoisie. Mais là encore, il faut craindre que la perspective ne soit sensiblement faussée par l'origine des documents et, davantage peut-être, par la nette avance des études d'économie urbaine dans les régions du Midi. Car les seigneurs du XVIe siècle qui construisirent patiemment et consolidèrent les métairies de la Gâtine poitevine n'étaient-ils pas pour les deux tiers des nobles terriens, tout à fait enracinés dans la tradition rurale, et qui comptaient parmi les plus riches et les mieux nés [1] ? La victoire du métayage dans le Sud, si elle se révèle aussi franche que l'exploration imparfaite des sources le donne à croire aujourd'hui, pourrait alors s'expliquer par la situation économique plus déprimée des paysans. Le fermier des campagnes septentrionales vivait dans l'aisance. La plupart des métayers du Midi paraissent d'assez pauvres hères qui s'installaient sur la terre du maître les mains nues, qui attendaient tout de suite un secours, l'avance de la semence, la fourniture des outils, parfois même de quoi nourrir leur famille pendant la première année. Les contrats de *mezzadria* et de « facherie » n'ont-ils point ligoté dans un réseau serré de dépendance économique une paysannerie plus vulnérable que dominait de plus haut la fortune des bourgeois et des nobles, et qui travaillaient des terres dont les progrès techniques n'avaient peut-être pas autant qu'au Nord accru la productivité ? On le voit, seul un élargissement des enquêtes d'histoire sociale, encore si limitées, permettrait peut-être d'apercevoir les vrais motifs du recul du faire-valoir direct, et de mieux discerner les diverses formes qu'il revêtit.

2. Les rentes

Il ne faut point avancer trop vite que les seigneurs de ce temps devinrent des « rentiers du sol ». L'homme qui a confié son bien à un métayer, qui le visite souvent, le surveille, garde l'œil sur le cellier et sur l'étable, participe aux ventes, s'associe aux profits comme aux pertes, reste tout près de la terre et apparaît vraiment comme un exploitant partiel. Il se trouve presque aussi mêlé aux soucis de la gestion que le seigneur qui dirige une équipe de domestiques par l'entremise d'un intendant. L'extension de la « facherie », de la « mégerie », de la « gasaille », de toutes les formes du métayage maintinrent donc le monde seigneurial en intime relation avec la production, l'écoulement des excédents

1. Imberciadori, 442 ; Jones, 623 ; Merle, 628.

et les vicissitudes mêmes de l'économie d'exploitation. Il est toutefois incontestable que tous les changements qui modifièrent la gestion du domaine accrurent nettement la part des rentes dans la plupart des recettes seigneuriales. Or il se trouve qu'à cette époque toutes les perceptions accusèrent un net fléchissement. La défaillance de l'économie seigneuriale résulte, en très grande part, de cette chute des rentes.

Le phénomène lui-même doit être mis en rapport direct avec les troubles extérieurs et accidentels, avec l'absence prolongée des maîtres, les saccages des hommes d'armes, toutes les calamités. A chaque période où s'aggravait localement le climat politique correspond dans les comptes seigneuriaux une baisse prononcée du produit des perceptions. Les rentrées s'amoindrissaient aussitôt dans les granges dîmières, car les dîmes et les terrages supportaient les premiers le contrecoup des fléaux [1]. La baisse des revenus se manifestait immédiatement aussi pour les moulins et pour les fours qui, détruits, cessaient de rapporter pendant plusieurs années. Les catastrophes entraînaient enfin très vite un rabais des redevances qui, lui, se prolongeait davantage car les paysans criaient misère et prenaient prétexte du délabrement de leur terre pour se prétendre pendant de longues années insolvables : les comptes de la seigneurie normande du Neufbourg montrent que 60 % des cens avaient, en 1436-1437, fait l'objet d'une remise partielle ou totale. Après les ravages que subirent les campagnes d'Ile-de-France en 1360, dame Marguerite de Clermont ne percevait plus de ses terres de Montreuil-sous-Bois que six livres au lieu de quinze, que six setiers d'avoine au lieu de quarante-six. Les exactions, qu'il fallait renoncer à lever pendant les temps difficiles, s'effaçaient très vite de la mémoire collective et par là cessaient d'être garanties par la coutume ; on avait grand-peine à les rétablir dans les villages restaurés. Lorsque les chanoines de Notre-Dame-de-Paris réclamèrent en 1390 aux paysans de Sucy la taille annuelle de trente-trois livres parisis qu'ils n'avaient point exigée depuis les hostilités des années cinquante, ils durent requérir l'aide du roi pour

1. On a vu combien s'abaissa en 1384 le rapport de la dîme d'Antony, et surtout celui de la dîme du vin, car le vignoble avait souffert davantage du passage des troupes, T. II, p. 180.

vaincre les résistances de leurs hommes, et se débattirent pendant des années dans d'interminables procès [1]. Le tarissement des ressources seigneuriales fut donc en grande partie fruit de la guerre. Ce qui fait que les historiens français, dont les observations les plus directes portent sur un pays plus accablé que les autres par les troubles militaires, ont souvent tendance à exagérer cet affaissement.

On s'aperçoit pourtant qu'il fut très général, car il procédait aussi du dépeuplement. Dans les villages désertés et sur les quartiers du terroir qui retournèrent à la friche, les cens se perdirent. Moins de foyers, moins de taillables : à Ouges, où toutes les maisons paysannes devaient la taille, la chute démographique abaissa de moitié le profit de cette taxe entre 1380 et 1445, tandis que dans une seigneurie de Sologne, ce profit était tombé au milieu du XVe siècle de vingt livres à deux livres : il n'y restait plus que six familles serviles [2]. La raréfaction des hommes exerça sur les profits seigneuriaux une influence moins directe, mais sans doute plus profonde. Les familles dépendantes, assurées de trouver sans peine ailleurs des terres vacantes où s'établir à de bonnes conditions, menaçaient de déguerpir. Pour les retenir, les seigneurs durent consentir à « amodérer » le taux des perceptions. Ils le rabattirent encore davantage lorsqu'ils souhaitaient reconstruire les terroirs dévastés par les mortalités, attirer de nouveaux exploitants, engager ceux qui n'avaient pas fui à s'atteler plus diligemment à la remise en état. Chaque effort de repeuplement ouvrait de longues palabres. Péniblement, on essayait d'ajuster les concessions seigneuriales aux revendications des rustres. Le seigneur y perdait toujours. Qu'on lise les vives et pénétrantes descriptions de l'exemple bordelais qu'a présentées R. Boutruche.

On découvre un autre facteur de défaillance dans la contraction des activités paysannes, qui s'observe à la fin du XIVe siècle et au début du XVe, c'est-à-dire au moment du grand dérangement des structures. La

1. PLAISSE, 631 *a*, p. 328 ; FOURQUIN, 510 *a*.

2. MARTIN-LORBER, 627 ; GUÉRIN, 512, p. 207 ; « des autres n'y en a plus cognoissance », dit le seigneur de La Ferté-Hubert, « et me sont demourez les héritages qu'ils tenaient partie en valeur et partie en ruine ».

fermeture du marché de la terre abaissa fortement le produit des « lods et ventes »[1]; l'amenuisement du cheptel retentit directement sur le rapport des droits de mainmorte; les maîtres des marchés et des péages ruraux souffrirent de la stagnation des échanges. Ajoutons enfin que la chute des prix agricoles diminuait la valeur des perceptions fixes en nature. Entre 1430 et 1456, les revenus des chevaliers teutoniques dans leur commanderie de Coblenz s'abaissèrent pour cela de 40 %[2]. Dans bien des régions, les seigneurs renoncèrent donc à ce qui subsistait de champarts et de tâches, et s'efforcèrent de commuer en numéraire les prestations en blé; d'ailleurs, dans les pays ravagés, obliger les tenanciers à s'acquitter en monnaie les incitait à hâter les restaurations. Mais dès lors les revenus subissaient la répercussion des mutations monétaires; ils souffrirent en particulier d'une dépréciation continue des faibles espèces locales qui, dans bien des régions, servaient toujours de base à la perception des cens. Sans doute, beaucoup de seigneurs s'efforçaient-ils, lors des nouveaux accensements, de stipuler les redevances en monnaie forte. En haut Dauphiné, les cens en numéraire, qui d'ailleurs ne constituaient pas plus du tiers de l'ensemble des prestations, furent constamment réévalués à cette époque par référence au cours de la « bonne monnaie », ce qui les empêcha d'être sensiblement affectés par la dévaluation[3]. Celle-ci entraîna pourtant des pertes d'autant plus profondes que, pour attacher les paysans à la terre, on avait abandonné dans bien des seigneuries la pratique des tenures révocables. Les concessions de très longue durée ou perpétuelles interdisaient tout réajustement.

Partout donc, les profits seigneuriaux s'amenuisèrent. Il semble que la chute se soit amorcée d'assez bonne heure. Certaines sources anglaises la montrent en marche dès 1320. La régression s'accéléra avec la Peste Noire et se précipita après 1370. Voici quelques données numériques. L'arpent de vigne à Argenteuil qui trouvait preneur en 1300-1320, sous un cens annuel de

1. Le rapport des taxes de mutation dans la seigneurie normande du Neufbourg tomba d'environ 13 livres en 1397, à moins de 9 livres en 1405 et à 18 sous en 1444, PLAISSE, 631 *a*, p. 324.
2. ABEL, 506, p. 136 et suiv.
3. CHOMEL, 608.

douze à vingt-cinq sous parisis, se louait entre 1400 et 1410 pour une redevance de cinq à quinze sous et de huit pintes de vin ; cinquante ans plus tard, le cens annuel se tenait entre six et douze sous, outre les huit pintes convertibles en huit deniers parisis. En éliminant les variations dues aux modifications de l'étalon monétaire, on peut estimer la valeur moyenne du loyer d'un arpent de labour sur les terres de Saint-Germain-des-Prés à quatre-vingt-quatre deniers en 1360-1400, à cinquante-six deniers en 1422-1461, à trente et un deniers en 1461-1483. A Beaufour, en Normandie, le rapport des censives s'élevait en 1397 à cent quarante-deux livres ; il tomba à cent douze livres en 1428, puis à cinquante-deux livres en 1437 ; en 1444 il s'était réduit à dix livres. Dans le manoir anglais de Forncett, l'acre de terre était concédée sous un cens moyen de 10 deniers 69 en 1376-1378, de 9 deniers 11 en 1401-1410, de 7 deniers 78 en 1421-1430, de 8 deniers 02 en 1431-1440, de 7 deniers 72 en 1441-1450, de 6 deniers 26 en 1451-1460 ; mais ces chiffres en réalité réduisent fortement les proportions réelles de la régression, car la monnaie dans laquelle ils sont établis perdit beaucoup de sa valeur en argent entre 1368 et 1459. Une chute aussi brusque s'observe au XVe siècle dans les comptes seigneuriaux d'Allemagne. Les seigneurs de Holloben en Saxe avaient perçu en 1394 trente mesures de seigle, cinquante-quatre d'avoine et trente-trois pièces de monnaie ; en 1421 leur revenu s'abaissait à cinq mesures de seigle, neuf d'avoine et cinq pièces de monnaie. Établi en fonction des prix du blé, l'indice des fermages dans la campagne de Göttingen s'effondra de cent à quatorze entre la fin du premier tiers du XVe siècle et le milieu du XVIe [1].

***

En fait, la chute des rentes jointe au recul de la gestion directe, la nécessité de dépenser beaucoup en réparation réduisirent notablement pendant cette période les moyens financiers de tous les seigneurs. Partout ils

1. Fourquin, 510 *a* ; Plaisse, 631 *a*, p. 326 ; Davenport, 175 ; Abel, 506, p. 143.

apparaissent fort gênés, à l'affût de profits extérieurs et lancés souvent pour cela dans des carrières ou dans des aventures qui les éloignaient un peu plus de leurs terres. Ces ressources d'appoint, les emplois que leur offraient les principautés mieux charpentées en quête d'auxiliaires le hasard des intrigues politiques et matrimoniales, assurèrent cependant le maintien de presque toutes les fortunes aristocratiques. Beaucoup de seigneuries changèrent de main. Certaines échurent à des nouveaux riches qui n'appartenaient ni à la noblesse ni à l'Église. Il ne faudrait pas cependant se laisser prendre à l'importance excessive que les orientations de la recherche historique risquent de conférer au mouvement des capitaux urbains ; les bourgeois enrichis qui avaient chassé les lignages chevaleresques de leur manoir demeuraient encore relativement fort peu nombreux en 1450 ; et parmi ceux-ci, la plupart avaient adopté toutes les habitudes et tous les comportements de l'ancienne aristocratie. La société européenne restait donc très solidement seigneuriale. Certes, les papiers des notaires montrent, en Provence ou en Forez, de petits nobles vivant tout à fait à la paysanne, dont la fortune foncière, où se mêlaient alleux et censives, fragments de dîmes et de tâches, présentait la même structure que celle de certains rustres du village et qui, tout comme ceux-ci, donnaient en dot à leurs filles quelques mesures de grain et quelques têtes de bétail. Les échelons inférieurs de l'aristocratie de race n'émergeaient point alors d'une médiocrité toute [1] rustique. Il n'empêche qu'aux XIVe et XVe siècles, d'énormes distances séparaient toujours, quant à l'influence, au prestige surtout, le moindre hobereau de village de ses voisins paysans [2].

Toutefois, dans son ensemble, le monde des seigneurs avait desserré sensiblement sa prise sur l'économie des campagnes. Une forte part des surplus arrachés à la terre par les paysans parvenait encore dans les mains seigneuriales. Mais les progrès constants de l'instrument fiscal avaient rendu celle que prélevaient les agents de l'État beaucoup plus considérable. Et surtout, ces rentiers vivaient maintenant à l'écart du monde rural. La seigneurie banale, les vestiges qui en subsistaient

1. GONON, 587.
2. FOURQUIN, 510 *a*.

dans l'appareil des taxes avaient perdu toute signification devant le progrès des monarchies. Les seigneurs n'effectuaient plus le négoce des produits agricoles, dont les profits allaient maintenant aux fermiers de leurs revenus et de leurs domaines. Ils avaient lâché même l'exploitation de la terre. Au XVe siècle, l'entreprise rurale n'était plus, dans bien des cas, conduite par les maîtres, mais par des paysans.

CHAPITRE III

LES PAYSANS

Le fléchissement de l'économie seigneuriale, et particulièrement l'abandon du faire-valoir direct, parce qu'ils mettent un terme aux séries de comptes de gestion, appauvrissent sensiblement la documentation. En effet, l'exploitation menée par les rustres n'a pas d'archives et, partant, point d'histoire. Il ne manque pourtant pas d'indices qui laissent supposer que maints secteurs de l'économie rurale ne perdirent pas leur vitalité pendant cette période, et qu'un transfert d'activité s'opéra depuis la seigneurie vers les entreprises paysannes. Il était de longue date préparé. Pendant la grande prospérité du XIIIe siècle finissant, masquées par l'agencement même des chartriers seigneuriaux, par la lumière intense qu'ils projettent sur la demeure du maître, sur ses droits et ses besoins, nombre d'exploitations de taille moyenne s'étaient renforcées peu à peu aux mains des régisseurs et des gros paysans. Dans les grandes seigneuries monastiques anglaises, l'aménagement progressif de la gestion tendait dès cette époque, par l'allégement des corvées et l'alourdissement des redevances en numéraire comme par l'institution des tailles périodiques, à fonder toute l'économie seigneuriale sur la libre activité d'une paysannerie dynamique qui produisait, négociait les surplus et acquittait les cens sur le produit de ses ventes [1]. Déjà,

1. Voir notamment la suggestive étude de l'évolution de l'économie domestique dans l'abbaye de Ramsey, dans RAFTIS, 190, p. 217 et suiv.

l'Angleterre des manoirs était en train de devenir l'Angleterre des paysans. Pour peu qu'on y prête attention, des phénomènes semblables s'observent sur le continent. La Peste Noire et ses séquelles précipitèrent ce transfert. De toute manière, l'étude de l'exploitation seigneuriale au XIVe siècle n'éclaire jamais qu'un secteur de l'économie rurale et qui ne cesse de se restreindre. L'observation conjointe, plus malaisée et imparfaite, de l'exploitation paysanne s'avère plus que jamais nécessaire.

1. Les révoltes populaires

Les sources les plus accessibles communiquent une impression première de difficultés et de déclin. Les crises accidentelles, qui dans le cours du XIVe siècle frappèrent si durement les exploitations seigneuriales et les ébranlèrent jusqu'en leurs fondements, n'épargnèrent pas les ménages de rustres. Ceux-ci durent en premier lieu supporter les efforts constants des maîtres qui, pour sortir de la gêne, voulaient tirer tous les profits possibles de leurs droits et exigeaient toujours davantage de leurs dépendants. Ils ne purent pas toujours résister. En fait, l'épargne paysanne paya les rançons, répara les manoirs brûlés et les clos dévastés. Les fléaux d'ailleurs frappèrent directement les petites gens des campagnes. Les moins tolérables, ceux qui suscitèrent les réactions les plus vives, furent semble-t-il les calamités d'ordre politique. Non point tellement les accidents rapides qu'étaient les hostilités, les pillages, l'arrivée des compagnies militaires : on faisait le vide devant elles, elles passaient. Mais restaient à demeure les agents des princes, les garnisons établies pour protéger la contrée, dont les villageois devaient assurer l'entretien, qui vivaient sur le pays, qui imposaient aux hameaux des rançons collectives et d'autres, personnelles, aux individus les moins pauvres... Menacés de voir brûler leurs maisons, les hommes d'Antony durent porter en 1358-1360 aux gens d'armes qui tenaient le château d'Amblainvilliers du vin, de la farine, du sel, de la chandelle, enfin vingt moutons d'or [1]. Point de différence entre les patrouilleurs amis ou ennemis, ils

1. FOURQUIN, 510 *a*.

prenaient tous autant. Venaient aussi les percepteurs de taille, qui raflaient ce qu'ils pouvaient découvrir. Les seigneurs enfin récupéraient sur leurs hommes le montant des aides qu'ils étaient contraints de payer aux souverains. Sans conteste, de tous les maux qui les frappaient, les paysans ressentirent plus douloureusement et avec moins de patience le poids de la guerre et de la fiscalité lointaine. Ces charges suscitèrent très directement des agitations à la fois sociales et religieuses. Ces soulèvements traduisent les difficultés et les tensions au sein du peuple des campagnes.

Pendant tout le Moyen Age, même aux moments de grande aisance, des mouvements tumultueux de résistance aux exactions avaient traversé le monde paysan. On les voit parfois éclater en surface en brusques émotions, comme ces coalitions qui, dans la région parisienne, réunirent parfois, au cours du XIIIᵉ siècle, les habitants de villages voisins, tous ligués contre la taille. De larges emballements, dans la France du Nord-Ouest, entraînèrent aussi des foules de prolétaires de campagnes dans des aventures sans lendemain : des « croisades » groupèrent en 1251 « pastoureaux » et « enfants », et en 1320, ce « ramas de paysans et d'hommes du commun » qui se mit en marche vers la Terre Sainte [1]. Les incitations religieuses venaient ici orienter une agitation qu'elles ne parvenaient pas à brider, qu'elles surexcitaient peut-être : le pillage et les massacres accompagnaient ces troupes de prétendus pèlerins. De tels remous devinrent plus profonds peut-être dans le cours du XIVᵉ siècle. Ils frappèrent en tout cas davantage l'attention d'un monde plus sensible aux troubles. Ils se révélèrent comme de purs mouvements sociaux et mobilisèrent contre eux les seigneurs coalisés, d'autant plus empressés à se défendre que leur position économique devenait elle-même moins sûre.

Des soulèvements paysans nettement dirigés contre les charges fiscales s'allumèrent et s'enchaînèrent alors à travers l'Europe. Les plus précoces troublèrent les campagnes de l'Italie du Nord qui pourtant paraissent bien situées à ce moment dans une grande prospérité. Dès 1300, une agitation rurale latente, intimement mêlée aux puissants courants pour la pauvreté évan-

1. P. ALPHANDÉRY et A. DUPRONT, *La Chrétienté et l'idée de Croisade*, t. II, Paris, 1959, p. 125 et suiv., p. 259 et suiv.

gélique qui, dans ce pays, s'épanouissaient largement aux lisières de l'orthodoxie chrétienne, finit par se concentrer autour de Verceil et, confondue avec l'hérésie, fut vite réprimée par le feu. Dix ans plus tard, les paysans de la Flandre maritime, dont la plupart vivaient dans l'aisance, s'armaient contre les impôts, attaquaient les agents du prince ; ils tournèrent bientôt leur hostilité contre la noblesse tout entière, et résistèrent pendant des années à la répression chevaleresque. En 1358, la jacquerie, sursaut de résistance affolée, se dirigea d'abord elle aussi contre les gens d'armes établis par le souverain. Quelques paysans sans chef véritable, dans un coup de colère, avaient commencé à tuer ; ils entraînèrent dans une folie sans espoir des foules aveugles que leur geste avait compromises, brûlèrent les maisons nobles, et furent bientôt exterminés par les chevaliers. Remarquons bien que le mouvement se développa dans le nord de la région parisienne, c'est-à-dire dans l'une des campagnes les plus prospères d'Europe. Les tumultes de « tuchins » qui traversèrent les régions méridionales sont mal connus, mais paraissent aussi, de toute évidence, des ripostes aux exactions. Flambée la plus vive de toutes, la grande révolte des travailleurs d'Angleterre s'alluma en 1381 dans l'est de ce pays — encore une fois dans la partie la plus peuplée, la plus évoluée, la plus prospère.

Ce mouvement, mieux étudié que les autres, avait été préparé par une longue fermentation. Il faut en placer l'origine lointaine aux alentours de 1325, lorsque les seigneurs, pour réagir contre la première forte détérioration du marché des produits agricoles, avaient aggravé leurs exigences. Ce durcissement du régime domanial implanta dans le monde paysan une amertume durable, qui s'exprima par d'interminables chicanes devant les cours de justice publique et par une insubordination généralisée. Les mesures royales édictées après la Peste Noire pour réglementer le travail et interdire la hausse des gages frappèrent les très nombreux salariés des campagnes ; elles alourdirent le climat social. Survint enfin la *Poll Tax*, c'est-à-dire l'imposition par le souverain d'une nouvelle et lourde ponction fiscale, qui fit exploser la révolte. La conjoncture n'était pourtant pas alors défavorable, et les ruraux se trouvaient dans une condition économique certainement meilleure que cinquante ans plus tôt. On voit donc que ce soulèvement, comme les précédents, fut déterminé avant tout par une pression du pouvoir jugée insupportable, et par l'aggravation de la fiscalité. A vrai dire, les révoltés furent entraînés par un double courant, qui répondait à la complexité de la société paysanne. Ligués contre la puissance politique, les « travailleurs » appartenaient en fait à deux catégories économiques dont les intérêts divergeaient. Les plus nombreux sans doute étaient des paysans aisés. Ce qu'ils souhaitaient, c'était seulement l'assouplissement des entraves du régime seigneurial en faveur de la libre entreprise, l'abolition du servage et des corvées, un abaissement des cens. Ils réclamaient qu'on leur laissât une plus grande part dans la commercialisation des produits agricoles. Mais, à leurs côtés, luttaient de vrais « pauvres », des hommes sans terre, des journaliers, les *cottiers* du Kent conduits par John Ball. Ceux-ci espéraient une réforme sociale et agraire beaucoup plus profonde. Ils voulaient voir supprimer toute restriction à la liberté du travail. Ils attendaient la confiscation des terres d'Église et leur distribution par petits lots, la restitution des communaux. L'opposition radicale entre ces deux tendances fit sans doute que le mouvement échoua un peu plus vite.

Toute cette agitation qui troubla pendant le XIVe siècle les populations rurales de l'Europe occidentale mériterait une étude d'ensemble. Parmi les rustres en révolte, les meneurs n'appartenaient-ils pas aux couches les moins défavorisées ? L'important est de voir que, malgré l'influence qu'exerçaient sur ces émeutiers, et surtout sur les plus humbles, les prédicateurs errants, demi-hérétiques, qui leur parlaient d'Adam et Ève, de l'égalité primitive des enfants de Dieu, et qui rallumaient la mystique communautaire des compagnies d'artisans épris de pauvreté évangélique, tous ces soulèvements ne s'attaquèrent que par accident à la fortune des seigneurs. S'ils pillèrent et saccagèrent les demeures de plaisance des riches, ce fut dans l'entraînement de la destruction, dans l'impulsion de la cupidité la plus primitive et de quelques rancunes personnelles. En réalité, ils visaient moins le régime seigneurial qu'un type d'exploitation mené par les princes et par les chefs de guerre. Plutôt que l'appauvrissement, qu'une dépression générale de la paysannerie, ils exprimaient le désarroi de certains cantons plus opprimés par l'impôt et les garnisons, l'impatience devant trop d'exigences ou trop de dégâts. Ajoutons que ces révoltes furent généralement d'une extrême brièveté, sans prolongements, sans conséquences durables. Mais leur fréquence même et leur ubiquité font désirer plus vivement que se précisent nos connaissances sur la situation économique véritable de la paysannerie au XIVe et au début du XVe siècle. Il importerait de mettre en œuvre à cet effet toutes les sources d'information. Elles abondent en certaines régions. Le dépouillement, en quelques lieux choisis, des fonds notariaux, des cadastres, de ce qui subsiste d'inventaires seigneuriaux, permettront de vérifier les hypothèses et de répondre aux interrogations qu'il convient maintenant d'énoncer.

2. Riches et pauvres

A première vue, deux éléments au moins de la nouvelle conjoncture tendaient à l'amélioration de la condition paysanne. Plus que tout autre, le dépeuplement, et cette décompression qu'il introduisait dans tout le corps social. Dans ces campagnes qui semblent désolées, où gagnent les friches, où des villages tombent en ruines, les travailleurs des champs et des vignes se trouvaient sans doute — au moins dans l'intervalle des crises de destruction, du passage des soldats ou des percepteurs — sensiblement moins pressés de besoins que ne l'étaient leurs ancêtres, car l'espace nourricier leur était moins chichement mesuré. Tous les paysans, d'autre part, profitaient de l'abaissement de la rente seigneuriale, qui signifiait leur libération économique. Ce desserrement se faisait peu à peu, sans éclat. Les chartes de franchises se raréfient au bas Moyen Age dans les campagnes françaises, se rétrécissent, n'accordent plus que des exemptions de détail. Ce fut par petits marchandages, par obstination, que les paysans se dégagèrent. Non point dans toutes les seigneuries certes : quelques-unes tinrent bon. Mais partout se manifestent les signes d'un progressif affranchissement. Ici les tenanciers, trompant la surveillance des maîtres, parvinrent à transformer leur censive en alleu : dans tel village de Provence, où en 1308 presque toutes les terres étaient des tenures, on les voit cent ans plus tard devenues des possessions indépendantes, soumises seulement à l'autorité du prince et à ses impôts. Là, les concessions à long terme, plus favorables à l'exploitant, progressèrent aux dépens des tenures précaires, incertaines, dont l'usage s'était très répandu lorsque la terre était rare et les hommes affamés : ainsi, dans les villages des Midlands de l'Ouest, les tenures *at will* apparaissent-elles à la fin du XIVe siècle en très net retrait par rapport aux baux de longue durée. Ailleurs, enfin, la dépendance personnelle se dénoua. Les registres de mainmorte permettent de constater que lc nombre des « hommes de maisnie » appartenant aux comtes de Hainaut diminua de 70 % entre 1317 et 1350, puis encore de moitié pendant la fin du XIVe siècle. Lorsque les seigneurs du Nivernais cherchèrent vers 1440 à exploiter de nouveau leurs serfs, ils se heurtèrent à de très vives résistances ; ces dépendants, beaucoup moins nombreux que leurs ancêtres, se trouvaient dans une condition économique sensiblement relevée ; certains nourrissaient quatre ou cinq valets dans leur demeure ; à en croire leurs seigneurs, quelques-uns, qui grognaient pour payer cinquante livres de taille, possédaient en fait plus de deux milie écus ; et s'ils protestaient contre le formariage, c'est qu'ils voulaient marier leurs filles « en noblesse et bourgeoisie [1] ».

Il est toutefois bien difficile de discerner si l'appesantissement de la fiscalité princière ne compensa pas largement l'allégement de la rente seigneuriale et si, en fin de compte, les ménages paysans parvinrent à conserver pour leur usage une meilleure part du fruit de leur travail. Cette incertitude explique que les historiens aient pu porter des jugements très discordants sur la condition économique des paysans de ce temps [2]. Beaucoup l'ont tenue pour fort déprimée. Et il faut bien reconnaître que les indices d'un dénuement très général abondent. Ainsi apparaît-il clairement que les emprunts de consommation contractés par les pauvres auprès des usuriers établis dans les bourgades rurales sont demeurés très fréquents à cette époque : l'exploitation des difficultés paysannes fit la fortune de ces manieurs d'argent d'Asti dont on voit les comptoirs se multiplier et prospérer au XIVe siècle sur les terres des comtes de Savoie. Les villageois d'Angleterre, que peint Langland dans son œuvre, s'alimentaient fort mal, vivaient de

1. JUGLAS, 512 ; BOSSUAT, 579.
2. ABEL, 506, p. 157 et suiv.

lait et de bouillies ; le luxe pour eux était de manger du pain, de boire de la bière. Quant aux habitants des campagnes françaises, ils parurent à John Fortescue, qui venait d'Angleterre, faméliques et vêtus de haillons, à une époque où pourtant le mouvement de reprise se trouvait déjà vivement lancé. Au XIVe siècle, les inventaires des biens de mainmorte vendus au bénéfice du duc de Bourgogne dans son bailliage de la montagne décrivent un mobilier des plus pauvres. Quelques torchons usés, de légères courtepointes, un coffre, de vieux vêtements, une ou deux bêtes, quelques mesures de grain, voilà ce que trouvaient les percepteurs dans les masures paysannes. Et lorsque Gaston Fébus, à court d'argent, proposa à ses hommes de corps du Béarn, en 1387, de leur vendre leur liberté, 40 % d'entre eux répondirent qu'ils ne disposaient d'aucun moyen financier pour l'acquérir [1]. Il faut se garder de considérer avec trop d'optimisme la situation des paysans de ce temps. L'affaissement de la rente seigneuriale procède en grande partie, on l'a vu, de leur appauvrissement. Deux signes évidents de la détérioration générale de leur condition économique se manifestent dans les testaments du Forez, après 1380 : l'amoindrissement des dots ; l'apparition de « pariers », associés à deux ménages pour exploiter ensemble la même tenure et constituer un seul feu [2].

A vrai dire, pour dépasser ces impressions d'ensemble, et approcher de plus près les réalités économiques, il conviendrait de rechercher comment se répartissait alors la richesse entre les paysans. Ceux qui vivaient dans la situation matérielle précaire que décrivent certaines enquêtes fiscales et certaines œuvres littéraires (témoignages qu'il ne faut pas accepter sans contrôle) composaient-ils la totalité du monde rural? N'existait-il pas auprès d'eux un groupe d'exploitants plus aisés? Autrement dit qu'était-il advenu de ce mouvement, de plus en plus rapide aux alentours de 1300, qui approfondissait les écarts de richesses entre les villageois, et qui haussait certains d'entre eux fort au-dessus de la masse des pauvres? L'observation ne va pas sans difficultés. Quelques documents seigneu-

1. VIGNIER, 604 ; *Bulletin de la Société des sciences, lettres et arts de Pau*, 1879.
2. GONON, 587.

riaux, les listes successives où furent enregistrées les cens dus par les tenanciers, montrent bien comment peu à peu les parcelles concédées par le maître s'éparpillèrent ici et se concentrèrent là entre quelques mains. Mais ces indications ne prennent de valeur que si tout le village se trouvait alors englobé dans la seigneurie. Encore n'est-on jamais sûr que la tenure d'un paysan constituait vraiment toute sa fortune. Tel, qui tenait un lopin dérisoire, pouvait fort bien posséder ailleurs d'autres biens, qui le situaient à un tout autre niveau de la hiérarchie des richesses. Les documents fiscaux sont plus sûrs, et l'on peut attendre beaucoup d'exploration des séries de cadastres qui existent fort nombreuses, en particulier dans les archives des contrées méridionales [1]. Plaçons enfin quelque espoir dans les apports de l'archéologie rurale, encore si peu poussée en Occident. La fouille des villages désertés au XIVe siècle et au début du XVe ne fournira pas seulement des indications décisives sur la structure des exploitations, dont les maisons de l'agglomération constituaient le centre. Elle permettra peut-être d'entrevoir les distances réelles qui séparaient alors les riches et les pauvres, et la proportion de ces derniers. Dans l'état actuel des investigations, on peut déjà exprimer quatre remarques préliminaires :

1° On aperçoit que les fortunes paysannes ont continué de se différencier pendant la première moitié du XIVe siècle. Voici à titre d'exemple (voir tableau page 240) les données numériques que l'on peut extraire des archives d'un manoir anglais, celui de Weedon Beck. Elles permettent de répartir à trois moments successifs les paysans dépendants en fonction du cens qu'ils acquittaient, donc en fonction de l'étendue de leur exploitation [2]. Compte tenu de la marge d'incertitude que laisse toujours subsister ce genre de sources, ce tableau montre clairement que la croissance démographique (le nombre des familles tenancières passa de 81 à 107) morcela dans la seconde moitié du XIIIe siècle un grand nombre de tenures et accrut de la sorte le nombre des paysans pauvres (la proportion de ceux qui devaient un cens inférieur à deux sous et demi doubla ; elle s'éleva de

1. N'oublions pas les testaments : on en a conservé 3 228 pour le seul comté de Forez, datant du XIVe siècle, et plus des deux tiers émanent de paysans, GONON, 587.

2. MORGAN, 374.

VALEUR DU CENS	NOMBRE DE TENANCIERS		
	1248	*1300*	*1365*
plus de 1 livre			2
de 15 à 20 sous			1
de 10 à 15 sous	3	4	7
de 5 à 10 sous	46	33	26
de 2,5 à 5 sous	15	26	8
de 1 à 2,5 sous	7	18	8
moins de 1 sou	1	19	18
Service en travail seulement	9	7	3

20 à 40 %). En 1365, les exploitants se trouvaient en revanche beaucoup moins nombreux qu'au début du siècle, et moins nombreux même qu'en 1248. La proportion des petits tenanciers ne s'était pas réduite pour cela. La baisse de population avait permis seulement le regroupement de quelques tenures, et la formation d'une dizaine d'exploitations nettement plus vastes que la moyenne. Le mouvement apparaît identique, mais plus accusé à travers les documents du monastère de Stoneleigh, dans les Midlands : le pourcentage des paysans dont la tenure excédait dix-huit hectares était de 2 en 1280, de 23 en 1392 [1].

2° On devine en effet que, passées les années soixante-dix du XIVe siècle, le dépeuplement et l'adoption de formules de concessions moins rigides précipitèrent l'évolution. En 1341, dans un manoir du comté de Leicester, deux cent cinquante hectares étaient tenus par vingt-six villains, dont la plupart exploitaient une tenure de dimensions coutumières, la « vergée » de dix hectares ; vingt hectares étaient en outre concédés par lots minuscules à vingt-cinq « cottiers ». En 1477, on n'y dénombrait plus que trois « cottiers » ; restaient seulement dix-sept autres non libres, mais la terre dont ils se partageaient la concession conservait sensiblement la même superficie, si bien que sept d'entre eux possédaient une tenure valant entre deux et

1. HILTON, dans 636.

trois « vergées ». Le remembrement avait été plus rapide parmi les francs-tenanciers du manoir. A dix-neuf, ils cultivaient soixante-quatre hectares en 1341 ; en 1477, quatre seulement en tenaient entre eux plus de quatre-vingt-dix. De semblables phénomènes s'observent à la même époque en Sologne. La mortalité et les migrations ouvrirent ici de larges vides (dans telle localité, dix-huit seulement des trente-deux « hôtels » sur lesquels on percevait la dîme se trouvaient encore occupés au milieu du XVᵉ siècle). Ceci permit à certains paysans de réunir beaucoup de terre. En 1448, tel censitaire était installé dans un grand « cheseau », qui faisait figure de véritable manoir (« une haute maison assise en ladite motte... à double cheminée... environnée de grands fossés carrés ») ; il tenait en outre une grange, deux étables, un vaste ensemble de labours d'un seul tenant, et trois autres « cheseaux » non bâtis. Il était arrivé à des serfs d'arrondir substantiellement leur avoir. La chevance de l'un de ces dépendants, mise aux enchères en 1411-1412, fut acquise pour cent dix-sept livres : elle comprenait, outre un bel équipement domestique et des bestiaux baillés à cheptel, de nombreuses terres et quatre maisons [1].

3° Il faut cependant remarquer que, dans les terroirs les plus fertiles, les places libérées par le dépeuplement furent souvent réoccupées très vite par des immigrants venus des mauvais pays. La densité démographique ne faiblit donc pas sensiblement. Ainsi, il n'apparaît pas que, malgré les pestes, les destructions, les exodes vers Paris, les exploitations paysannes se fussent restreintes en nombre et remembrées dans les très riches plaines à blé de l'Ile-de-France, entre le milieu du XIVᵉ siècle et la fin du XVᵉ [2]. Au progrès des *Wüstungen* correspond, on le sait, l'entassement des hommes sur les sols les plus propices à la culture.

4° Manifestement toutefois, même dans les rares terroirs où la population n'était pas devenue un peu plus clarsemée, le lotissement du domaine seigneurial, baillé à ferme ou en métayage par parcelles de dimen-

1. A Stoughton, HILTON, 619, p. 100-102 ; GUÉRIN, 512, *ibid.*, p. 230-231, le mobilier fut vendu 12 livres, il comprenait un lit garni, des cuves et tonneaux, une huche, une table, des chaises, un mortier.
2. FOURQUIN, 510 *a*.

sions restreintes, étendit notablement la surface des terres dont pouvaient disposer les familles paysannes. Il se peut que certaines des plus pauvres fussent parvenues ainsi à adjoindre à leur exploitation des terres assez vastes pour assurer toute leur subsistance et pour cesser de travailler au service d'autrui. On doit penser cependant que le morcellement du domaine profita surtout aux plus gros exploitants, mieux placés pour conclure les contrats d'amodiation les plus avantageux. Ils consolidèrent ainsi leur fortune et affirmèrent leur supériorité. La plupart des journaliers et des domestiques qu'employait jadis la maison du seigneur vinrent s'embaucher dans la leur. Les recensements anglais de 1377 et de 1381 montrent que les salariés, très nombreux encore dans certains villages, travaillaient pour la plupart au service de paysans aisés : dans telle localité des Midlands où vivaient seize domestiques et dix-huit chefs de famille, un seul des seconds donnait de l'ouvrage à sept des premiers[1] .

La communauté de village, resserrée par le malheur des temps [2], par la nécessité de faire face aux exigences du seigneur, aux percepteurs d'impôts, aux exactions des compagnies militaires, tenta souvent de mettre obstacle au développement de ces grosses exploitations paysannes. Elle y parvint rarement et ne freina pas leur croissance. Certes, devant les calamités accidentelles, ces entreprises de plus large envergure se montraient, tout comme jadis le domaine du seigneur, plus vulnérables que les autres ; les percepteurs de tailles avaient l'œil sur ces riches et leur serraient plus fort la gorge. Mais restés tout près de la terre, liés aux gens des bourgades, les paysans aisés se trouvaient en fait favorisés plus que toute autre catégorie de la société rurale par les dispositions de la conjoncture. Rien ne ralentit donc le lent mouvement qui accumulait les terres et les capitaux mobiliers entre les mains des gros tenanciers, des fermiers, des petits officiers de seigneurie, des prêtres (tel curé de la montagne bourguignonne possédait en 1377 beaucoup

1. R. H. Hilton, « Some social and economic evidence in late medieval tax returns ».

2. On la voit en Lombardie s'ouvrir, après le milieu du XIVe siècle, aux paysans les plus pauvres, qui s'en trouvaient jusqu'alors rigoureusement exclus, Toubert, 603 *a*.

d'argent liquide, une chaîne en or, toute une vaisselle de cuivre et d'étain, quantité de toile de fil, et il avait baillé à cheptel sept cent quatorze bêtes, réparties entre une cinquantaine d'exploitants de sa paroisse et des paroisses voisines [1]). Avec quelques petits nobles entreprenants et quelques administrateurs avisés de biens d'Église, ces hommes, souvent associés aux hommes d'affaires des villes, continuèrent à stimuler l'activité économique en ce temps d'apparente récession, et à soutenir le niveau de la production agricole.

3. La production agricole

Afin de contenir dans de justes limites le sentiment de pessimisme que communique l'examen des sources de cette époque, il faudrait s'assurer en effet, par des enquêtes très précises, que les conditions matérielles du travail rural ne furent pas en réalité assainies dans une forte mesure par certaines circonstances, en particulier par la régression démographique et par l'aiguillon même des difficultés. Les amples transferts de population qui modifièrent parfois si profondément la géographie de l'occupation agraire facilitèrent en effet dans certaines régions, comme l'Allemagne du Nord-Ouest, le passage nécessaire d'une économie très primitive de dévastation forestière à une agriculture céréalière organisée et intensive, harmonieusement associée à l'élevage. Ailleurs furent corrigés les effets de l'excessive extension des cultures, que le surpeuplement des dernières années du XIIIe siècle avait aventurées sur tant de sols infertiles. Les migrations soulagèrent les pays ingrats d'une population surabondante et famélique, rendirent aux bois et aux pâtures les terres infécondes, concentrèrent l'habitat aux meilleures places. Cette période de réajustement bénéfique demeure moins connue que celle des grands défrichements. Il semble bien pourtant que les traits les plus nets que présentent aujourd'hui les campagnes d'Europe leur furent imprimés à cette époque. Nombre de villages se regroupèrent, perdirent leurs écarts, se rassemblèrent en une seule forte agglomération. Autour d'elle, l'organisation des soles qui se

1. Vignier, 604.

préparait ici et là vers 1300 fut alors définitivement mise au point. En marge de ces finages mieux disciplinés et que gouvernaient des communautés d'habitants plus étroitement réunies, sur les lisières dégagées par les reflux du peuplement, parfois sur l'emplacement même d'anciens villages vidés par la mortalité ou par l'exode, purent s'étaler plus à l'aise les grosses exploitations d'un seul tenant, gardées par des haies, protégées contre les démembrements par un droit familial plus rigoureux et moins favorable aux partages.

Beaucoup s'étaient formées au XIIIe siècle. Il semble qu'elles se multiplièrent à la faveur du dépeuplement. Ici et là, dans les rares cantons où l'on s'est avisé de l'entreprendre, l'étude archéologique des terroirs montre sensiblement plus nombreuses les grosses fermes, les « bordes », les fortes métairies. En tout cas, elles gagnèrent leur complète autonomie et leurs terres rassemblées se dégagèrent tout à fait des contraintes collectives. En effet, l'affaissement de la tension démographique avait temporairement assoupli les durs conflits qui opposaient au XIIIe siècle les usagers des communaux aux maîtres des « gagnages » égaillés en francs-tireurs aux lisières du finage. Ainsi fut facilitée, sur les sols les moins propres à la culture céréalière, une meilleure adaptation à l'économie pastorale ou forestière. On peut penser qu'il s'en suivit, aussi bien dans les herbages que sur les champs assolés, une hausse de productivité par unité de travail. Celle-ci se trouvait enfin favorisée par l'extension de la surface moyenne des exploitations qui partout, sauf peut-être dans les cantons d'exceptionnelle prospérité où l'immigration constante freinait les simplifications du parcellaire, ajustait les dimensions de la plupart des fonds aux forces d'une famille, épaulée par quelques domestiques.

En fait, dans les quelques terroirs d'Angleterre pour lesquels on dispose d'une évaluation des rendements de la semence, on voit ceux-ci, qui s'étaient affaiblis pendant les décennies qui encadrent le début du XIVe siècle, par suite sans doute d'une extension trop poussée des cultures et peut-être d'un épuisement des sols consécutif à leur sollicitation trop intense, se redresser nettement. Ainsi, sur les terres du domaine de l'évêché de Winchester, le rendement moyen de la semence de froment passa progressivement de 4,22 grains pour un en 1300-1349, à 4,35 en 1350-1399 et à 4,45 en 1400-1449, celui de l'orge de 3,8 à 3,96 et à 4,31, celui de l'avoine de 2,42 à 2,85 et à 3,62. L'abandon des franges peu fertiles et la concentration de l'effort agricole seigneurial sur les sols les mieux doués favorisèrent cette amélioration [1]. Mais il se peut aussi qu'elle ait été stimulée par un équipement et des méthodes plus efficaces. On ne doit pas en effet, sans examen attentif, tenir le XIVe siècle pour une période de stagnation technique. Mais à vrai dire, l'histoire de l'économie rurale bute ici contre une longue série de questions auxquelles on ne peut encore donner de réponses précises.

Faut-il penser que l'équipement en outils des exploitations de taille moyenne se détériora, que les paysans restreignirent leurs achats de fer, revinrent à la fabrication domestique d'instruments aratoires de fortune ? Ou bien qu'ils recoururent au contraire davantage aux services d'artisans spécialisés ? Cette dernière hypothèse ne doit pas être jugée trop aventurée, à propos d'une époque où les témoignages abondent d'un net progrès de la civilisation matérielle et d'une progressive diffusion dans les couches inférieures de la société des ustensiles et des pièces d'équipement dont les milieux les plus aisés avaient d'abord possédé le monopole. Les enquêtes qui s'orienteraient dans ces directions pourraient, semble-t-il, s'appuyer sur une documentation nettement moins déficiente que celle du XIIIe siècle. Le matériel iconographique s'enrichit en effet à cette époque, et les progrès du réalisme dans les représentations figurées le rendent plus directement utilisable. On trouverait aussi de nombreuses indications dans les sources écrites, dans les stipulations des contrats de fermage, les registres domestiques. On pourrait aussi tirer de précieux renseignements des inventaires après décès et des comptes de marchands. Ne voit-on pas telle boutique de

1. BEVERIDGE, « The yield and price of corn in the middle ages », dans *Economic history review*, 1927. Ces données concernent seulement les terres du maître ; or, celles-ci, par le seul abandon des parcelles marginales, avaient gagné en fertilité moyenne ; en outre, toutes les capacités de travail domestique se trouvaient alors accumulées sur une surface beaucoup plus restreinte. Qu'en était-il sur les terres des tenanciers ?

ferraterie du petit bourg épiscopal de Riez en Provence, où l'on achetait des fers pour les bestiaux, des socs, des clous, fréquentée au début du XVe siècle par une forte clientèle paysanne [1] ?

L'histoire du cheptel, de l'équipement en bêtes de labour pendant le XIVe siècle, mériterait aussi une très spéciale attention. A priori, on peut supposer que le bétail paysan souffrit durement des pillages et des déprédations [2]. Mais le repli des emblavures et le progrès corrélatif des herbages ne permirent-ils pas en revanche de le mieux nourrir et d'en faire un instrument plus efficace ? L'allure rapide que revêt la reconstitution des troupeaux pendant les phases de restauration est saisissante, de même que le très brusque essor de l'élevage lors de la reprise économique du milieu du XVe siècle : dans le village de Maillane en Provence où travaillaient une quarantaine de bêtes de trait en 1430, on en dénombrait deux cents en 1471 [3]. Et les progrès de l'élevage bovin, qu'encourageaient les spéculations urbaines, contribuèrent sans doute à fertiliser les champs. Ils permirent de les mieux retourner (les contrats de métayage du Toulousain imposent à l'exploitant de multiplier considérablement des labours [4]) ; ils leur apportèrent davantage d'engrais.

Il convient enfin de tenir compte des perfectionnements qui furent alors apportés à la rotation des cultures. Bien observée à travers certaines archives domaniales d'Angleterre, cette modification des cycles traditionnels, que la croissante demande de subsistances et l'épuisement des sols avaient déclenchée avant 1300, se poursuivit et s'amplifia pendant le XIVe siècle et le début du XVe. Comme le montre le tableau suivant, construit sur des données qui concernent quelques grands domaines ecclésiastiques, elle fit reculer largement les blés d'hiver devant l'orge, de meilleur rendement, et devant les légumineuses [5].

1. BARATIER, 640.
2. Les comptes des recettes provenant du passage et des droits de pacage dans la seigneurie du Neufbourg, en Normandie, indiquent que le nombre des vaches de l'élevage paysan était passé de 190 en 1397 à 30 en 1437, et celui des porcs de 2234 à 430 en 1444, PLAISSE, 631 *a*, p. 323.
3. BARATIER, 387.
4. SICARD, 572.
5. RAFTIS, 190 ; HILTON, 360 et 619.

Seigneurie	Année	Froment	Avoine	Orge	Légumineuses
Wistow (abbaye de Ramsey)	1307	50 %	4 %	30 %	16 %
—	1340	38 %	7 %	19 %	36 %
—	1379	19 %	3 %	34 %	44 %
Leicester	1363	21 %			17 %
—	1401	17 %			32 %
Scherborne	1425	40 %	13 %	42 %	5 %
—	1435	34 %	10 %	50,5 %	5,5 %
—	1452	20 %	10 %	61 %	7 %

Cette évolution se développa à la même cadence dans les exploitations paysannes. On peut le vérifier dans les comptes de l'abbaye de Leicester en comparant aux moissons du domaine la proportion des divers grains prélevés par la dîme sur les récoltes des paroissiens. Elle répondait à certaines dispositions nouvelles du marché : la fabrication de la bière accroissait dans les villes les achats d'orge. Elle accompagnait peut-être la modification progressive des habitudes alimentaires (l'usage de la soupe aux pois semble alors plus répandu). Elle fut commandée plus directement par le souci de fournir une nourriture plus riche à des bestiaux que l'on vendait pour leur viande, ainsi que par la volonté de raccourcir les temps de repos laissés à la terre en semant après les blés des légumineuses, plantes fertilisantes. Dans les campagnes flamandes, où le voisinage de fortes villes stimulait singulièrement les initiatives économiques, on voyait dès 1328 la culture des pois s'étendre largement sur la jachère (la récolte dont un paysan de Bourbourg déplorait la perte pendant le soulèvement de la Flandre maritime se composait par tiers de froment, d'avoine et de fèves [1]). Les sources écrites de cette région révèlent en 1323, en 1368, en 1372, les premières tentatives connues pour combiner sur de nouveaux rythmes l'association du labourage et du pâturage en installant, d'accord avec les boucheries urbaines, pendant trois, quatre, voire six années la prairie close sur les champs moissonnés. Elles attestent un peu plus tard l'extension de la culture des navets

1. Pirenne, 597, p. 208.

sur les chaumes [1]. Ces innovations furent-elles aussi sporadiques qu'il apparaît à travers les documents aujourd'hui mis en œuvre? Restèrent-elles cantonnées dans quelques régions rurales plus évoluées? En Sologne, contrée pauvre et attardée où l'on pratiquait largement l'écobuage sur les « brandes arces », et où, à la fin du XVIIIe siècle encore, le tiers des labours d'une paroisse devait être maintenu en jachère plus de dix ans de suite, certains champs produisaient au XVe siècle, dans l'intervalle des moissons de seigle, des navets, des raves et le « potage », c'est-à-dire des pois et des fèves [2].

4. Les paysans et les gens de négoce

Dernier problème, aussi ardu que tous ceux posés par l'histoire des exploitations paysannes : quel était alors le degré d'ouverture des entreprises rurales sur les opérations marchandes?

De nombreux indices ressort l'impression d'une récession générale de tous les trafics ruraux pendant le XIVe siècle et le début du XVe. Si l'on considère le commerce des blés, on voit en effet la courbe des prix fléchir, le profit des ventes tomber très bas dans les comptes de beaucoup de seigneuries anglaises. On voit les gens des villes, pour s'assurer contre les très fortes irrégularités des cours, chercher à soustraire aux professionnels du négoce le ravitaillement de leur maison : tel marchand gênois s'acharnait à acheter lui-même son blé sur place, même à très longue distance par l'intermédiaire de ses correspondants, mais sans recourir aux revendeurs locaux. On voit enfin partout thésauriser les grains : une enquête menée à Carpentras en 1473 montre que la moitié des ménages citadins possédaient de très grosses réserves de cette denrée nourricière [3]. Le climat semble à la contraction de tous

1. LINDEMANS, 114, 1, p. 83-84, 412; VERHULST, 128.
2. GUÉRIN, 512, p. 74.
3. HEERS, 649, p. 42; R. H. BAUTIER, « Feux, population et structure sociale au milieu du XVe siècle : l'exemple de Carpentras », dans *Annales, E.S.C.*, 1959. Si, effectivement, nombre de seigneurs ruraux de France, d'Italie ou des Pays-Bas transférèrent à cette époque leur résidence dans une grosse agglomération, ils détournèrent vers la

les échanges. Les conflits militaires bouleversaient les circuits commerciaux, l'instabilité des monnaies troublait fortement l'activité marchande, la crainte de la disette faussait les trafics de céréales. Toute hypothèse de recherches doit donc au départ supposer une tendance à la fermeture et la détérioration de l'ensemble des marchés.

Toutefois l'étude de l'économie des campagnes réclame quelque défiance à l'égard des conclusions que proposent les historiens du commerce au long cours. Leurs observations portent en effet sur des espaces beaucoup trop vastes, et restent souvent appliquées aux seules grandes places du commerce. Or l'activité qui se discerne sur ces gros marchés ne rejoignait souvent celle des campagnes qu'après des cheminements fort longs, au cours desquels les mouvements économiques changeaient d'intensité et parfois même de sens. Il n'est certes pas indifférent de savoir que les taxes douanières perçues dans les ports d'Angleterre à l'exportation des laines et à l'importation des vins accusèrent au XIVe siècle une diminution constante. Mais on doit pourtant considérer que ce phénomène, étroitement dépendant de décisions politiques et de la réglementation d'un commerce d'autant plus facile à surveiller et à gouverner qu'il était exclusivement maritime, pouvait traduire, autant qu'une restriction d'ensemble des échanges, des transferts géographiques de production et de consommation. Il serait dangereux de l'interpréter, sans un contrôle très attentif, comme le signe d'un ralentissement général de l'activité marchande au niveau des exploitations rurales, ou même des bourgades revendeuses. Les problèmes relatifs aux échanges dans les campagnes doivent être étudiés à petite échelle. Une meilleure connaissance des grands circuits commerciaux, et par exemple des forts trafics réguliers qui au XIVe siècle transportaient les céréales depuis les ports baltes jusqu'en Flandre, ou du Languedoc vers Gênes, permet de mieux énoncer certaines de leurs données. Ils exigent toutefois d'être posés de manière différente. L'avance rapide des travaux historiques relatifs à l'économie urbaine dans les derniers

ville le courant de rentes et de prestations qui alimentait leur maison ; de telles migrations seigneuriales pourraient bien expliquer en partie le ralentissement de certains négoces.

siècles du Moyen Age prépare utilement leur solution. Pour hâter celle-ci, il conviendrait encore que les historiens des villes et des grands hommes d'affaires, dont la collaboration est indispensable, orientent leurs investigations dans un sens particulier.

***

Il ne faut pas espérer en effet dans ce domaine tirer les indications les plus nombreuses et les plus riches des archives qui proviennent de la campagne elle-même. Dans les documents des seigneuries, des notaires et des agents princiers qui concernent directement le monde rural, il conviendra bien sûr de recueillir avec soin toutes les précisions numériques relatives aux ventes, et de les interpréter en fonction des conditions locales. Sauf exceptions fort rares, toutes les transactions dont on peut retrouver la trace dans les sources rurales concernaient les excédents des plus grands domaines. Certaines de ces données témoignent d'une ouverture encore fort large sur les circuits extérieurs : en 1448, dans le domaine d'un grand seigneur du Wiltshire, on put consacrer à la vente 86 % des revenus nets en grains [1]. Quant au fléchissement du volume des ventes dont font état le plus grand nombre des sources seigneuriales, il faut veiller à le mettre en rapport avec l'évolution même de l'exploitation domaniale. Cette baisse est-elle bien toujours l'indice d'une contraction générale des échanges ? Ne traduit-elle pas plutôt, dans la plupart des cas, l'abandon du faire-valoir direct ? Si les relations entre les maîtres et les marchands s'espaçaient, on peut penser que leurs fermiers, qui n'ont point laissé d'archives, se substituaient à eux dans ces opérations commerciales.

Il n'est pas impossible de repérer dans les documents d'origine rurale certaines des incitations qui continuèrent alors à pousser les villageois à acheter et à vendre, quelles que fussent les conditions de la production ou du marché. En dépouillant les contrats de mariage et les constitutions de dot, on mesure à quel point les convenances sociales, le souci de faire étalage de prospérité contribuèrent à ouvrir de force

1. A Winterbourne-Stoke, sur la terre de lord Hungerford, POSTAN, dans 5, p. 195.

les maisons paysannes sur les activités commerciales. Beaucoup de rustres, par fierté, s'acharnaient sans doute à tenir en leur étable un plus grand nombre de bestiaux qu'il n'eût fallu pour gérer sainement leur exploitation. L'aisance au XIIIe siècle avait installé dans les campagnes des habitudes somptuaires que les temps difficiles ne parvinrent pas à détruire toutes. Pour le plus grand profit des colporteurs et des revendeurs de bourgades, on ne cessa pas de parer les filles le jour de leur noce de tissus étrangers et de « merceries ». Toutes les paysannes du Forez, même les plus pauvres, possédaient depuis leur mariage la « garlande » qui avait retenu leur voile. On voit en Lombardie, dans le cours du XIVe siècle, la vente des épices s'accroître sur les marchés ruraux, et les communautés villageoises prendre des mesures pour restreindre le gaspillage aux repas d'épousailles ou d'enterrement [1].

De toute évidence aussi, les trafics ruraux continuèrent d'être puissamment stimulés pendant le XIVe et le XVe siècle par le développement de la fiscalité, qui poussait les paysans à se procurer par tous les moyens des pièces de monnaie en certaines périodes. Partout, les levées d'impôt gouvernaient impérieusement les relations entre les marchands et les rustres. Les courtiers qui collectaient le safran dans les montagnes des Abruzzes pour le compte des gros négociants de Nuremberg le savaient bien : ils organisaient leurs tournées en février, c'est-à-dire à l'époque même où les villageois devaient se procurer de quoi payer la transhumance de leurs troupeaux vers les Pouilles, mais où surtout ils devaient acquitter la taille royale. Et combien parmi les receveurs d'impôt n'étaient pas de près ou de loin intéressés au négoce? Ajoutons que, pressés par leurs obligations fiscales, les campagnards ne vendaient pas simplement des denrées, mais leur travail. L'alourdissement des tailles, en aiguisant dans les ménages paysans le besoin du numéraire, hâta sans doute également l'essor de l'artisanat rural, que les historiens jusqu'à présent ont observé surtout à partir des entreprises commerciales urbaines. Ces considérations inciteraient donc à mieux mesurer, dans les documents fiscaux ainsi que dans les livres rentiers de seigneurie, la pression qu'exerçaient sur les exploitations

1. GONON, 588, p. 157 ; TOUBERT, 603 *a*.

des campagnes les perceptions d'argent du prince ou du seigneur, à recueillir toutes les indications, malheureusement très clairsemées, qui donnent également quelque idée des fortunes paysannes et de la quantité de monnaie que l'on prélevait sur elles. Nul autre moyen d'investigation ne permettrait plus sûrement de jauger le volume des échanges au niveau du village ; on peut même espérer parvenir quelquefois par cette voie jusqu'à des phénomènes très profonds et fort obscurs qui commandaient toute l'économie rurale. En maintenant très bas les prix et les salaires, les exigences des princes ne favorisèrent-elles pas au XIVe siècle l'exploitation des campagnes par les citadins détenteurs de numéraire ? N'aménagèrent-elles point des conditions très favorables à la diffusion de l'industrie textile dans les hameaux voisins d'Augsbourg ou de Bourg-en-Bresse, ou dans les campagnes languedociennes ? La vitalité des établissements de crédit villageois que l'on voit fourmiller partout à cette époque ne fut-elle pas entretenue d'abord par elles ?

Qu'on examine encore dans les documents de la seigneurie toutes les mentions, dispersées mais fort nombreuses, qui éclairent d'autres aspects du marché local. Point n'est besoin d'insister sur l'intérêt de toutes les sources qui concernent les taxes perçues dans le village même sur les marchands, sur l'usage des mesures, sur les transactions commerciales [1] ; ou de toutes les notations éparses dans les comptes qui, dénombrant les salariés, décrivant la nature des gages, laissent entrevoir certaines des disponibilités d'achat ainsi libérées au voisinage du domaine. Du plus haut prix se révèlent aussi les indications que peut livrer l'archéologie de la civilisation matérielle sur le vêtement paysan, le mobilier, la demeure elle-même. Plus abondantes et précises que pour les époques antérieures, on peut attendre d'elles le moyen d'estimer moins arbitrairement le degré d'autarcie de l'économie domestique. Que l'inventaire après décès d'un ménage de veuve dressé en 1377 dans un village de Sologne fasse

1. Le produit de la ferme des coutumes levées sur les ventes dans le bourg normand du Neufbourg en 1444-1445 révèle, par exemple, que 60 % des transactions portaient d'ordinaire sur le bétail, 10 % sur les grains, et que l'on achetait beaucoup de vin chez les détaillants, PLAISSE, 631 *a*, p. 111.

état d'un peigne à laine, d'un dévidoir, de deux livres de laine à filer, pourrait amorcer l'une de ces recherches si nécessaires sur la fabrication domestique des textiles, et sur la manière dont l'artisanat se mêlait aux occupations rustiques [1]. Il ne faut pas se dissimuler cependant la relative rareté, dans la campagne même, de tous les témoignages directs sur les relations qu'entretenaient avec les paysans les courtiers et les revendeurs.

***

Pour observer le mouvement des échanges dans les villages, les petites bourgades constituent sans conteste les meilleurs postes, et les points d'où l'on peut conduire les enquêtes les plus fructueuses. Elles abritaient alors en effet presque toujours des organes de justice et de finances, les rouages inférieurs de l'administration princière qui, munis maintenant d'un personnel d'écritures, ont laissé fréquemment des archives bien garnies. En outre, tabellions et notaires y exerçaient leur activité en permanence. Elles offraient toutes enfin le lieu le plus favorable aux rencontres entre l'environnement campagnard et le négoce à longue distance. Dans chaque région s'articulait autour d'elles un souple réseau de foires locales très vigoureuses, qui se multiplièrent encore au XIVe siècle et achevèrent de s'ajuster aux dates maîtresses du calendrier agricole. Aux jonctions des différentes saisons, aux moments où l'on devait vendre le produit des moissons et des vendanges, où les exploitants agricoles achetaient leurs bêtes de labour, toute la population des villages environnants s'y rassemblait ; ces foires commandaient les dates coutumières des noces paysannes, préparées, même dans les plus pauvres familles, par les achats d'ornements ; elles ne cessèrent pas d'être fréquentées au plus fort des dangers militaires et des épidémies. Dans chacun de ces petits centres résidaient à demeure quelques entrepreneurs qui servaient d'intermédiaires entre les paysans et le grand commerce.

Il est parfois possible de découvrir, dans les fonds d'archives, des registres ou des livres de comptes tenus par ces hommes. Ces textes permettent d'observer dans le détail comment, pour quelques mois, s'organisaient

1. GUÉRIN, 512, p. 230.

leurs affaires. Je prends l'exemple de l'un d'eux qui agissait au seuil du XVe siècle à Riez, petit bourg des Alpes du Sud. Notaire, il possédait des biens dans le terroir même et dans les campagnes voisines, et ne cessait d'arrondir cette fortune foncière. Mais il exploitait aussi deux boutiques. Dans l'une, il vendait des objets de fer, des lingots, des clous, des éléments d'outillage, et sa clientèle pour ce genre d'objets paraît bien avoir été en majeure partie paysanne ; dans l'autre, les hobereaux et les gens d'Église des environs trouvaient des tissus d'importation. Ce négociant s'intéressait cependant davantage au commerce des grains, qui laissait de bien meilleurs bénéfices par toutes les possibilités qu'il offrait de jouer sur les grosses fluctuations des cours. Du blé, il en vendait un peu dans la bourgade même, mais il en prêtait surtout aux petites gens d'alentour, soit au printemps quand les huches commençaient à se vider, soit à la saison des semailles. Il exigeait d'être remboursé, avec fort bénéfice, au moment de la moisson ; parfois, il se faisait payer en journées de travail sur ses terres. Ses plus larges profits venaient cependant des gros convois muletiers qu'il dirigeait vers des lieux plus lointains, où la demande se montrait forte et permanente, en particulier vers le port de Fréjus, escale des navires génois qui venaient régulièrement y prendre cargaison. En 1417-1418, il avait expédié là-bas plus de deux mille setiers. Ces grains provenaient en partie de ses domaines. Il en achetait aussi des quantités, troquant par exemple du vin importé de basse Provence contre le blé moissonné par les gens de la montagne : cette même année, mille cinq cents setiers de froment et cinq cents setiers d'avoine, d'orge et d'épeautre étaient parvenus entre ses mains de cette manière. Enfin, il s'approvisionnait en céréales en prenant à ferme au voisinage du bourg des revenus seigneuriaux : en 1420, il se fit confier pour deux cents florins la levée de dîmes qui rapportait communément plus de mille deux cents setiers de céréales diverses. Ce notaire — et l'on sait le rôle majeur qu'il tenait quotidiennement du fait de cette fonction dans la société rurale — à la fois seigneur foncier, percepteur de rentes, exploitant direct, fermier, prêteur et négociant, réunissait en sa personne toutes les activités de liaison qu'assumait la bourgade pour la vingtaine de villages avoisinants. A travers ses entreprises, se manifeste en toute clarté la vivacité des échanges au plan local, à cette époque qui fut pourtant, dans le sud de la France, des plus sombres et des plus contractées [1].

Les sources mettent en particulière évidence l'ampleur que prenaient alors dans les petits centres ruraux les spéculations sur les produits de l'élevage, sur les bêtes, la viande, les cuirs. Sur elles reposait la prospérité des hommes les plus riches et les plus jalousés, ces bouchers qui tenaient le haut du pavé, épuisaient par la surcharge de leurs troupeaux les herbages communaux et narguaient les nobles. Dans la toute petite ville de Digne, on dénonçait en 1407 aux pouvoirs publics tel éleveur qui nourrissait chez lui, au détriment de tous, mais à son grand profit, quatre-vingts bêtes bovines. Les gens de Montferrand en Auvergne, s'étonnant qu'il ne demeurât plus en 1440 dans cette modeste bourgade d'administration que trois ou quatre boutiques de « merciers » en activité, et considérant en regard l'aisance des bouchers, supposaient que les entrepreneurs les plus habiles, « trouvant plus grand gain au bétail qu'en autre marchandise », s'étaient mis à nourrir des troupeaux dans les faubourgs ; « tant y ont multiplié bétail, disaient-ils, que tout est gâté, comme labours et vignes [2] ». Sur ce point, les remarques venues de toute part concordent. Les modifications de la conjoncture n'affaiblirent point la faveur que les hommes d'affaires de petite envergure avaient manifesté au XIIIe siècle envers l'économie pastorale. Au contraire, l'activité des foires aux bêtes, l'aisance étalée par les trafiquants en viande ou en toisons de laine à Lincoln ou à Coventry, comme dans les bourgades les plus resserrées d'Auvergne ou des Alpes, donnent à penser que le trafic des produits animaux demeura le plus actif de tous pendant les troubles du XIVe siècle, parce que l'un des plus lucratifs et des moins paralysés par les facteurs de récession.

Ces considérations ramènent de la bourgade aux villages proches et à l'observation des systèmes de production. Elles viennent confirmer tous les indices — nombreux en certaines contrées et que multiplierait sans doute l'étude systématique de la maison rustique, de sa structure, de ses annexes destinées aux bêtes et

1. BARATIER, 640.
2. SCLAFERT, 76, p. 140 ; BOSSUAT, 642, p. 131-132.

aux réserves de fourrage — d'une extension de l'élevage au détriment des autres activités rurales. Essor qui ne paraît pas limité à l'environnement des villes, qui touche tous les pays de haute montagne, où les communautés d'habitants achevèrent à la fin du XVe siècle d'organiser l'estivage et la mise en valeur de l'alpe [1]. Dans les campagnes, ici et là, on le voit déclencher une nouvelle avance des clôtures, multiplier les exploitations individuelles, où les rapports entre la culture des céréales et l'usage de l'herbe s'aménageaient à l'écart des contraintes collectives. Le dépeuplement, l'ouverture d'espaces libres, le manque de bras favorisèrent certainement en maintes circonstances l'orientation vers l'économie pastorale d'une multitude de petites entreprises, fondées soit sur la vaine pâture, soit sur la location des herbages aux maîtres des terres vaines, soit sur l'exploitation d'un fonds privé de prairies défendues par des haies. Il se peut aussi qu'une décision, dictée par des préoccupations de meilleur profit, ait parfois hâté le recul des emblavures. On a des raisons de penser que bien des sillons aujourd'hui momifiés sous le gazon d'Angleterre, bien des champs retournés à l'herbe et à la pâture dans l'Allemagne du Nord-Ouest, cessèrent à cette époque d'être ensemencés parce que les prix du bétail, à l'inverse de ceux des céréales, se tenaient fort bien à cette époque, parce qu'engraisser des vaches ou des moutons rapportait plus que produire des grains [2]. Ce qui engage encore, notons-le, à ne point donner une interprétation trop pessimiste aux *Wüstungen*, comme à tous les autres signes de contraction agraire.

Lorsque, dans les années quarante du XVe siècle, une reprise de l'expansion commença de s'affirmer franchement, elle se manifesta d'abord par la vive croissance des troupeaux. De ceux des princes — René d'Anjou, comte de Provence, pour équiper un domaine qu'il venait d'acquérir, faisait acheter en 1458 mille trois cents brebis par l'intermédiaire de deux entrepreneurs d'élevage de Manosque, puis, l'année suivante, vingt-neuf bœufs dans une foire alpine, louait des pâtures, vendait les toisons de trois mille bêtes [3]. A n'en pas

1. Voir, par exemple, pour les montagnes autrichiennes, ILG, 293.
2. HILTON, 620; TIMM, 528.
3. SCLAFERT, 76, p. 237-238.

douter cependant, les étables des hobereaux, des fermiers, des paysans de toute condition ne furent pas les dernières à se repeupler. En 1471, dans huit paroisses des environs de Vence, on recensait vingt-cinq mille ovins et plus de onze cents bêtes à cornes : chaque famille rurale possédait là entre cent et deux cents têtes de bétail. Très frappantes dans ce document fiscal, l'importance du capital pastoral et la rapidité de sa reconstitution traduisent en réalité une évolution générale. On en découvre un autre signe : partout à cette époque se raviva l'antagonisme entre cultivateurs et pasteurs, que la défaillance démographique avait détendue pendant deux ou trois générations ; partout se ranimèrent les conflits relatifs aux communaux, aux défens, aux haies, à la vaine pâture, qui s'étaient assoupis vers 1350. Témoignage évident d'une renaissance agricole et d'une hausse de peuplement. Mais lorsqu'on voit la tension devenir peu à peu aussi vive que jadis dans des terroirs pourtant nettement moins peuplés, il faut croire que l'espace occupé par les entreprises d'élevage se trouvait en ces points très sensiblement élargi et en conclure, par conséquent, que pendant la phase de contraction l'expansion pastorale avait largement bénéficié du repli des cultures. Dans bien des exploitations paysannes, ne l'avait-elle pas, en partie au moins, compensé ?

Compte tenu de ce transfert d'activité vers l'élevage, dont les proportions véritables exigeraient d'être mesurées région par région, l'impression dernière demeure cependant que l'activité des petites bourgades, et donc tous les échanges ruraux, se contractèrent fortement pendant le XIVe siècle. La réduction du nombre des boutiques à Montferrand résultait en vérité d'un fort amenuisement de la clientèle rurale qui, privant les marchands de chalands, les avait détournés vers l'élevage. Comparons deux fragments de comptes de péage ; l'un concerne l'hiver 1299 et Pertuis, bourg rural ; l'autre vient d'Aix, la petite capitale régionale toute proche, il couvre les derniers mois de 1348 et la plus grande partie de l'année suivante, c'est-à-dire la période qui suivit immédiatement le choc de la Grande Peste. Le second de ces documents montre certes ces campagnes encore toutes parcourues par les muletiers et les colporteurs, toutes pénétrées de négociants, dont beaucoup faisaient résidence dans les villages et, plus qu'à demi paysans, achetaient du blé, des fruits, du vin, vendaient du sel, du cuir, des poissons séchés, des bêtes de labour. L'économie campagnarde demeurait donc largement ouverte. On s'aperçoit cependant que les courants de circulation enregistrés par les péageurs avaient été en réalité trois fois moins vifs alors dans ce carrefour de grands itinéraires routiers qu'à Pertuis, modeste étape, un demi-siècle plus tôt, pendant les mois correspondants de l'année 1299 [1].

***

L'exemple d'Aix montre clairement que la clé des mécanismes commerciaux dont le jeu entraînait l'économie des campagnes doit être aussi recherchée dans les archives urbaines. Les enquêtes monographiques concentrées sur l'économie marchande d'une cité apportent donc une contribution fondamentale à la connaissance des échanges dans les villages lorsque, fondées sur le dépouillement exhaustif des documents concernant la ville comme l'étude menée par Ph. Wolff sur Toulouse ou par J. Schneider sur Metz, elles ne perdent de vue en aucun moment l'environnement rural.

J'ai parlé de monographies car, plus que tout autre, ce problème demande d'être abordé dans un cadre régional. Il importe en effet en premier lieu de délimiter soigneusement les zones où s'exerçait l'influence des agglomérations urbaines, et de jauger aussi l'intensité de leur rayonnement. D'autant que le degré d'urbanisation s'avère en réalité très divers au XIVe siècle d'une province de l'Occident à l'autre. En Angleterre, semble-t-il, la puissance des villes faiblit alors nettement, et une large part de leur activité se ruralisa. Ce fut le cas notamment de certaines fonctions artisanales. On sait que les entreprises de fabrication textile prospérèrent alors à la campagne, et ne cessèrent de se développer. Dans certains villages du Norfolk et du Suffolk et, un peu plus tard, des Costwolds, quelques drapiers capitalistes, qui continuaient à exploiter des terres, et dont certains même demeuraient pris dans les liens de la servitude, dominaient les tisserands, les foulons, les teinturiers disséminés dans les ménages paysans

1. Archives des Bouches-du-Rhône, B. 1595 et 1477.

et étroitement associés à leur labeur. Leur fournissant la laine et vendant les tissus, ils accaparaient l'activité commerciale et le maniement des fonds. On peut parler dans ces contrées d'un réel desserrement de l'emprise urbaine [1].

L'inverse se produisit dans les pays germaniques où naquirent alors beaucoup de nouvelles villes et où les anciennes grossirent. Entre 1362 et 1371, on n'avait jamais vu autant de paysans solliciter leur admission parmi les bourgeois de Colmar, tandis que de nombreux villages du vignoble alsacien se transformaient en bourgades. Même essor dans les régions forestières de l'Allemagne du Nord-Ouest : nombre de villages abandonnés se vidèrent à cette époque parce que leurs habitants partirent s'établir dans le bourg voisin qui se transformait en petite ville ; des études ont montré que les énormes besoins en bois d'œuvre suscités par la construction des quartiers neufs valorisèrent alors l'exploitation forestière, incitèrent les seigneurs à défendre leurs bois, et précipitèrent ainsi le progrès des *Wüstungen*. Qui veut comprendre l'évolution des campagnes allemandes, déceler les traits originaux qu'elles présentent à ce moment, s'expliquer les signes de croissance qui s'y discernent, notamment dans les provinces de l'Est et du Nord, doit tenir grand compte de ce mouvement d'urbanisation [2].

Le cas de la France est plus complexe. Incontestablement, nombre de villes y déclinèrent. Toutefois, le dépeuplement concentra davantage les fortunes urbaines, accrut les ressources de certaines grandes maisons, fit donc s'enfler leurs consommations et leurs dépenses, en même temps que la masse des biens qu'elles pouvaient investir à la campagne. Les liaisons entre le monde rural et la ville ne furent donc qu'en partie relâchées. Elles se nouèrent par contre beaucoup plus étroitement dans l'Italie du Nord, où la puissance de l'économie urbaine ne cessa de se renforcer. Toute l'expansion que connut la basse Lombardie aux alentours de 1400 fut conduite, on l'a vu, par des citadins. Dans l'espoir de profits encore meilleurs que ceux attendus de l'usure ou du négoce, les gens de la ville louèrent dans le *contado* la terre des églises. Ils la boni-

1. Carus-Wilson, 644.
2. Timm, 528, p. 83 et suiv.

fièrent. Ils se placèrent à la campagne en tête des entrepreneurs, entraînant à leur suite les paysans riches dans la voie de la prospérité[1] .

***

Malgré le ralentissement marqué des échanges dans la plus grande partie de l'Europe, la proximité d'une forte agglomération continua donc, même dans les régions où l'influence urbaine manifestait un certain retrait, d'agir comme un ferment dans l'économie rurale et d'animer en particulier toute l'activité des bourgades satellites. Sans exploiter les documents urbains, qui deviennent à cette époque de plus en plus abondants et de plus en plus explicites, il serait donc impossible d'atteindre certaines données indispensables à la compréhension du mouvement des richesses dans les campagnes. De comparer, par exemple, la situation faite aux travailleurs sur les chantiers urbains et dans les entreprises agricoles, et par là d'apprécier avec justesse les conditions de l'emploi au village. Les sources urbaines contiennent aussi les renseignements les plus utiles sur la consommation des denrées d'origine rurale, donc sur la manière dont étaient sollicités les producteurs. C'est à travers elles en particulier que l'on pourra mener l'étude d'un phénomène économique de première importance, encore trop imparfaitement connu, mais qui contribua pourtant d'une manière fort efficace à maintenir ouverte l'économie paysanne, malgré tout ce qui dans la nouvelle conjoncture la disposait au repliement. Il s'agit, plus nettement accusée dans les très grandes villes, de la vulgarisation continue de consommations longtemps réservées aux milieux aristocratiques. Ainsi la demande de vin paraît-elle au XIVe siècle plus forte que jamais dans l'ensemble de la société urbaine. Établir que la ration journalière de l'abbé de Saint-Pierre de Gand s'élevait à trois litres et demi, que celle des moines était à peine moindre, que les marchands parisiens vendirent à la cour royale en 1417 dix mille hectolitres de vin de « France » et de Beaune, atteste simplement en vérité que des courants d'approvisionnements, installés de longue date, conservaient leur puissance. L'historien de la produc-

1. CIPOLLA, 566.

tion viticole retiendra avec plus d'intérêt que les Brugeois buvaient alors en moyenne cent litres de vin par tête et par an, que les cabarets se multipliaient dans Paris, que le peuple des villes s'accoutumait à boire du petit vin [1]. Car la fourniture en forte quantité de boissons communes affectait plus directement la condition économique d'une foule de vignerons modestes. Quant à l'histoire de l'élevage, il suffirait, pour l'éclairer singulièrement, de vérifier dans les archives urbaines si, comme on le devine, la consommation du cuir s'accrut sensiblement au XIVe siècle, et si la viande paraissait alors plus fréquemment que jadis sur la table des citadins de petite condition [2].

Les sources d'origine urbaine permettent seules également d'observer les liaisons économiques qui, de diverses manières, rattachaient à la grosse ville tout le plat pays environnant. Celles-ci paraissent bien s'être alors resserrées. Beaucoup d'hommes de la ville continuèrent en effet de placer ce qu'ils possédaient d'argent dans l'acquisition de fonds ruraux. La crainte de la famine les y poussait tous, et pour les plus fortunés, l'attrait de la vie noble, traditionnellement liée à la fortune terrienne, n'avait perdu aucun de ses prestiges. Certes, tout comme au XIIIe siècle, il faut se défier d'exagérer l'ampleur de ces achats et leurs conséquences, et considérer que l'intrusion des négociants ou des artisans enrichis dans l'exploitation directe de la terre demeura généralement contenue dans d'étroites limites. Les hommes d'affaires et les bourgeois de condition moyenne s'intéressaient surtout aux fonds producteurs des denrées les plus faciles à vendre, aux vignes, aux prairies d'élevage ; lorsque des labours passaient en leur possession, ils les concédaient à des paysans, à ferme ou en métayage. Seuls, quelques fonctionnaires anoblis parvinrent à rassembler de gros patrimoines fonciers de type seigneurial, dans le voisinage des capitales administratives, grandes ou petites. C'était le cas autour de Paris, où les bourgeois proprement dits n'avaient guère acquis au XVe siècle que de petites censives. Dans la banlieue de Lyon, les fortunes foncières les plus rapide-

1. CRAEYBECKX, 646 ; REY, 656 ; DION, 95, p. 472 et suiv.

2. Réfléchissant sur deux articles allemands, R. MANDROU pose clairement le problème, « Théorie ou hypothèse de travail ? » dans *Annales, E.S.C.*, 1961, p. 965 et suiv.

ment construites le furent par des hommes de fonction, comme ce Jossard, licencié ès lois et serviteur du roi de France, qui en vingt ans devint maître de deux grands châteaux et de seigneuries répandues dans tout le plat pays [1]. Or les gens de ce milieu perdaient beaucoup plus vite que les marchands parvenus l'esprit d'entreprise. Ils se hâtaient d'afficher à l'égard des richesses la désinvolture des chevaliers. Lorsqu'ils s'établissaient dans une seigneurie de campagne, les procédés de gestion et la destination des profits ne s'en trouvaient pas sensiblement modifiés.

On doit cependant reconnaître que les villes des XIVe et XVe siècles, et particulièrement les petites capitales régionales où résidaient de hauts seigneurs et les organes des grandes puissances politiques, parvenaient à s'approprier une portion plus considérable que jadis des biens créés par les producteurs ruraux. Elles étaient en effet devenues d'abord un point de concentration plus efficace de tous les profits seigneuriaux. A mieux assurer cette position économique maîtresse avaient contribué à la fois l'exode des maisons aristocratiques vers les résidences urbaines et la pratique maintenant généralisée parmi les grands seigneurs de bailler à ferme la perception de certains de leurs revenus à des citadins. Entendons par là non seulement les marchands, ni même les bourgeois, mais les ecclésiastiques des communautés urbaines, des nobles de fonction, tous ces officiers qui paraissent bien avoir constitué alors l'un des éléments les plus dynamiques du corps social. Ces hommes affermaient rarement des terres, mais très souvent la levée de la dîme, ou de tel autre droit seigneurial. Il s'agissait pour eux, la plupart du temps, d'une sorte d'achat anticipé qui plaçait dans leurs mains de grosses quantités de denrées agricoles, susceptibles d'être revendues à bénéfice. Au village, ces gens mieux introduits dans le circuit des affaires, pratiquant sans doute des méthodes de perception plus efficaces, se substituaient au seigneur traditionnel. Ils orientaient plus directement vers l'économie urbaine la part prélevée par l'institution seigneuriale sur les surplus des exploitations paysannes.

Autour des grandes villes qu'ont étudiées de près les historiens, on voit aussi que beaucoup de citadins

1. FOURQUIN, 510 *a* ; FÉDOU, 647.

continuèrent d'exploiter autant qu'ils purent le manque d'argent chronique dans le monde rural, qu'avivaient encore les exigences des collecteurs d'impôts. Ils engagèrent ainsi dans le crédit une large part de la richesse en numéraire qui parvenait dans la ville. Les observations que l'on a pu faire dans la région parisienne donnent à penser que les troubles économiques et politiques rendirent alors moins sûr et moins profitable l'achat de rentes constituées. Le large mouvement qui, au XIIIe siècle, avait par ce moyen noué tant de liens entre ville et campagne ralentit puis s'arrêta presque complètement au XVe siècle [1]. En revanche, on ne décèle aucun fléchissement dans l'activité usuraire, le crédit à la petite semaine, le prêt de consommation. Toutes ces opérations s'alliaient intimement au négoce et se présentent, dans les archives notariales des pays méridionaux, notre source d'information la plus féconde, comme des achats anticipés dont le contrat dissimulait les scandaleux profits. Furent ainsi camouflées en avances de grains, remboursables après la moisson et le battage, d'innombrables avances d'argent. A cette époque en effet, la situation économique de la plupart des villageois demeurait trop déprimée, la circulation du numéraire trop restreinte et trop perturbée par l'expansion du système fiscal, pour que les relations d'affaires entre paysans et bourgeois ne fussent pas d'abord marquées par un net caractère usuraire. Les gens de la ville abusèrent de la supériorité qu'ils devaient à leur réserve de monnaie. Pour avoir dépassé les bornes, prêté de l'argent à des conditions trop dures, acheté trop souvent aux pauvres gens leur blé et leur vin avant la récolte et les avoir revendus beaucoup plus cher que le prix normal du marché, tel gros bourgeois de Montferrand dut, en 1451, solliciter le pardon royal [2].

Toutefois, dans l'extrême complexité de pratiques fort souples, certaines affaires où se mêlaient commerce et crédit engageaient citadins et campagnards dans de véritables compagnies d'exploitation, dont beaucoup contribuèrent fort efficacement à maintenir ouvertes sur l'extérieur les exploitations rurales les plus modestes. Prenons l'exemple de ce négociant de Toulouse qui

1. FOURQUIN, 510 *a*.
2. BOSSUAT, 642, p. 133.

acheta en décembre 1382 à un paysan un stock de laine livrable en mai : il devait payer le salaire des tondeurs, qu'il appartenait au vendeur de nourrir ; il soldait tout de suite la moitié du prix, et l'argent ainsi avancé permettait d'élever les bêtes pendant l'hiver ; les deux hommes s'associaient véritablement pour mettre en valeur le capital [1]. On voit qu'il n'existait guère de distance entre l'achat, la créance, et ces innombrables contrats qui unissaient aux exploitants des bourgeois bailleurs de monnaie. Ici encore, il serait fort précieux de vérifier dans quelques villes choisies si l'usage de ces procédés s'est vraiment restreint pendant la période, ou si plutôt de telles associations n'aidèrent pas efficacement le monde rural à surmonter ses difficultés. Ces compagnies fournirent un solide appui aux entreprises agricoles moyennes et petites. Largement étendu aux abords des villes d'Italie et de France méridionale, sur des terres dégagées par l'exode et dont les citadins avaient pu s'assurer la disposition, le contrat de métayage représentait en fait l'une des formes que revêtit la coopération des bourgeois et des paysans à la mise en valeur des labours, à la production des céréales. On en décèle bien d'autres, limités à la fourniture de l'équipement, d'une paire de bœufs, de l'araire ou de la charrue, de la semence, mais qui conduisaient toutes vers les greniers urbains une part des récoltes. Des sociétés de ce type se constituèrent en beaucoup plus grand nombre, semble-t-il, dans les branches de l'activité rurale qui intéressaient davantage les hommes d'affaires, la viticulture et l'élevage.

L'évidente vitalité du vignoble et de l'économie pastorale, l'étroite alliance du labeur paysan et du capital bourgeois qui la soutinrent, paraissent en tout cas fort significatives de cette période de l'histoire économique des campagnes. Tandis que la seigneurie se délabrait au sein d'indéniables difficultés nées des calamités, des accidents militaires et consécutives au dépeuplement, la conduite de l'économie ne passait-elle pas décidément dans les villages aux mains des paysans qu'aidait l'argent des citadins ? Union étroite entre ville et campagne : j'évoquerai tel contrat conclu à Toulouse en 1489, qui stipulait qu'en temps de peste, le maître irait loger hors de la ville chez son métayer,

1. WOLFF, 658, p. 205-211.

et qu'en cas de guerre, ce dernier se réfugierait chez le maître, à l'abri des remparts [1]. La participation des capitaux citadins aboutissait en fait à transférer vers les milieux urbains le fruit du travail rural, à assujettir plus étroitement la campagne à la ville. Elle n'en fut pas moins stimulante. Il faut voir en elle l'une des manifestations d'un esprit d'entreprise qui n'avait pas faibli dans l'adversité, malgré tous les dégâts et tous les ravages. Grâce à lui s'accumulaient lentement les forces qui, d'un coup, après le milieu du XVe siècle, entraînèrent l'économie rurale et toute la vie des campagnes d'Occident dans un nouvel élan.

1. SICARD, 635, p. 33.

INDEX

TOME I

Cet index doit être utilisé comme un complément de la table des matières. Tous les développements que celle-ci permet de repérer aisément ne sont donc pas signalés ici. On trouvera, en caractères romains, les noms des principales matières ; en italique, ceux des historiens modernes ; en petites capitales, les noms propres.

A

B

C

D

E

TOME II

A

B

C

Q

R

S

T

U

TABLE DES MATIÈRES

TOME II

GF Flammarion

18130-XI-2005 – Impr. MAURY Eurolivres, 45300 Manchecourt.
édition FG102715. – 4e trimestre 1977. – Printed in France.